高等院校财经管理类"十二五"规划教材

# 管理学原理

刘冬蕾　赵燕妮　主编

中国林业出版社

## 内 容 提 要

本教材从管理基本理论和管理职能的角度系统地阐述了管理学原理的基本内容。在管理理论概述部分主要叙述管理与管理者的基本特征、管理理论的形成与发展，以及目前关注的道德伦理责任与组织文化；在管理职能部分将国外的理论与中国的国情相结合，展开介绍"计划、组织、领导、控制"四大职能。

本教材可作为高等院校工商管理各专业的教材，也可为其他相关专业学习管理知识所选用，同时可为希望理解管理现象和提高管理能力的社会读者提供借鉴。

**图书在版编目（CIP）数据**

管理学原理/刘冬蕾　赵燕妮主编 . —北京：中国林业出版社，2012. 2（2014.7 重印）
高等院校财经管理类"十二五"规划教材
ISBN 978-7-5038-6484-1

Ⅰ. ①管…　Ⅱ. ①刘…　②赵…　Ⅲ. ①管理学－高等学校－教材　Ⅳ. ①C93

中国版本图书馆 CIP 数据核字（2012）第 020217 号


**中国林业出版社·教材出版中心**

策划编辑：牛玉莲　田　苗　　　　责任编辑：田　苗
电话：83220109　83228701　　　传真：83220109

| | |
|---|---|
| **出版发行** | 中国林业出版社（100009　北京市西城区德内大街刘海胡同 7 号）<br>E-mail：jaocaipublic@163.com　电话：(010)83224477<br>http://lycb. forestry. gov. cn |
| **经　销** | 新华书店 |
| **印　刷** | 北京昌平百善印刷厂 |
| **版　次** | 2012 年 2 月第 1 版 |
| **印　次** | 2014 年 7 月第 2 次印刷 |
| **开　本** | 787mm×1092mm　1/16 |
| **印　张** | 15.75 |
| **字　数** | 279 千字 |
| **定　价** | 27.00 元 |

# 《管理学原理》编写人员名单

**主　编**　刘冬蕾　赵燕妮

**副主编**　陈　娆　贾　琳

**编　委**（按拼音排序）

陈　娆（北京农学院）

陈　蕊（云南农业大学）

贾　琳（河北农业大学）

郝鹏飞（河北农业大学）

刘冬蕾（河北农业大学）

许俊锋（河北农业大学）

杨少梅（华北电力大学）

杨　燕（山西农业大学）

赵燕妮（云南农业大学）

# 前　言

　　回顾管理学100多年的发展历史，回想中国改革开放30多年的历程，发现中国企业在管理上与国外先进企业相比仍然存在差距，提升管理水平是我国企业需要解决的重要问题。彼得·德鲁克认为，管理是以文化为转移的，并且受社会的价值、传统与习惯的支持。成思危曾说过，照搬外国的管理模式难以搞好中国企业。综观全球，每个国家由于文化、历史不同，在管理上都具有鲜明的个性色彩。中国悠久的历史和文化、独具特色的经济发展特点，必然需要有一批熟悉中国市场环境、深入了解中国文化的管理人才。现代社会中，管理无处不在，管理实践不断前进，管理理论不断发展。"管理学原理"作为高等院校管理学科的专业基础课，既是培养人才的平台，又是深化理论的园地，因此我们精心编制了《管理学原理》一书，全面系统地阐述了管理的基本原理和职能。

　　在借鉴国内外学者研究的管理理论和管理知识体系的基础上，结合我国国情的特点，本教材力图做到体系完整、重点突出，使管理理论与中国实践紧密结合。在概述部分，介绍了管理与管理者的基本概念，归纳了管理理论形成与发展的过程，阐述了管理环境与企业文化的内容，讨论了企业的伦理与社会责任的问题。在管理职能部分，沿用"计划、组织、领导、控制"的四大职能说，通过理论与实例相结合的方法，详细展开管理活动的全过程。本教材力求做到"古为今用、洋为中用"，将国内外案例与管理知识相结合，使读者能够更形象地理解管理的内涵与方法。同时，本教材最后一章探讨了中国管理智慧，希望起到抛砖引玉的作用，让更多的同学、学者、企业家等对中国特色的管理模式和方法进行思考，将管理理论与中国国情切实结合起来。

　　本教材由刘冬蕾、赵燕妮担任主编，陈娆、贾琳担任副主编。编写分工如下：刘冬蕾编写第 1 章，贾琳与杨少梅编写第 2 章、第 8 章，贾琳编写第 3 章，刘冬蕾与郝鹏飞编写第 4 章，杨燕编写第 5 章，许俊锋编写第 6 章，陈娆编写第 7 章，陈蕊与杨少梅编写第 9 章，赵燕妮编写第 10 章，陈蕊编写第 11 章，杨少梅编写第 12 章，郝鹏飞编写第 13 章。

　　本教材在编写过程中，参考和借鉴了国内外许多学者的著作、教材和相关文献，在此表示诚挚的谢意！

　　管理学是一门不断发展和完善的学科，由于知识水平和掌握资料有限，教材难免有不足之处，敬请广大读者提出宝贵意见。

编　者

2011 年 6 月

# 目　录

# 第1章 管理与管理者

**本章提要**

　　管理是通过计划、组织、领导、控制等职能对资源予以协调，以便能够有效率和有效果地实现组织目标的过程。本章主要介绍了管理和组织的概念，管理的职能和学习管理的意义，管理的性质，以及管理者的层次、角色和技能。

**学习目标**

　　了解学习管理的意义，管理的职能，管理者的层次；理解组织的定义，管理的科学性与艺术性；掌握管理的定义，管理者的角色与技能。

　　在人类历史上，自从有了有组织的活动，管理活动就随之产生。随着社会的发展，管理经验逐渐发展成为管理理论，管理也逐渐由一种活动变为一种职业，无论在社会运行还是组织发展方面都起到了重要的作用。

## 1.1　管理概述

### 1.1.1　管理的概念

　　人类社会的群体活动要求设定共同目标，组织各类资源，协调、指挥成员的行动。人们在生产实践中逐渐归纳出朴素的管理思想与管理经验。伴随着人类社会的发展，尤其是到工业革命以后，管理迅速发展，管理思想逐渐升华为管理理论，到20世纪初期，管理学科正式形成。由于管理的内容丰富，系统庞大复杂，许多学者都从不同角度研究管理的概念。至今尚未统一。国外颇具代表性的管理概念有：

　　●法约尔认为，管理就是实行计划、组织、指挥、协调和控制。

　　●泰罗认为，管理就是对工人进行挑选和培训，对生产和操作进行统计和记录以及定额管理的过程。

● 德鲁克提出，管理首先是一种工作，所以它有自己的技巧、自己的工具、自己的方法；其次，管理不仅是一门科学，还是一种文化；另外，管理还是一项任务，一种实践，其本质不在于"知"，而在于"行"。

● 路易斯·布恩和戴维·克茨认为，管理是使用人力和其他资源去实现目标。

● 福莱特认为，管理是通过其他人来完成工作的艺术。

● 孔茨认为，管理是设计并保持一种良好环境，使人在群体里能高效率地完成既定目标的过程。

● 罗宾斯和库尔特提出，管理是一个协调工作活动的过程，以便能够有效率和有效果地同别人一起或通过别人实现组织目标。

国内的学者通过研究也给出了不同的管理概念：

● 徐国华认为，管理是通过计划、组织、控制、激励和领导等环节来协调人力、物力和财力资源，以期更好地达到组织目标的过程。

● 杨文士认为，管理是指一定组织中的管理者，通过实施计划、组织、人员配备、指导与领导、控制等职能来协调他人的活动，使别人同自己一起实现目标的过程。

综合上述概念，本书对管理的定义是：

管理是通过计划、组织、领导、控制等职能对组织资源予以协调，以有效率和有效果地实现组织目标的过程。

这一概念可以进一步解释为：

①管理的目的是有效率和有效果地实现组织目标。所有的管理行为，都是为实现组织目标服务的，组织是管理的载体。管理的目标实现既要强调效率，又要关注效果。效率是指以尽可能少的投入获得尽可能多的产出，通常指"正确地做事"，不浪费资源；效果通常指"做正确的事"，即所从事的工作和活动有助于组织达到其目标。

②管理的过程是一系列进行中的有管理者参与的职能或活动。这些职能包括计划、组织、领导和控制。

③管理的对象是一切可以调动的资源。这些资源包括原材料、人员、资金、土地、设备、顾客和信息，其中人员是最重要的。在任何类型的组织中，都存在人与人、人与物的关系。但人与物的关系最终仍表现为人与人的关系，人和资源的分配、协调实际都是以人为中心的，所以管理要以人为中心。

④管理的本质是合理分配和协调各种资源的过程。管理要使有限的资源获得最高的产出或收益。资源分配与协调中的"合理"是由管理者主观因素

决定的,这将受到管理者主观认知的影响。

### 1.1.2 组织的概念

在对管理的定义中,我们会发现其目标终究是组织目标。组织是管理的载体,一切管理活动都发生于组织这个系统中。营利性的工商企业、大学、政府部门、医院、慈善团体,甚至街边的小卖店都可以称为组织。

组织,是指人们为了实现一定的目标,互相协作结合而成的集体或团体。现代社会生活中,人们已普遍认识到,是人们按照一定的目的、任务和形式编制起来的社会集团,组织是社会的基本单元,是构成社会的基础。组织的构成必须要有 3 个明确的要素,即共同的目标、协作的意愿和通畅的信息渠道。

首先,每个组织都有一个或一组明确的目标,反映了组织希望达到的状态。而目标的确定,往往是由管理者来完成。其次,组织是两个以上的人的集合体,组织中的个体要有协作的意愿,组织才能借助这些人员来实现目标。最后,组织要有合理而清晰的构架、通畅的信息沟通渠道,以保证人们能够有序地从事工作。

### 1.1.3 管理的职能

20 世纪初,法国工业家法约尔认为管理者行使着五项管理职能,即计划、组织、指挥、协调和控制。到 20 世纪 50 年代中期,美国加州大学洛杉矶分校的两位教授——孔茨和奥唐内尔在教科书中,把管理的职能划分为计划、组织、人员配备、指导和控制。目前,四大职能说较为常见,即计划、组织、领导和控制。

**(1)计划**

计划是管理的首要职能,对未来事件进行预测,以制订出行动方案。在管理学中,研究计划的动态过程,就是研究计划的产生过程,从而探索制订计划的一系列科学程序和方法,为管理提供科学的计划决策。管理的计划就是要选择组织的整体目标和各部门的目标,决定实现这种目标的行动方案,从而为管理活动提供基本依据。因此,计划是管理的首要职能,是从现在通向未来的桥梁。

**(2)组织**

组织是指完成计划所需的组织结构、规章制度、人财物的配备等。按目标要求设置机构、明确岗位、配备人员、规定权限、赋予职责,并建立一个统一的组织系统;按实现目标的计划和进程,合理地组织人力、物力和财力，并保证它们在数量和质量上相互匹配，以取得最佳的经济效益和社会效益。

**（3）领导**

领导是领导者在一定的环境下，运用职位权力和个人影响力，制订组织目标和任务，并通过对组织进行成功的引导、指挥、协调和控制以完成任务、实现既定目标的行为过程。领导者运用组织权限，发挥权威作用，按计划目标的要求，把所有的管理对象集合起来，形成一个高效的指挥系统，保证人财物在时间和空间上的相互衔接。通过协调保证各项活动不发生矛盾、重叠和冲突，建立默契的配合关系，保持整体平衡。

**（4）控制**

控制是促使组织的活动按照计划规定的要求展开的过程。控制职能是按照既定的目标、计划和标准，对组织活动各方面的实际情况进行检查和考察，发现差距，分析原因，采取措施，予以纠正，使工作能按原计划进行，或根据客观情况的变化，对计划作适当调整，使其更符合实际。

## 1.1.4 学习管理的意义

管理具有普遍性，能够推动组织有效率和有效果地完成任务、实现目标。社会的发展、组织的完善、个人的成长都离不开有效的管理。

**（1）管理对社会的进步与经济发展起到重要作用**

任何一个国家和地区的经济发展、社会文明的构建，都必须依赖科技与管理。虽然科技是第一生产力，但其发展必定在一定的组织构架与制度中产生，科技发展的水平直接源于对整个社会或者国家发展目标的确定。随着未来社会共同劳动的规模日益扩大，劳动分工协作更加精细，社会化大生产日趋复杂，管理就更加重要了。社会进步与经济发展都需要有序和高效的资源配置，而科学有效的管理，能够保证配置资源的高效率和高效果。资源丰富但管理脆弱的国家或地区很难快速发展与进步。例如，中东石油输出国依靠能源输出提高了国家生产总值，但很难说他们是发达国家；日本虽然资源匮乏，但依靠有序的管理和技术进步，成为世界公认的发达国家。

**（2）管理是企业经营成败的重要因素**

管理职能是否有效运用，决定了企业资源配置与利用是否合理，进一步决定企业经营的成败。同一时期、同一行业、同一地区，企业面临的外部环境相似，而成功与失败皆有，可见是企业内部资源调配的情况各不相同，决定了企业经营的成败。由于管理的低效率，导致企业经营失败的例证比比皆是。20 世纪 90 年代，曾经轰动一时的"巨人"集团覆灭后，史玉柱总结自已的四大失误是：第一，盲目追求发展速度；第二，盲目追求多元化经营；第三，决策机制难以适应企业的发展；第四，没有把主业的技术创新放在重要的位置。可见企业经营失败的主要原因都在于管理。

**（3）管理对个人职业发展具有指导意义**

学生毕业后进入社会，一定会承担某种角色：或者是管理者，或者是被管理者，或者两种角色兼而有之。对于计划进入管理岗位的个人来讲，通过对管理知识的学习，可以更好地理解管理活动及管理工作，并成为管理能力构成的理论基础。对于不想从事管理工作的个人来讲，仍然要与管理者及同事打交道，懂得管理，能够对组织工作有深入的认识，能够更好地与相关的工作人员进行沟通与协作，管理好个人的时间、资源，实现高效工作。如今的企业越来越强调团队工作和自主管理，每位员工，无论是不是管理者，都应该具备一定的管理知识与技能，以更好地适应未来的工作。

## 1.2 管理的性质

### 1.2.1 管理的科学性

管理的科学性是指管理作为一个活动过程，存在着一系列基本的客观规律。人们通过实践，收集、归纳、监测数据，提出假设，验证假设，从而形成以反映客观规律的管理理论和方法为指导，有一套分析问题、解决问题的科学的方法论。人们利用这些理论和方法来指导自己的管理实践，又以管理活动的结果来衡量管理过程中所使用的理论和方法是否正确和有效，从而使管理的科学理论和方法在实践中得到不断的验证和丰富。

管理学的研究对象是人类社会中各种组织的管理活动。首先，管理学从客观实际出发，揭示管理活动的客观规律，是对客观事物及其规律的真实反映，体现了管理的客观性；其次，管理理论与方法来源于客观实践，又直接有效地指导实践，体现了管理的实践性；第三，在实践中形成的管理知识为分析问题、解决问题提供了方法论，形成一个合乎逻辑的系统，体现了管理的系统性；最后，管理随着社会的进步与发展，不断完善与补充，体现了管理的发展性。管理是一种反映了客观规律的综合的知识体系，完全具备科学的特点。

### 1.2.2 管理的艺术性

艺术是指能够熟练地运用知识，并且通过巧妙的技能来达到某种效果。之所以称管理为艺术，是因为它是一门不精确的科学，不能像数学等学科精确地计算出最终结果。管理工作所面对的环境复杂多变，要解决的问题影响因素众多，管理学并不能提供解决一切问题的标准答案，仅凭抽象的一般理论和方法进行管理活动难以成功。

管理的艺术性主要表现在实践方面。管理活动除了要掌握一定的理论和方法外，还要灵活掌握运用知识和技能的技巧与诀窍。面对复杂的工作环境和各种问题的相关因素，管理者要在掌握管理理论与方法的基础上，针对具体的环境与任务，灵活处理。

### 1.2.3　科学性与艺术性的统一

管理的科学性和艺术性并不相互排斥，而是相互补充。管理的科学性来自管理的实践，是对管理艺术的总结、归纳、规律性的认识；管理的艺术性要结合具体情况并在管理实践中体现出来，是管理知识在实践中的灵活运用。管理实践需要灵活运用，便显出艺术性，而指导这种实践活动的系统知识，则是科学性的体现。不注重管理的科学性而只强调艺术性，将使管理表现得很随意。例如，管理中不进行可行性分析，拍脑袋做决策、上项目导致失败，就说明组织决策者缺乏科学严谨的管理态度与管理方法。不注重管理的艺术性而只强调科学性，管理科学将变成僵硬的教条。例如，照搬大品牌成功的做法，迷信大师的理论指导而缺乏对自身特点的认知，最终会出现"东施效颦"的失败。所以管理是科学性与艺术性的统一，既有规律可循，又不拘泥于成文。

## 1.3　管理者概述

管理者是管理的主体，是指挥别人活动的人，是通过别人或同别人一起实现组织目标的人。许多学者对管理者从不同方面进行研究。例如，亨利·明茨伯格对管理者的角色进行了划分，罗伯特·卡茨对不同层次的管理者需要具备的技能进行了阐述。

### 1.3.1　管理者的层次

任何组织都需要有各司其职的人员构成。在传统的组织中，大量的雇员存在于基层，形成金字塔状的稳定结构。如图 1-1 所示，在组织中，将管理者分为基层管理者、中层管理者和高层管理者，金字塔的塔底由大量非管理雇员构成。通常，在结构清晰的组织中分辨管理者并不困难，不过对于不同组织，他们会有不同的称谓。

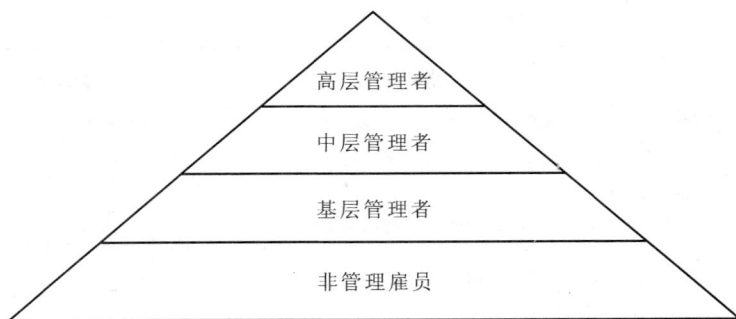

**图 1-1　组织层次**

　　基层管理者是最低层次的管理人员，管理非管理雇员，直接负责产品的生产或服务的提供，向他们汇报的员工从事着组织中最基本的生产工作。例如，企业负责基层生产环节的工段长、餐厅负责管理服务人员的领班、4S店负责管理在展厅向客户卖车的销售人员的销售主管等。

　　中层管理者是处于基层和高层之间的各个管理层次的管理者，这些管理者接受高层管理者的策略与方针，将其转化为具体的目标与计划，用来指导基层管理者付诸实施。他们负责协调员工的活动，决定提供的产品和服务以及向客户营销的方法。例如，企业中的部门经理、项目主管、事业部经理等。

　　高层管理者是处于组织顶层或者接近顶层的管理者，主要负责组织发展的战略决策，为整个组织确定计划与发展目标。他们所设立的目标沿着科层结构逐级向下传递，直至每一位非管理雇员。例如，在企业中的首席执行官、总裁、执行副总裁、董事会主席等。

　　对于大型组织，每层管理又会分成多个级别，不同的管理层级有不同的工作目标、任务与责任，管理者的职责相对明确。对于小型组织，管理者的层次较为简单，高层管理者甚至会负责中层、基层的管理事务，这类组织中的高层管理者往往是全能的管理者。

## 1.3.2　管理者的角色

　　20世纪60年代末，亨利·明茨伯格对管理者的工作进行研究，认为管理者扮演着10种不同的但却高度相关的角色（表1-1）。这10种角色可以进一步组合成三个方面，即人际关系、信息传递和决策制订。

表 1-1　明茨伯格的管理理论

| 角色 | 描　述 | 特征活动 |
|---|---|---|
| 人际关系 | 包括了人与人以及其他具有礼仪性和象征性的职责，归因于管理者的正式权力 | |
| 挂名首脑 | 象征性首脑；必须履行许多法律性或社会性的例行义务 | 迎接来访者，签署法律文件 |
| 领导者 | 负责激励下属；负责人员配备、培训以及有关职责 | 实际上从事所有的有下属参与的活动 |
| 联络者 | 维护自行发展起来的外部关系和消息来源，从中得到帮助和信息 | 发感谢信；从事外部委员会的工作；从事其他有外部人员参与的活动 |
| 信息传递 | 包括信息的接受、收集和整理 | |
| 监听者 | 寻求和获取各种内部和外部信息，以便透彻地理解组织与环境 | 阅读期刊报告；与有关人员保持私人接触 |
| 传播者 | 将从外部人员和下级获取的信息传递给组织的其他成员 | 举行信息交流会；以电话方式传达信息 |
| 发言人 | 向外界发布组织的计划、政策、行动、结果等 | 召开董事会；向媒体发布信息 |
| 决策制订 | 管理者负责做出决策，并分配资源以保证决策方案的实施 | |
| 企业家 | 寻求组织和环境中的机会，制订改进方案以发起变革 | 组织战略制订和检查会议，以开发新项目 |
| 冲突管理者 | 当组织面临重大的、意外的混乱时，负责采取纠正行动 | 组织应对混乱和危机的战略制订和检查会议 |
| 资源分配者 | 负责分配组织的各种资源；制订和批准所有有关的组织决策 | 调度、授权、开发预算活动，安排下级的工作 |
| 谈判者 | 在主要的谈判中作为组织的代表 | 进行与员工、供应商、客户或其他组织的谈判活动 |

**（1）人际关系方面的角色**

人际关系方面的角色包括了人与人以及其他具有礼仪性和象征性的职责，这归因于管理者的正式权力。工厂领班带领参观者参观工厂，扮演着挂名首脑的角色；所有的管理者都具有领导者的角色，包括雇用、激励、培训、惩罚雇员；联络者的角色是管理者与组织内部或外部提供信息的来源接触，例如销售经理与组织内部的生产部门、人事部门联系获得工作信息，或者通过组织外部的市场营销协会与其他公司的销售执行经理接触。

**（2）信息传递方面的角色**

信息传递方面的角色指所有的管理者在某种程度上，都从外部的组织或机构接受和收集信息。管理者通过阅读报纸和与他人谈话了解公众趣味的变化，判断竞争对手可能采取的措施，表现为监听者的角色；通过会议或其他方式向组织成员传递信息，表现为传播者的角色；代表组织向外界表态，表现为发言人的角色。

**（3）决策制订方面的角色**

决策制订方面的角色作为企业家，管理者发起和监督那些改进组织绩效的新项目，如开发新产品、提供新服务或发明新工艺等；作为冲突管理者，管理者采取纠正行为应付那些未预料到的问题，如平息客户的怒气，调节员工之间的争端等；作为资源分配者，管理者负责分配组织内人力、物力、财力、信息、时间等资源的责任；作为谈判者，管理者为了自己组织的利益与其他团体议价和商定成交条件，如与供应商、客户或其他组织进行谈判。

## 1.3.3 管理者的技能

根据罗伯特·卡茨的研究，管理者的技能可以分为技术技能、人际技能和概念技能3个方面（图1-2），不同层次的管理者对这三类技能要求的程度不同。

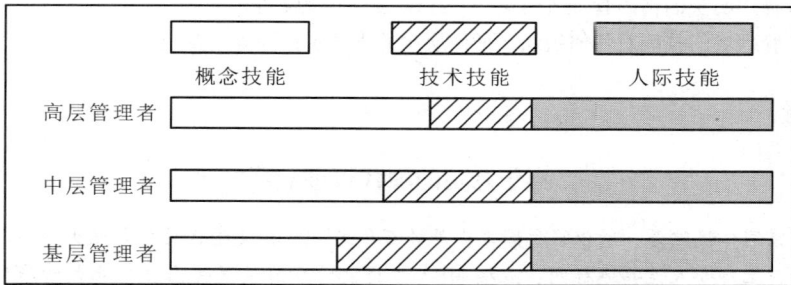

**图1-2 各管理层次所需要的管理技能比例**

**（1）技术技能**

技术技能是管理者掌握和熟悉特定专业领域中的过程、惯例、技术和工具的能力。有效的管理者必须拥有完成专业性工作所需的技术能力。管理层次越低的管理者越需要具有技术技能，特别是一线的管理者，因他们大多从事训练下属或回答下属有关具体问题的工作，必须知道如何去做下属所做的各种工作。因此，技术技能对于基层管理者最重要，中层管理者次之，高层管理者较不重要。

**（2）人际技能**

人际技能是指成功地与人打交道并进行沟通的能力。管理者的大部分时间和活动都是在与人打交道，对外要与有关的组织和人员进行联系、接触；对内要联系上下级，特别是要善于激励诱导下属的积极性。一个管理者只有拥有人际技能才能将人员整合到各种协作性的活动中。人际技能对于所有层次的管理者的重要性大体相同。

**(3) 概念技能**

概念技能是指产生新想法并加以处理，以及将关系抽象化的思维能力，即管理者所具有的宏观视野、整体考虑、系统思考和大局把握的能力。卡茨认为，概念技能是管理者认识到组织的功能是相互依赖的，并能够从大的背景上为组织的未来勾画远景的能力。概念技能对于高层管理者最重要，中层管理者次之，基层管理者较不重要。

▲ **思考题**

1. 什么是管理？为什么要学习管理？
2. 如何理解管理既是一门科学又是一门艺术？
3. 组织的三个基本要素是什么？
4. 描述明茨伯格的管理者角色，并在现实中举例说明。
5. 管理者的技能对任何组织、任何层次的管理者都同等重要吗？

▲ **案例**

## 百年老院的现代管理启蒙

北京同仁医院是一所以眼科闻名中外的百年老"店"，走进医院的行政大楼，其大堂的指示牌上却令人诧异地标明：五楼 MBA 办公室。目前该医院已经从北大清华聘请了11 位工商管理硕士（MBA），另外还有一名学习会计的研究生，而医院的常务副院长毛羽就是一位留美的医院管理 MBA。

根据我国加入世界贸易组织达成的协议，2003 年，我国正式开放医疗服务业。2002年初，圣新安医院管理公司对国内数十个城市的近 30 家医院及其数千名医院职工进行了调查访谈，得出结论：目前国内大部分医院还处于极低层次的管理启蒙状态，绝大多数医院并没有营销意识，普遍缺乏现代化经营管理常识。更为严峻的竞争现实是：医院提供的服务不属于单纯通过营销可以扩大市场规模的市场——医院不能指望通过市场手段刺激每年病人数量的增长。

目前，国内几乎所有的医院都没有利润的概念，只计算年收入。但在国外，一家管理有方的医院，其利润率可高达 20%。这也是外资对国内医疗市场虎视眈眈的重要原因。

同仁医院显然是同行中的先知先觉者。2002 年，医院领导层在职工代表大会上对同仁医院的管理做过"诊断"：行政编制过大、员工队伍超编导致流动受限；医务人员的技术价值不能得到体现；管理人员缺乏专业培训，管理方式、手段滞后，经营管理机构力量薄弱。同时他们开出药方：引入 MBA，对医院进行大手笔改造，其中涉及岗位评价及岗位工资方案、医院成本核算、医院工作流程设计、经营开发等。

同仁医院要引入现代市场营销观念、启动品牌战略和人事制度改革，树立"以病人为中心"的服务观念；以病人的需求为标准，简化就医流程，降低医疗成本，改善就医环境；建立长期利润观念，走质量效益型发展的道路；适应环境、发挥优势、实行整合营销；通过扩大对外宣传、开展义诊咨询活动、开设健康课堂等形式，有效扩大潜在的医疗市场。

同仁医院所引进的 MBA 背景各异，绝大多数都缺乏医科背景。他们能否胜任医院的管理工作呢？医院职业化管理至少包括了市场营销管理、人力资源管理、财务管理、科研教学管理、全面医疗质量管理、信息策略应用及管理、流程管理 7 个方面的内容。这些职能管理与医学知识相关但非医学专业。

同仁医院将 MBA 们"下放"到手术室 3 个月之后，都悉数调回科室，单独辟出 MBA 办公室，以课题组的形式，研究医院的经营模式和管理制度。医院引入的企业化管理，主要包含医院经营战略、医疗市场服务营销、医院服务管理、医院成本控制、医院人力资源、医疗质量管理、医院信息系统和医院企业文化等内容。其中，医院成本控制研究与医院人力资源研究是当务之急。

中国几乎所有的医院都面临着成本控制的难题，如何堵住医院漏洞，进行成本标准化设计，最后达到成本、质量效益的平衡，是未来中国医院成本控制研究的发展方向。另外，现有医院的薪酬制度多为"固定工资＋奖金"的模式，而由于现有体制的限制，并不能达到有效的激励效果，医生的价值并没有得到真实的体现，导致严重的回扣与红包问题。如何真正体现员工价值，并使激励制度透明化、标准化，成为当前首先要解决的问题。

这一切都刚刚开始。指望几名 MBA 就能改变中国医院管理的现状是不可能的。不过，医院管理启蒙毕竟已经开始，这就是未来中国医院管理发展的大趋势。

（引自周三多，管理学——原理与方法，4 版，2005）

**问题：**

(1)结合案例说明对管理及管理职能的理解。

(2)同仁医院为什么要引进如此多 MBA？你认为 MBA 们能否胜任医院的管理工作？

▲ **阅读指引**

1. 经理工作的性质. 亨利·明茨伯格. 团结出版社，1999.

2. 管理学. 7 版. 斯蒂芬·P·罗宾斯. 中国人民大学出版社，2004.

# 第 2 章 管理理论的形成与发展

**本章提要**

本章主要介绍了国内外早期的管理思想，科学管理理论、一般管理理论和行政组织理论三种古典管理理论，以及行为科学理论和管理理论的发展等内容。

**学习目标**

了解中国与国外的早期管理思想；理解管理理论形成与发展的过程；掌握古典管理理论与行为科学理论的理论内容。

自从有了有组织的人类劳动，就开始了管理的实践。在实践中，人们不断探索，积累了许多管理经验，对管理活动有了初步的认识和见解，从而开始形成了一些朴素的、零散的管理思想。社会生产力的不断发展对管理不断提出新的要求。人们对管理思想进行提炼、总结、概括和发展，找出了管理活动规律，在实践中应用和检验。在检验的基础上，继续分析研究，从中找出指导管理实践的普遍原理，这些原理经过抽象和综合形成管理理论。

## 2.1 早期管理思想

### 2.1.1 中国早期管理思想

中国是四大文明古国之一，五千年的历史孕育了丰富的管理思想。这些思想在中国古代的建筑、工程、典籍以及名人言行中都有所体现，内容涉及国家管理、工商业管理、军事指挥、财政赋税、民本管理、人才管理等方面，对后世及现代管理产生了深远影响。本章仅介绍我国古代的几个有代表性的思想流派——儒家、道家、法家、兵家的管理思想。

**（1）儒家思想**

儒家思想的代表人物为孔子、孟子和荀子。儒家管理思想的核心是

"仁"，维护"礼治"，提倡"德治"，重视"人治"，所以，儒家管理是基于人性的管理，采用的管理手段是"为政以德"，强调"诚"、"信"、"忠"、"恕"等品质的培养、塑造。儒家管理的推行途径是"修身、齐家、治国、平天下"，认为管理者必须以身作则，从自我管理开始，再到家庭管理、国家管理和社会管理，这几个过程的关系既体现为逐层演进，又表现在彼此的相互渗透印证中。在对后世影响中，汉武帝采纳董仲舒的建议，推行"罢黜百家，独尊儒术"，把儒家学说定为治国的指导思想，一直延续了两千多年，在思想、行为、社会等多方面以各种形式或隐或显地塑造、影响着中国的发展。儒家思想甚至在东亚各国也有广泛的影响。在韩国和日本，伦理和礼仪都受到了儒家仁、义、礼等观点的影响，至今还有明显的印迹。

**（2）道家思想**

道家思想的代表人物是老子、庄子，代表作为《道德经》。道家非常注重对管理规律的认识和把握，提出"道法自然"，即管理必须遵循客观规律，一切要顺应自然才能取得良好的管理效果。在管理方式上，道家认为最高境界是"无为而治"，管理者行使管理职责时，不应勉强作为，不可越权行事，而须因势利导，营造一个放权下属的宽松氛围。表面看来，管理者似乎什么也没有做、什么也不必做，但组织却井井有条。道家同时也创建了一整套管理艺术，如静观待变、守弱用柔、知盈处虚、居上谦下、不争之争、见微知著、欲取先予、以曲求全、藏而不露、知足常乐等。倡导"治大国若烹小鲜"，致力于避免干预、提倡自由、鼓励下属发挥创造性与积极性。

**（3）法家思想**

法家思想的先驱为管仲、子产，真正奠基人是战国时期的李悝、商鞅、申不害等人。到战国末期，韩非集法家思想之大成，提出了法、术、势相结合的完整的法治理论，即管理制度、管理权威与管理技巧的完美结合。法家管理以"法"即管理制度为核心，注重"法"、"势"、"术"。法家明确赞同"法治"而反对"人治"，主张时时事事都必须严格遵循既定的法令、规则，而绝对不能只依赖管理者的主观判断或个人好恶。强调他律，强调法律的强制作用，强调集权的权威，强调管理手段的运用，强调尚贤。法家的管理思想体现了追求效益，充满着强力、竞争、严密控制的倾向。

**（4）兵家思想**

兵家管理思想主要用于军事。春秋末期吴国著名军事学家孙武所著的《孙子兵法》是一部反映军事系统思想的理论著作，共13篇，在世界军事理论史中占有极其重要的地位，被誉为兵学圣典。在当前"商场即战场、竞争即战争"的激烈市场竞争中，《孙子兵法》所蕴涵的丰富的管理思想对企业在竞争中立于不败之地具有普遍指导意义。其中蕴涵的管理战略、策略、方略，对其他领域无疑也有借鉴价值。在管理战略方面，兵家讲究运筹谋划，强调管理者审时度势，对外界环境和组织内部有清醒正确的认识，并据此作出判断和决定。在管理策略方面，兵家提出要"因变制胜"，强调"变"的因素，要求管理者对各种变化及时作出反应，并能积极创新求变，时时处处占据主动，不受制于人。在管理方略方面，兵家提出分级管理的原则：要想管理多数人像管理少数人一样轻松，就须依靠组织和编制的作用；要想形成富有效率的组织，就须以严格的纪律、法令进行层层控制，辅以思想教育，对下属晓之以理，动之以情，并形成特定的层级制度，以做到首尾一致，令行禁止。

### 2.1.2 国外早期管理思想

国外早期的管理思想内容丰富，这里仅介绍 19 世纪末以前的一些典型管理活动和代表人物，从中体会管理思想的发展脉络。

**(1)早期文明古国(6世纪以前)的管理思想**

早在公元前 5000 年左右，古埃及人建造了世界七大奇迹之一的金字塔。据考察，大金字塔共耗用上万斤重的大石料 230 多万块，动用了 10 万人力，费时 20 年才得以建成。完成这样大的工程是非常艰难的，其中包含了大量的管理工作。例如，组织人力进行计划与设计；在没有先进运输工具条件下，组织搬运；人力的合理分工等。这些工作不但需要技术方面的知识，更重要的是要有许多管理经验。

在公元前 2000 年左右，古巴比伦国王汉穆拉比曾经颁布的一部法典，也蕴涵了丰富的经济管理思想。全文共 282 条，其中对人的活动作了许多规定，如个人财产要受到保护，百姓应该遵守哪些法规，货物贸易应该如何进行，臣民之间的隶属关系，最低工资标准，家庭纠纷与犯罪的处理等。

公元前 370 年，古希腊学者瑟诺芬曾对劳动分工作了如下论述："在制鞋工厂中，一个人只以缝鞋底为业，另一个人进行裁剪，还有一个人制造鞋帮，再有一个人专门把各种部件组装起来。这里所遵循的原则是：一个从事高度专业化的工人一定能工作得更好。"

**(2)中世纪(6~18世纪)的管理思想**

威尼斯兵工厂是当时世界上最大的兵工厂，占地 60 英亩*，有工人1000 余人，制造弓箭、军舰等武器装备。其主要管理思想是：①全厂设一

---

*1 英亩 = 40.4686 公亩 = 4046.86 平方米

名正厂长和两名副厂长，还有若干职能部门，体现了分工和协作。②把各种部件和备品仓库安排在运河的两岸，并按照舰船的安装顺序排列，当舰船在运河中被拖引着经过各个仓库时，各种部件从各个仓库的窗口传出去进行组装，提高了装配效率。③采用部件标准化，如所有的弓和所有的箭都匹配，所有的船尾柱按同一设计制造，所有的索具和甲板用具统一，以便提高作业速度，降低成本。④限额定位的库存控制，如对成品只限库存 100 船，以供急需，对库存零部件进行编码，并按照装配使用顺序摆放。⑤建立了会计成本制度，把所有费用分为固定费用、金额不定的费用和额外费用，并利用成本控制和计量方法帮助管理决策。⑥制订了严格的人事管理制度，严格规定上下班时间和工休时间，所有职工按成绩决定晋升和报酬等。这些管理活动体现了职能制和分权管理的思想，是现代管理思想的雏形。

意大利思想家和历史学家马基雅维利(1469—1572)主张结束意大利的政治分裂，建立一个统一而强大的君主国。在他的著作《君主论》和《谈话录》中，最早提出了关于领导的思想：首先，领导者必须要得到群众的拥护。其含义，一是群众要拥护他作为领导者。领导者做事要征得群众的同意。二是领导者应使组织内部产生高度的内聚力。领导者必须把组织的成员紧紧地团结在自己周围，使自己所在的组织具有吸引力。三是领导者要有坚强的生存意志和坚韧不拔的精神。领导者要能够为组织和自己的生存不断奋斗。四是领导者必须具有崇高的品质和非凡的能力。马基雅维利的领导思想原理是对当时出色领导人活动的概括和总结，现代领导理论中的一些原则同这些原理十分类似。

**(3) 近代(18 ~ 19 世纪末)的管理思想**

18 世纪 60 年代以后，西方国家开始进行产业革命，开创了生产力发展的新纪元，以手工业为基础的资本主义工厂向采用机器的资本主义工厂制度过渡，工厂成为基本的经济组织形式，企业内部结构变得更加复杂。管理思想的许多方面得到了本质的发展，代表性的人物有：

①劳动分工思想　亚当·斯密(1727—1790)是英国著名的经济学家。1776 年他发表了《国民财富的性质和原因的研究》，该著作不但对经济和政治理论的发展做出了突出贡献，还提出了颇具特色、影响深远的管理思想，分析了劳动分工的经济效益，提出了生产合理化的概念。以制针业为例，斯密宣称，10 个工人，每人从事一项专门化的制针作业，一天能生产大约48 000 根针。而如果每个人单独完成全部制针作业，每人一天大约只能制作10 根针。斯密认为大幅提高生产效率的原因有三个方面：第一，分工使劳动者专门从事一种单一的操作，从而提高熟练程度；第二，分工可以减少劳

动者的工作转换，节约通常由一种工作转到另一种工作所损失的时间；第三，分工使劳动简化，使人们把注意力集中在一种特定的对象上，有利于发现比较简便的工作方法，有利于促进工具的改进和机器的发明。

②早期人文主义思想　罗伯特·欧文（1771—1858）是空想社会主义者。他最早注意到人的因素对提高劳动生产率的重要性，强调人和机器的根本区别在于人是有需要的有机体。欧文的思想集中在他在苏格兰纽兰纳克工厂的改良措施中，具体措施包括改善工厂的工作条件、合理布局生产设备；缩短劳动时间；提高工资；免费提供膳食；在工厂内开商店，按成本价出售给工人生活必需品；设立幼儿园和模范学校；创办医院；发放抚恤金；通过建设工人住宅与修建街道来谋求改进工厂厂区的整体情况等。这些措施对以后西方行为科学的兴起和研究产生了重要影响。后人将欧文称为"人事管理之父"。

③劳动分工与利润分享　查尔斯·巴贝奇（1792—1871）精通数学、机械和经济学，是产业革命后期对管理思想贡献最大的人。1832 年他发表了《论机械和制造业的经济》，从管理实践中总结关于专业分工、工作方法、机械与工具的使用以及成本记录方面的管理观点和思想。进一步发展了劳动分工对提高劳动生产率作用的思想，认为劳动分工节省了学习时间和学习所需消耗的材料；节省了工序转移时间；能够锻炼人的肌肉，不易引起疲劳；节省了工具调整时间；提高了技术熟练程度；有利于发现问题，及时改进工具和机器。巴贝奇还指出，劳资关系的协调对提高劳动生产率有重要作用，提倡采用利润分享制度，即按照工人对生产效率贡献的大小来确定工人的报酬。工人的收入应由三部分组成：按照工作性质所确定的固定工资，按照对生产效率所做出的贡献分得的利润，为增进生产率提出建议而应得的奖金。

## 2.2　古典管理理论

尽管中外早期有着丰富的管理实践和管理思想，但直到 20 世纪，管理才真正被人所认识和成熟起来。正式的管理研究始于 19 世纪末和 20 世纪初，强调管理研究方法的理性和科学性，致力于将组织建设成高效运转的机器，即古典管理理论。古典管理理论包括 3 个分支：科学管理理论、一般管理理论和行政组织理论。

### 2.2.1　科学管理理论

19 世纪末之前，工业上实行的是传统的管理办法，其特点在于工厂的管理主要是凭借工厂主个人的经验。不仅管理凭经验,而且生产方法、工艺以及人员培训也都凭个人经验,靠饥饿政策迫使工人工作。由于普遍实行经验管理,在当时美国的企业中,存在大量低效率甚至无效率的现象。工厂主不知道工人一天到底能干多少活,但总嫌工人干活少,拿工资多,于是就通过延长劳动时间、增加劳动强度来加重对工人的剥削;而工人也不确切知道自己一天到底能干多少活,但总认为自己干活多,拿工资少。工厂主加重了对工人的剥削,工人就用"磨洋工"消极对抗。随着工人阶级的成长和壮大,这种凭借经验的生产和管理越来越难以进行。此外,当时生产力的发展水平也急需一套系统的管理理论和科学的管理方法与之适应。因此,如何改进工厂和车间的管理成了亟待解决的问题。

**(1)泰罗与科学管理理论**

弗雷德里克·温斯洛·泰罗(1856—1915)出生在美国费城一个富裕的律师家庭。尽管家世很好,但泰罗却是从最底层开始他的职业生涯的。1875年,泰罗进入一家小机械厂当学徒,1878年他进入米德维尔钢铁公司当机械工人,由于工作努力,表现突出,先后被提升为车间管理员、小组长、技师、绘图主任和总工程师。1897年离开米德维尔钢铁公司,1898年进入伯利恒钢铁公司,他职业生涯的大部分时间是在米德维尔钢铁公司和伯利恒钢铁公司度过的。在这两家公司,泰罗奠定了科学管理的理论基础,并在1911年出版了《科学管理原理》一书。这本书的问世标志着管理由经验上升为科学和科学管理理论的正式形成,为现代管理理论奠定了基础,也使他赢得了"科学管理之父"的美誉,并铭刻在他的墓碑上。

泰罗认为雇主与工人要具有合作的"精神革命",即雇主和雇员双方的利益是一致的。对于雇主而言,追求的不仅是利润,更重要的是事业的发展。而事业的发展不仅会给雇员带来较丰厚的工资,更意味着充分发挥其个人潜质,满足自我实现的需要。正是事业使雇主和雇员相联系在一起。当双方友好合作,互相帮助来代替对抗和斗争时,就能通过双方共同的努力提高工作效率,生产出比过去更大的利润,从而使雇主的利润得到增加,企业规模得到扩大。相应地,也可使雇员工资提高,满意度增加。

科学管理理论是以研究工厂内部的生产管理为重点,以提高生产效率为中心,解决组织方法科学化和生产程序标准化方面的管理理论。主要内容包括:

①工作定额 管理的中心问题是提高劳动生产效率,用科学的管理方法取代传统的经验管理方法,通过开展时间研究,确定一个工人"合理的日工作量"。其方法是选择合适且技术熟练的工人;研究这些人在工作中使用的

基本操作或动作的精确序列，以及每个人所使用的工具；用秒表记录每一基本动作所需时间，加上必要的休息时间和延误时间，找出做每一步工作的最快方法；消除所有错误动作、缓慢动作和无效动作；将最快最好的动作和最佳工具组合在一起，成为一个序列，从而确定工人"合理的日工作量"，即工作定额。

②能力与工作相适应　科学地挑选工人，并对工人进行培训教育，使之成为"第一流的工人"，使工人的能力同所承担的工作相匹配，根据雇员能力为其找到最合适的工作。第一流的工人是指所具有的能力适合做这种工作，而且也愿意去做这种工作的人。

③标准化原理　包括操作方法标准化、工具标准化和作业环境标准化。只有使工人在标准设备、标准条件下工作，才能对其工作成绩进行公正合理的衡量。在搬运生铁的试验中，泰罗得出一个适合做搬运工作的工人，在正常情况下，一天至少可搬 47.5 吨铁块的结论；在铲具试验中，他得出铁锹每次铲物 21 磅时，劳动效率最高的结论；在长达 26 年的金属切削试验中，他得出影响切割速度的 12 个变数及反映它们之间相关关系的数学公式等，为工作标准化、工具标准化和操作标准化的制订提供了科学的依据。

④差别计件工资制　实行刺激性的计件工资报酬制度，按照工人是否完成其定额而采用差别计件工资制。这种计件工资制包括 3 个方面的内容：首先，通过工时研究和分析，制订出一个有科学依据的定额或标准。其次，采用一种差别计件工资制来鼓励工人超额完成工作定额。所谓差别计件工资制是指计件工资率随着完成定额的程度而上下浮动。工人完成或超额完成定额，则定额内的部分连同超额部分都按比正常单价高 25% 计酬；如果工人完不成定额，则按比正常单价低 20% 计酬。第三，工资支付的对象是工人而不是职位，即根据工人的实际工作表现而不是根据工作类别来支付工资。

⑤计划职能和管理职能分开　建立专门的计划部门从事制订定额、标准化的操作方法、工具标准化工作的研究，下达任务，监督计划的执行；而现场工人则按照计划部门制订的操作方法和指示，履行执行职能。泰罗主张的计划职能，实际上就是管理职能，执行职能就是劳动职能。他主张由专门的计划部门来从事调查研究，为定额和操作方法提供科学依据，拟订计划并发布指示和命令。

⑥建立职能工长制　每一个管理者只承担一方面的职能，负责一方面的工作。事实表明，一个工人同时接受几个职能工长的指挥，容易造成多头领导，所以没有得到推广。但这种思想为以后职能部门的建立和管理专业化奠定了基础。

⑦例外原则　在组织结构和管理上实行例外原则，企业的高级主管人员把处理一般事务的权限下放给下级各管理人员，自己只保留对例外事项的决定和监督权。泰罗认为，规模较大的企业组织和管理，必须实行例外原则，即企业的高级管理人员把例行的一般日常事务授权给下级管理人员处理，自己只保留对例外事件的决定和监督权。这种以例外原则为依据的管理控制原理，以后发展为管理上的分权化原则和事业制管理体制。

**(2) 科学管理理论的评价**

科学管理是第一个国际化的管理理论。即使在今天，全球仍有许多企业受到其影响。从管理学的角度，泰罗最重要的贡献是创造性地把管理当作一门科学，使管理第一次从经验上升到科学。他主张管理与劳动分离，主张标准化、高效化，讲求效率的优化方法和调查研究的科学方法；创造了一系列有助于提高效率的技术和方法。但泰罗的研究还是有负面性的：科学管理追求效率至上，忽略了对人的重视，把人看作是"经济人"；其应用范围仅局限于作业管理的层面。

**(3) 其他管理学家对科学管理理论的贡献**

①卡尔·乔治·巴思　美籍挪威数学家。借助其研究的许多数学方法和公式，为泰罗的时间研究、金属切削试验等研究提供了理论依据，使得出的结果令人信服。

②亨利·甘特　美国管理学家、机械工程师，是泰罗的同事和重要合作者。甘特的重要贡献是他在 1917 年首创《每日平衡图》(甘特图)，这是一种条形图，用来对比衡量随着时间的流逝，每个生产阶段计划的工作量和已经完成的工作量，是计划与控制生产的有效工具。甘特图现在还经常用来编制进度计划。甘特的另一贡献是提出了"劳动报酬奖励制"的理论，即除了按日支付有保证的工资外，超额部分给予奖励；完不成定额的，仍可以得到原定日工资。这种制度补充了差别计件工资制的不足。此外，甘特还很重视管理中人的因素，强调"工业民主"和更重视人的领导方式，这对后来的人际关系理论有很大影响。

③吉尔布雷斯夫妇　美国工程师弗兰克·吉尔布雷斯开创了时间研究和动作研究。他强调效率，并因寻求工作的"一种最佳方式"而出名，被称为"动作研究之父"。他的夫人莉莲·吉尔布雷斯则是侧重于管理心理学方面的研究，并注意对工人的培训和教育，使工人能全面发展。她是工业心理学研究领域的先驱，对人力资源管理做出了巨大的贡献。后人给予莉莲极高的赞誉，将她誉为"管理学的第一夫人"。

④哈林顿·埃默森　被称为"效率工程师"，是美国早期的科学管理研

究工作者，他提出了 12 条旨在提高效率的原则：明确目的；注意局部和整体的关系；虚心请教；严守规章；公平；准确、及时、永久性的记录；合理调配人、财、物；定额和工作进度；条件标准化；工作方法标准化；手续标准化；奖励效率。

尽管泰罗的追随者和合作者在许多方面不同程度地发展了科学管理的理论和方法，但他们的研究范围始终没有超出劳动作业的技术过程，也没有超出车间管理的范围。

## 2.2.2 一般管理理论

在以泰罗为代表的美国人倡导科学管理的时候，欧洲也出现了一些同样思考管理问题的研究者，其中影响最大的是法国的采矿工程师亨利·法约尔（1841—1925），他形成和发展了古典管理理论的一个重要分支——一般管理理论，强调整个组织的管理，是关于管理者做什么以及什么构成了良好的管理实践的更一般的理论。亨利·法约尔是直到 20 世纪上半叶为止，欧洲管理运动最杰出的大师，被后人尊为"管理过程之父"。

### (1) 法约尔与一般管理理论

亨利·法约尔是在法国里昂的圣艾蒂安国家矿业学院接受的教育。1860年毕业后，进入法国一家矿业公司——科芒特里—富香博—德卡斯维尔公司，成为一名矿业工程师，1888 年法约尔被任命为公司总经理，他将处于破产边缘的公司拯救回来，并在 1888—1918 年一直担任该公司的总经理，这家矿业集团公司今天依然还在继续经营。根据自己的管理经验，法约尔完成了其重要的代表作《工业管理与一般管理》，并于 1916 年发表在法国矿业协会的年报上，这标志着一般管理理论的形成，主要包括以下内容。

①区别了经营和管理的概念 法约尔认为任何组织都存在 6 种活动：包括技术活动，指生产、加工和制造；商业活动，指采购、销售、交换；财务活动，指资金的筹措、运用和控制；会计活动，指盘点、会计、成本和统计；安全活动，指设备的维护和人员的保护；管理活动，指计划、组织、指挥、协调和控制。

法约尔认为，经营是努力确保以上 6 种活动顺利运转，指导和引导一个组织趋向某一既定目标的活动。而管理只是 6 种活动中的一种。

②明确了管理的职能 管理的职能包括计划、组织、指挥、协调、控制。计划职能是指预测未来和安排工作计划的活动。组织职能是指建立企业的物质和人事组织机构，把人力、物力和财力资源组织起来，为达到预定目标提供所需一切条件的活动。指挥职能是指对下属人员给予指导的活动。协

调职能是指让企业的人员团结一致，使组织的各项工作统一起来，保持协调，以取得成功而进行的一切活动。控制职能是指为了确保实际工作与规定的计划相符而进行的一切活动。

③提出了管理的 14 条基本原则

工作分工：法约尔认为，工作分工并不仅限于技术工作，而且适用于管理工作。通过分工可以减少浪费，增加产出，便于进行工作培训。

权力与责任：权力被定义为"下达命令的权力和要求服从的力量"。权力和责任之间有一种必然的关系，当行使权力时，责任就会出现，权力与责任必须相称。此外，法约尔对正式权力和个人权力进行了区分，前者是管理者依靠职务或级别而拥有的，后者则是由智慧、经验、精神价值、领导能力、以往的服务等因素综合形成的。

纪律：纪律对组织获得成功至关重要，纪律应该建立在尊重而不是畏惧的基础上。良好纪律的建立需要有优秀的领导、劳资双方就规章制度达成明确一致的协议，以及制裁措施的正确使用。

统一指挥：任何行动，一名员工应该只接受一位上司的命令。双重指挥对权力、纪律和稳定都是一种威胁。

统一领导：具有共同目标的一组活动应该只有一个领导和一个计划。

个人利益服从整体利益：个人或小群体的利益不能超越组织的利益。

人员的报酬：日工资、计件工资、奖金以及利润分享等支付模式的选择取决于许多因素，但选择的目标是使员工变得更有价值，并能激发员工的工作热情。

集权与分权：集权与分权的问题是一个平衡问题或比例问题，即为组织找到最合宜的程度。集权本身并不是一个好的或者坏的管理制度，集权的程度必须根据不同的情况进行调整。

等级链：是"从最高权力的负责人直到最低等级的负责人所形成的链条"，它表明了权力线条的路径以及信息传递的路径。严格遵循等级链有利于维护统一指挥原则，但也可能带来信息的延误。于是法约尔提出了"跳板"观点，即允许同级之间直接进行横向沟通，但在沟通前要征求各自上级的意见，并且事后要立即向各自上级汇报，从而使权力链不致负荷过重，同时维护了统一指挥原则。

秩序：保证每件东西都有一个位置，而且都处于合适的位置。同时，对员工而言，每一个人都要有一项任务，这些任务将形成一种结构。

公平：领导者为了激励员工全心全意地做好工作，应该善意地对待他们。公平就是由善意和公道产生的。领导者应充分发挥自己的能力，特别注意员工希望公平和希望平等的愿望，努力使公平感深入人心。

人员稳定：培养一个人胜任工作需要花费时间和金钱，所以组织内的人员特别是管理人员的经常变动对组织来说非常不利。为了保持稳定的员工队伍，组织要提供有秩序的人事计划和规定。

首创精神：首创精神是督促员工在所有工作中发挥热情和干劲的原则。

团结精神：强调组织内部和谐和团结。法约尔认为，管理者应该尽可能采用口头交流的方式，以提高速度和增加透明度。认为书面沟通"增加了工作以及对公司有害的复杂和延迟"，因而应该避免。

**（2）一般管理理论的评价**

法约尔是从总经理的办公桌旁，以企业整体作为研究对象，创立了一般管理理论。他发展的管理理论是"有关管理的、得到普遍承认的理论，是经过普遍经验并得到论证的一套有关原则、标准、方法、程序等内容的完整体系。有关管理的理论和方法不仅适用于公私企业，也适用于军政机关和社会团体。"是其一般管理理论基石。法约尔提出的管理的五项职能为管理过程提供了现代的概念体系；其管理原则是管理行为的灯塔。

## 2.2.3 行政组织理论

**（1）韦伯的官僚行政组织理论**

马克斯·韦伯（1864—1920）是德国的社会学家、经济学家和德国古典管理理论的代表人物。韦伯描述了一种理想的组织类型——官僚行政组织。他是对组织结构进行正式分析的先驱，被称为"组织理论之父"。其代表作是 1924 年出版的《社会和经济组织理论》。

韦伯认为等级、权威和行政制是一切社会组织的基础。他提出了 3 种类型的合法权力：理性—法定权力，它以遵守法律为基础，是"那些被晋升到权力地位者……发布命令的权力"；传统权力，它以"对古老传统之神圣不可侵犯性及对根据这些传统来行使权力者之地位合法性"的一种信仰为基础；超凡权力，它以"对某人的特殊而超凡的神圣、英雄主义或模范品质的崇敬"为基础。韦伯认为 3 种权力中只有理性—法定权力才是理想的行政组织形式的基础。

韦伯的官僚行政组织包括以下要素：

①进行劳动分工，明确规定每位成员的权力和责任，将这些权力和责任作为正式任务合法化。

②将各种职务或职位组织成权力层级，从而形成一种权力链或等级原则。

③根据通过正式考试、培训或教育而获得的技术资格来选拔所有的组织成员。

④官员是任命的，而不是选举产生的（在某些情况下，整个组织的负责人是例外，例如，选举产生的公共关系负责人）。

⑤行政管理人员领取固定薪酬，他们是专业的管理人员。

⑥行政管理人员不是他们所管理的组织的所有者。

⑦行政管理人员要严格遵守与其任务相关的规则、纪律和制约。

这些规则和制约是客观的和去个性化的，毫无例外地适用于所有情况。

**（2）巴纳德对组织理论的贡献**

切斯特·巴纳德（1886—1961）长期在美国电话电报公司工作，1927 年成为新泽西贝尔公司的总裁。他的著作《经理人员的职能》，包含了非常丰富的管理思想。

巴纳德将组织定义为"两个或两个以上的人员自觉协调行为力量的系统"。在组织中经理人的职能可以概括为 3 个方面。首先是建立沟通的系统；其次是促进保证关键活动的安全；第三是构建和定义目标。

巴纳德提出了非正式组织的概念，认为非正式组织存在于所有正式组织中，包括小圈子和自然出现的社会群体。组织不是机器，非正式的关系是一股强大的力量，如果管理得当，对组织是有帮助的。

# 2.3 行为科学理论

行为科学理论开始于 20 世纪 20～30 年代，是运用人类学、社会学和心理学等学科的理论和方法来研究人和群体的行为以及这些行为产生的原因，以协调组织内部人际关系，达到提高工作效率的目的。行为科学理论早期称为人际关系学说，以后发展为行为科学，也称组织行为理论。

## 2.3.1 人际关系学说

**（1）霍桑试验**

霍桑试验是 1924—1932 年在西方电气公司设在伊利诺伊州辛辛那提的霍桑工厂进行的试验，试验目的是测定各种有关因素对劳动生产率的影响程度。霍桑试验在管理学的发展中不仅具有重要理论意义，而且具有重要的方法论意义。埃尔顿·梅奥是霍桑试验的重要领导人物。埃尔顿·梅奥（1880—1949）是美籍澳大利亚人，他 1922 年移居美国从事教学与科学研究工作，从霍桑试验中产生了人际关系学说，其代表作是《工业文明中人的问题》和《工业文明中的社会问题》。霍桑试验分 4 个阶段。

①第一阶段：工作场所照明试验（1924—1927） 从理论上来说，提高照明强度可以提高员工的士气，从而提高劳动生产率。初期的照明试验就是按照科学管理理论，研究照明对劳动生产率的影响。研究人员挑选了两组具有相同经验和绩效水平的工人，将其中一组设定为试验组，变换光照的强度；另一组设定为控制组，照明条件不变。两个小组被安置在不同的工作场所中，与工厂里的其他工人隔开。试验的结果是，无论照明条件如何变化，两组工人的产量都提高了。接下来的重复试验发现，即使在像月光一样微弱的照明强度下，工人依然能够保持工作效率。

通过这一阶段的试验，研究人员发现照明强度只是影响生产效率的一项微不足道的因素，而另有未被掌握的因素在起作用，因此有必要继续进行研究。

②第二阶段：继电器装配测试室试验（1927—1928） 该试验的目的是研究各种工作条件的变化对工作效率的影响。为了准确地测定工作条件的变化与产量的关系，一个由自愿参加的装配工组成的试验小组搬进了一间隔离的专门实验室，选择了增加工间休息、供应午餐和茶点、缩短工作时间、团体计件工资制、改变工作作风与工作方式等可能提高生产效率的因素进行试验，试验结果表明产量不断上升。在这些措施实施一年半以后，又恢复到原来的工作条件，结果产量仍然维持在高水平。

研究小组经过研究分析发现，工作条件不是影响员工生产效率的重要原因，重要的是员工的工作态度和情绪。工人们的态度在实验室发生了明显的变化，有了高度的集体精神，而工作态度的变化是因为实验室里有较自由的气氛，实验室的管理人员对工人较少采用直接命令的方式，表现出更多的人情味和兴趣。

③第三阶段：大规模访谈研究（1928—1931） 访谈研究的目的是调查员工的士气，了解员工对工作、工作环境、监工、公司和令他们烦恼的任何问题的内心感受。两年内他们访谈了 21 000 人，发现按照事先设计好的问答式访谈并不能获得所需要的资料，相反工人们愿意自由地谈一些他们认为重要的事情；工人们通过交谈可以大大地发泄闷气，许多人认为这是公司所做的最好的事情；而且工人们看到他们的许多建议被采纳而提高了工作热情，认为他们参与了公司的经营与未来，而不是只做一些没有挑战性和不被承认的工作。

访谈研究发现，影响生产效率最重要的是工作中发展起来的人际关系，而不是待遇和工作环境，而且任何一位员工的工作绩效都会受到其他人的影响。

④第四阶段：接线板接线工作室试验(1931—1932)　该试验的目的在于揭示一些能激励工人动机的重要的社会因素。试验是在工厂的继电器绕线机组工作室中进行的，对工作室成员的行为进行深入的研究。在这个工作室中，以集体计件工资制为刺激手段，企图形成"快手"和"慢手"的压力以提高生产效率。

研究人员发现，大部分工作室成员都自行限制产量。公司确定的工作定额为每人每天7312个接点，但研究小组发现，工人们无形中形成默契的行为规范——仅完成6000~6600个接点。分析原因，一是怕公司提高工作定额；二是怕造成一部分人失业；三是保护速度慢的同事，免得他们受到管理阶层的斥责。研究人员还发现，工人对不同级别的上级持不同的态度。他们把小组长看成是自己人，对小组长以上的上级，级别越高，工人越尊敬，同时顾忌心理也越强。工作室成员中存在小派系，每个派系都有自己的行为规范。谁要加入这个派系，就必须遵守这些规范。

**（2）人际关系学说的主要内容**

梅奥对霍桑试验进行了总结，完成了《工业文明中人的问题》一书。在书中，梅奥阐述了与古典管理理论不同的观点——人际关系学说，主要包括以下内容。

①工人是具有复杂需要的"社会人"，而不是"经济人"，社会和心理因素等方面形成的动力对生产效率有更大的影响。古典管理理论把人视为"经济人"，认为金钱是刺激积极性的唯一动力，生产效率主要受到工作方法和工作条件的制约。霍桑试验表明，工人不仅受金钱的影响，还受社会和心理的影响。

②企业中除了"正式组织"外，还存在着"非正式组织"。这种非正式组织是企业成员在共同工作的过程中，由于具有共同的社会情感而形成的非正式团体。非正式组织同正式组织相互依存，以其独特的情感、规范和倾向对生产效率的提高有很大的影响。

③工人的工作态度与士气是影响工作效率的关键因素，新的领导能力在于提高工人的满足度。工人的满足程度越高，工作的积极性、主动性和协作精神就越高，生产效率就越高。

## 2.3.2　行为科学的形成

20世纪20年代以后，随着美国经济危机的加剧和工人觉悟与需求层次的提高，过去泰罗等人提出的以"经济人"假设为依据的古典管理理论以及由此而制订的以"物质奖励与惩罚"为基础的管理制度，已表现出很大的局限性，以新的"社会人"假设为依据的行为科学理论应运而生。1949 年在美国芝加哥召开的一次跨学科的会议上，首先提出了行为科学这一概念，后在 1953 年美国福特基金会召开的各大学科学家参加的会议上，正式定名为行为科学。

行为科学主要在以下 4 个领域获得了继续发展：有关人的需要和动机、激励理论研究；关于管理中的"人性"理论研究；有关领导理论研究；关于企业群体行为理论研究。

行为科学的基本思想是"以人为中心的管理"。把原来的以"事"为中心，发展到以"人"为中心；由原来对"纪律"的研究，发展到对人的"行为"的研究；由原来的"监督"管理，发展到"动机激发"管理；由原来的"独裁式"管理，发展到"参与式"管理。在研究方法上综合运用了社会学、心理学、生理学、经济学、人类学等多学科知识，使管理理论研究进入了一个新阶段，在理论上和实践上都取得了一系列成就，如激励理论和方法、有效的领导方式、目标管理、参与管理、工作内容丰富化等都是可以借鉴的。

## 2.4　管理理论的发展

### 2.4.1　管理理论丛林

第二次世界大战以来，随着科学技术的日新月异，生产和组织规模急剧扩大，生产力迅速发展，生产社会化程度不断提高，管理理论引起了人们的普遍重视。许多学者和实际工作者在前人的理论与实践经验的基础上，结合自己的专业知识，研究现代管理问题。由于研究条件、掌握材料、观察角度以及研究方法等方面的不同，必然产生不同的看法和形成不同的思路，从而形成了多种管理学派。美国管理学家哈罗德·孔茨（1908—1984）将管理理论的各个流派称为"管理理论丛林"。1961 年 12 月，孔茨发表了《管理理论的丛林》一文，把管理学派划分为 6 个学派。1980 年，孔茨在《再论管理理论的丛林》一文中认为，管理学派的数目已不只 6 个，而增加到 11 个。尽管各学派彼此相互独立，但他们的基本目的是相同的。这里摘取代表性流派予以介绍。

**（1）管理过程学派**

该学派主张按管理职能建立一个作为研究管理问题的概念框架。法约尔被认为是这个学派的创始人。第二次世界大战后，该学派的观点得到了很多学者和从事实际工作的管理人员的支持和接受。但由于该学派对管理职能的分类有所不同，因而出现了各种不同的流派。孔茨和奥唐奈合著的《管理学》是这一学派的代表作。

该学派的基本观点是：

①管理是一个过程，即让别人同自己去实现既定目标的过程。

②管理过程的职能有 5 个，即计划工作、组织工作、人员配备、指挥、控制。

③管理职能具有普遍性，各级管理人员都执行着管理职能，但侧重点则因管理级别的不同而异。

④管理应具有灵活性，即要因地制宜，灵活应用。

**（2）社会合作系统学派**

该学派从社会学的角度研究管理，把组织和其成员的相互关系看成是一个协作的社会系统来研究，是对人类行为学派和组织行为学派的修正。最早从社会学角度系统研究管理问题的代表人物之一是巴纳德，他的著作《经理人员的职能》对该学派有很大的影响。他提出组织是一个协作的社会系统，其理论要点包括：

①组织是一个协作系统。组织作为一个社会协作系统，其存在取决于：协作效果、协作效率、组织目标和环境相适应的程度。

②协作系统的 3 个基本要素。作为正式组织的协作系统包含了 3 个基本要素：共同的目标、协作的意愿、信息沟通。

③经理人员的职能。经理人员的职能有 3 项：设定组织目标、筹集所需资源、建立并维持一个信息反馈系统。

**（3）经验管理学派**

该学派的代表人物有美国的德鲁克、戴尔等。他们认为管理学就是研究管理经验，从企业的实际出发，以大企业的管理经验（各种实际案例）为主要研究对象，对企业管理中成功和失败的例子进行研究和分析，从中总结出一些普遍的规律，以便更好地指导今后的实际工作。因此，该学派最主要的特色是注意理论研究与实践相结合。它的贡献是提醒管理者要注意外部企业的成功经验和吸取失败的教训，解决本企业的管理问题。但该学派没有回答企业如何在多变的环境下不断创新，求得生存和发展等问题。

很多学者认为，该学派的主张实质上是传授管理学知识的一种方法，称为"案例教学"。实践证明，这是培养学生分析问题和解决问题的一种有效途径。

**（4）人际关系行为学派**

该学派主张以人与人之间的关系为中心来研究管理问题。它用在社会科学方面已有的和新近提出的有关理论、方法和技术来研究人与人之间以及个人的各种现象，从个人的个性特点到文化关系，范围广泛，无所不包。该学派注重个人、注重人的动因，把人的动因看成是一种社会心理现象。其中有些人强调处理人际关系的重要性，有些人认为管理就是领导，还有不少人着重研究人的行为与动机之间的关系以及有关激励和领导的问题等。

该学派的最早代表人物和研究活动是梅奥和霍桑试验，后期有马斯洛、赫兹伯格、布莱克和穆顿等。

### (5)社会技术系统学派

这是较晚出现的学派，其创始人是英国的特里斯特。该学派认为，要解决管理问题，只分析社会合作系统是不够的，还必须分析研究技术系统对社会系统的影响，以及对个人心理的影响。该学派认为，组织的绩效以至管理的绩效，不仅取决于人们的行为态度及其相互影响，也取决于人们工作的技术环境。管理者的主要任务之一就是确保社会合作系统与技术系统的相互协调。因此，在管理中要把社会系统和技术系统结合起来考虑，使社会系统和技术系统保持均衡和协调。该学派特别注意对工业工程、人机工程等问题的研究。

### (6)决策理论学派

该学派的代表人物是曾获诺贝尔经济学奖的西蒙，其代表作是《管理决策新科学》。该学派的基本观点是，由于决策是管理者的主要任务，因而管理学应该集中研究决策问题，而管理又是以决策为特征的，所以应该围绕决策这个核心来形成管理理论。其要点有：

①管理就是决策，决策贯穿于整个管理过程。

②决策包括收集情报、拟订可能采取的行动方案、从可行方案中选择一个适宜的方案、执行过程中对实施方案进行评价4个阶段。

③在决策标准上，用"令人满意"的准则代替"最优化"标准。

④一个组织的决策按其活动是否反复出现可分为程序化决策和非程序化决策。

⑤一个组织的组织机构必须同决策过程联系起来考察。

⑥根据决策的不同类型，可以有不同的决策技术和方法。

当代决策理论学派的视野已大大超出关于评价比较方案过程的范围。他们把评价方案仅仅当成考察整个企业活动的出发点，决策理论不再是单纯地局限于某个具体决策上，而是把企业当作一个"小社会"来系统地、广泛地考察，因而又涉及社会学、心理学、社会心理学等多个学科。

### (7)沟通(信息)中心学派

该学派强调计算机技术在管理活动和决策中的应用，强调计算机科学同管理思想和行为的结合。该学派的代表人物有李维特、纽曼、香农和韦弗。

该学派同决策理论学派的关系密切，主张把管理人员看成为一个信息中心，并围绕这一概念形成管理理论。该学派认为，管理人员的作用是接收信息、储存信息和传布信息，每一位管理人员的岗位犹如一台电话交换台。

**（8）管理科学学派（数学学派）**

第二次世界大战期间，运筹学的方法在组织和管理大规模的军事活动，特别是军事后勤活动中，取得了巨大成功。运筹学家们认为，管理基本上是一种数学程序、概念、符号以及模型等的演算和推导。他们自称为"管理科学家"。这样，就出现了管理科学学派。该学派认为，如果管理工作、制订决策是一个合乎逻辑的过程，那么就可以利用数学符号或关系式来描述；在研究和解决管理问题（其中包括决策）时，要着重强调合理性、定量分析和准确衡量。

## 2.4.2　管理理论的发展趋势

随着科学技术的不断进步，社会政治经济环境的复杂多变，管理所面临的问题也日益复杂。尽管管理理论丛林枝繁叶茂，但却难以适应现代管理的需要，因此不得不寻找新的出路。20 世纪 80 年代以来出现了许多新的管理思潮和管理理论，概括如下。

**（1）现代管理理论**

在管理理论逐渐相互融合渗透，走向统一的过程中，一些管理学者逐步酝酿形成了一种新的观念，称为"现代管理理论"。主张不仅要综合"管理科学"学派中的方法和技术，还要综合"行为科学"理论，而且要着眼于"系统分析"的观点和"权变"的观点，使现代管理理论朝着一个统一的系统理论发展。有学者认为，管理过程学派、管理科学学派和行为学派只是系统管理学派的"子系统"，都应归属于系统管理学派中，而且要使系统的管理理论真正发挥作用，还必须依靠"权变理论"作为指导；只有随机地、灵活地应用系统的管理理论，才能在管理的实践中发挥管理理论的功能。

**（2）全面质量管理**

20 世纪 80 年代，在电子、家电、汽车等一些产业中，日本企业的产品质量和竞争力已超过了美国，这引起美国等西方理论界和实践界对全面质量管理的高度重视。戴明和朱兰的思想在被忽视了多年后开始在美国发挥出巨大的影响力。全面质量管理的本质是由顾客需求和期望驱动企业持续不断改善的管理理念，其要点包括：

①关注顾客　不仅是外部顾客，还要关注组织内相互联系的内部顾客

（如上下游价值活动间的员工）。

②注重持续改善　"很好"不是终点，质量能够永远被提升和改善。

③关注流程　把工作流程视为产品或服务质量持续改善的着眼点，而不仅仅是产品和服务本身。

④精确测量　运用统计方法对组织工作流程的每一关键工序或工作进行测量，把测量的结果与标准或标杆进行比较，识别问题，深究问题根源，消除问题。

⑤授权于员工　全面质量管理事关组织中的每一位员工，质量管理小组、工作团队将全面质量管理广泛运用于工作中。

**（3）企业再造理论**

詹姆斯·钱匹和迈克尔·哈默的著作《企业再造》成为 20 世纪 90 年代最为畅销的图书，企业再造理论在全球流行。企业再造理论的基本思想是组织必须明确自己的关键生产过程，并使其尽量简洁有效，必须扬弃枝节（包括无足轻重的人员）。哈默宣布："不能实现自动化的，就取消它。"钱匹和哈默将企业再造定义为"从根本上对企业经营流程进行重新思考和彻底地重新设计，以求在成本、质量、服务和速度等重要的经营绩效的衡量指标上获得显著的改善。"

**（4）精益模式**

精益模式是日本丰田汽车公司设计的生产系统。精益模式建立在 3 个简单原则的基础上：第一，及时生产。在盲目预期顾客需求的情况下，生产汽车或其他任何产品都是没有用的，生产必须与市场需求紧密联系。第二，每个人都对质量负责，一旦发现任何质量缺陷都应尽快纠正。第三，价值流。不要把企业看作是一系列互不相关的产品和过程，而应将其看作是一个连续的统一整体，一个包括了供应商和顾客的流。

**（5）重视知识与学习型组织**

知识的力量成为通往竞争优势的新途径。德鲁克在 1992 年出版的《未来管理》一书中提到："从现在起，最关键的是知识。世界正变得不是劳动密集、不是物质资料密集、不是能源密集，而是知识密集。"企业越来越认识到招聘、留住有才能的人对提高企业竞争力的重要性，知识更新是永远不变的要求。如果企业想生存下来并繁荣昌盛，就必须成为"学习型组织"。彼得·圣吉的著作《第五项修炼》使学习型组织的概念广为人知。学习型组织是这样一个群体，其中的每个人都在不断提高自己创造未来的能力。圣吉指出，学习型组织有 5 个组成部分：系统思考，自我超越，心智模式，共同愿景，团队学习。

▲ **思考题**

1. 中国早期的管理思想对现今的企业管理者有何启示？
2. 什么是科学管理理论？其特征和内容是什么？
3. 如何评价泰罗的科学管理理论？
4. 法约尔的理论贡献主要体现在哪些方面？
5. 行政组织理论的内容有哪些？
6. 简述霍桑试验及其结论。
7. 简述管理理论丛林。
8. 简述管理理论的发展趋势。

▲ **案例**

## 科学管理铸就"福特汽车王国"

20世纪20年代，福特汽车公司极力发展廉价车，最终建成了当时世界上最大的汽车公司，其汽车销量最高的一年达到100万辆。1925年10月，福特汽车公司一天就造出9109辆汽车，平均每10秒一辆，在全世界同行业中遥遥领先。福特汽车公司首创的大规模装配线生产方式和管理方法，不仅为今天高度发达的工业生产奠定了基础，并且是加快了工业建设速度的重要因素。福特汽车公司重视合理安排，充分利用各种机器设备，在实行产品标准化的基础上组织大批量生产，以连续不停的传送带装配线组织作业，创造出极高的劳动生产率。

汽车，已经成为整个社会和人们生活不可缺少的一部分。但有谁能想到，仅仅一个世纪以前，汽车还被人咒为"魔鬼车"，仅凭手工制造，造价极其昂贵，致使一般居民不敢问津。1903年亨利·福特和他的同僚创办了福特汽车公司。1904年，按照计划，第一批福特汽车生产出来。由于福特汽车公司经营有方，定价合理，又能确保质量，因此买卖一开始就非常兴旺。市场对汽车的需求量越来越大，以至于汽车商纷纷云集到福特汽车公司订货，常常是不等发货就预先将现金储蓄到公司里。1908年初，福特表现出了他一生中最伟大的天才之处，在他的坚持下，公司宣布从此致力于生产标准化，只制造较低廉的单一品种。福特认为，公司的产品若不制成像"别针或火柴"那样的统一规格，大规模生产就永远遥遥无期。由此产生了福特梦寐以求的，并能使公司征服市场的新产品——T型车。T型车浑身上下找不到一丝装饰或华而不实之处，它车体轻，坚固耐用，朴素大方，简直就是一种装在轮子上的黑色长匣，它去掉了所有附件，以850美元的价格出售，规格一致，的确像"别针或火柴"一样。

T型汽车出现后，福特汽车公司的经理们很快发现他们的设备不足以满足这种畅销产品的要求，因为虽然销售量剧增，福特厂的生产方式并未做相应的改革。实际上，公司1908年推出T型车时的组装技术与5年前在斯特莱罗木工厂房中的造车条件相比毫无二致。

福特厂与当时底特律的其他工厂一样，依靠全能技工组装汽车。技工必须从一种工件移向另一种工件。福特厂的组装工都是多面手，虽然他们工作中多数时间是固定位置，但工位上的汽车部件，一旦要变为成品时，他们就走向下一道工序。后来程序有所改进。到 1908 年，组装工无须再离开岗位去取工具或零件，工厂专设了传递工担当这一任务。这一年福特厂的技工职责也与 5 年前不同，组装分工越来越细。原来是一名技工"包干"，现在是由多名技工各负责特定的几项工序，同时组装同一辆汽车。

福特和库兹恩斯意识到他们的生产方式亟待改革，于 1908 年底决定请沃尔特·E·弗兰德斯进厂协助。弗兰德斯是当时公认的工厂专家。他同意为福特汽车公司服务，但必须允许他自定工资，自由干预生产问题。这两项条件都被答应，弗兰德斯被任命为福特汽车公司的生产经理。在工资条件方面，福特与库兹恩斯更进一步提出，如果弗兰德斯能在 12 个月内生产出 1 万辆车，那么保证给他 2 万美元的奖金，这种做法尚无先例。

弗兰德斯热衷于此种工作，以自己的名誉担保，日以继夜地工作，为福特汽车公司立下了汗马功劳。他彻底改造了福特厂，将旧设备加以改装，又添了新的设备，同时简化了公司千余名工人的工作程序。最后 1 万辆车的年度指标提前两天完成。这时，弗兰德斯辞去福特厂的职务，入股成为 EMF 公司的三大股东之一。而福特已从弗兰德斯那里得到了金钱不能买到的最好的技术管理知识。由于天才的机械化大师弗兰德斯的努力，福特汽车公司已基本具备了科学化大规模生产的条件。此时，仅成立三年的福特汽车公司的皮奎特和伯边厂人员拥挤、设备落后的情况明显地暴露出来。

因此，公司采取措施向宽敞、较适合先进生产方式的地区搬迁。福特汽车公司的代理人无声无息地到底特律市郊的高原公园购买大片廉价地皮。与此同时，公司雇用了建筑师设计新办公楼和工厂区。在高原公园建造的新厂是福特和库兹恩斯从弗兰德斯那里得到启示后，按照自己的经验设计的，于 1910 年开工生产。福特厂组装方式的革命即是在这里进行的。毋庸讳言，其后一系列生产改革并非一日之功、反掌之举，而是 12 年不断摸索的结晶。

（引自 http：//www.ceconlinebbs.com/FORUM_ POST_ 900001_ 900006_ 908980_ 0.HTM）

**问题：**

(1)泰勒的科学管理思想是如何造就"福特王国"的？

(2)T 型车的决窍是什么？

▲ 阅读指引

1. 管理思想史. 丹尼尔·A·雷恩. 5 版. 中国人民大学出版社，2009.

2. 管理百年. 斯图尔特·克雷纳. 海南出版社，2003.

# 第 3 章 管理环境与企业文化

**本章提要**

本章主要介绍了管理环境包括的内容，企业文化的含义、结构、载体及其与环境的关系，以及跨文化管理和管理方法。

**学习目标**

了解管理的一般环境的内容、企业文化发展的起源；理解管理的特殊环境的内容、企业文化的概念；掌握企业文化的结构、跨文化管理的对策。

组织作为社会环境的一个子系统，其活动必然要受到周围环境的影响和制约。要使管理活动卓有成效，管理者必须控制环境，并对环境做出反应——这是一种开放的系统观。对于全球化管理者而言，除了要考虑国内环境外，还要理解全球化管理的环境。

## 3.1 管理环境

### 3.1.1 管理的一般环境

一般环境是管理环境的外层，包括组织外的一切因素，对组织产生间接影响。主要包括政治及法律环境、社会文化环境、经济环境、技术环境及国际环境。

**（1）政治及法律环境**

政治及法律环境是指一个国家或地区的政治制度、体制、方针政策、法律法规等方面。政治和法律环境与社会经济生活是紧密相连、息息相关的，必然会影响社会经济生活的各个方面，作为管理者需要对政治和法律环境有敏感的认识和深刻的理解与领会。政治制度、政局的稳定性、政府对待外来经营者的态度决定了企业的经营环境，影响企业发展战略的制订。法律法规是国家意志的强制体现，直接约束和规范了组织活动。例如，很多国家都实施了反垄断法，对企业并购和重组等行为以及市场份额等有一定限制，这将直接影响企业成长策略的选择。企业了解法律，熟悉法律环境，既可保证企业自身严格按法律办事，不违反各项法律法规，规范自己的企业行为，又能够用法律手段来保障企业的自身权益。例如，欧洲国家规定禁止销售不带安全保护装置的打火机，无疑限制了中国低价打火机的出口市场；日本政府也曾规定，任何外国公司进入日本市场，必须要找一个日本公司合伙，以此来限制外国资本的进入。

**（2）社会文化环境**

社会文化环境主要指一个国家的人口数量、年龄结构、职业结构、民族构成和特性、生活习惯、历史传统、文化传统等。人类在某种社会中生活，久而久之必然会形成特定的文化，包括一定的态度和看法、价值观念、道德规范以及世代相传的风俗习惯。例如，受教育的程度影响居民的需求层次；价值观念影响居民对组织目标、组织活动和组织存在的态度；风俗习惯影响居民进行或禁止某些活动；审美的标准则会影响人们对于组织活动的意义、方式和结果的态度。

社会文化环境是影响人们欲望和行为的最重要的因素，不同的国家和民族，由于文化背景不同，因而有着不同的风俗习惯和风格。所以，组织的管理者必须使组织适应所在社会的变化预期。根据《2009 年度中国老龄事业发展统计公报》，全国 60 岁及以上的老年人口达到 1.6714 亿，占总人口的 12.5%。到 21 世纪中叶，中国人口的 1/3 将会是老年人。这样的数据表明，无论是政府组织还是企业组织都应该对自己组织的方向和重点做出调整。

**（3）经济环境**

经济环境分为宏观经济环境和微观经济环境。宏观经济环境主要指一个国家的人口数量及其增长趋势，国民收入、国民生产总值及其变化情况，以及通过这些指标能够反映的国民经济发展水平和发展速度。人口数量众多可能为企业的经营提供丰富的劳动力资源，降低劳动成本，提供庞大的市场需求，但也可能因其收入不高，基本生活需求难以满足，从而构成经济发展的障碍。国民收入、国民生产总值反映了一国的经济发展总体水平、国民的富裕程度以及经济发展的气候。经济繁荣为企业等经济组织的发展提供良好的发展机会，而宏观经济衰退则可能给所有经济组织带来生存和发展的困难。

微观经济环境主要指企业所在地区或所需服务地区的消费者的收入水平、消费偏好、储蓄情况、就业程度等因素。这些因素直接决定着企业目前和未来的市场大小。假定其他条件不变，一个地区的就业率越高，收入水平越高，该地区的购买力就越高，对某种产品及服务的需求就越大。

**（4）技术环境**

技术环境是指一个国家和地区的技术水平、技术政策、新产品开发能力以及技术发展动向等。衡量技术环境的指标主要包括：国家和企业的研究开发经费支出状况、技术开发力量集中的焦点、知识产权与专利保护、新产品开发状况、技术转移及商品化速度、信息与自动化技术发展可能带来的生产率提高等。

当前，一个国家经济增长的速度，在很大程度上与重大技术发明采用的数量和程度相关，一个企业的赢利状况也与其研发费用的投入程度相关。所有企业，特别是本身属于技术密集型的企业或处于技术更新较快的行业中的企业，必须高度重视科技进步对企业造成的影响，以便及时采取经营策略，不断促进技术创新，保持自身的竞争优势。任何组织的活动都需要利用一定的物质条件以提高组织活动的效率，这些物质条件反映了在一定的时期内社会科学技术水平的先进程度。现在，我们有自动化的办公室、制造过程中的机器人、激光、集成电路、缩微照片、微处理器以及合成燃料。像苹果计算机公司、通用电气公司这样的高科技公司都极为昌盛。同样，技术领先的医院、大学、机场、警察局，甚至军事组织，比没有采用先进技术的同类组织具有更强的竞争力。

**（5）国际环境**

从国际政治环境的角度看，组织应重点了解政治权力与政治冲突对组织的影响。政治权力是指一国政府通过正式手段对外来企业权利予以约束限制，以保护本国利益，包括劳工限制、进口限制、外汇管制以及国有化等方面的内容。劳工限制是指所在国对劳工来源及使用方面的特殊规定；进口限制是指在行政和法律方面限制进口的措施，包括限制进口数量和限制外国产品在本国市场上销售；外汇管制是指一个国家政府对外汇的供需及利用加以严格限制；国有化是指国家将所有外国人投资的企业有偿甚至无偿地收归本国所有。政治冲突是指国际上重大事件和突发性事件对企业市场营销活动的影响，如战争、动乱、罢工等直接冲突及不同政治观点在国际事务中产生的摩擦等带来经济制裁或经济政策的改变等间接冲突。此外，国际环境还包括国外产生的各种影响企业经营的事件或者机遇。由于国际性因素，企业可能会遇到新的竞争对手，得到新的客户、供应商，同时，国际环境决定了社会、科技和经济的基本发展趋势。

## 3.1.2 管理的特殊环境

组织不仅存在于宏观环境之中，受其间接的影响，组织还在一定的特殊领域内活动，受其直接的影响。管理的特殊环境由对组织绩效产生积极或消极影响的关键顾客群及相关要素构成。主要包括以下方面。

**（1）顾客**

顾客是组织所提供的产品或服务的消费者。组织存在的目的就是为了满足顾客的各种需求，组织存在的必要性取决于顾客需求。无论该组织是营利性的企业还是非营利性的政府和学校等，为了赢得顾客，组织必须了解和关注顾客需求的变化。一旦顾客的需求和品位随社会的发展而发生变化，组织应该尽快加以适应和调整，以满足顾客不断变化的需求，否则，只能被顾客所抛弃。例如，服装制造企业使用的原材料可能是动物毛皮，随着社会认识的提高，人们增强了保护动物，尤其是珍稀动物的意识，这些企业必须加以改变。

**（2）供应商**

组织需要从外部环境中获得许多资源，通过组织活动将这些资源转化为组织的产品或服务。组织所需要的生产要素是由供应商提供的，供应商不仅包括为组织提供原材料和设备的公司，如为汽车或飞机生产提供零部件的供应商，还包括资本及劳动投入的供应者。组织需要银行、保险公司、福利基金、股票和期货市场等机构提供资本，而高校、技校、职业协会和劳动力市场则是劳动力的源泉。当前，我国存在高层次管理者和高级技术工人缺乏的状况，这使得企业的发展面临重重困难。

**（3）竞争者**

在同样行业或同类业务中向同一顾客群体提供产品或服务的其他组织称作竞争者。组织要采取各种措施与竞争者争夺市场，从而形成市场竞争。例如，中国移动、中国联通和中国电信之间的竞争；格力空调要与美的、海尔等国内品牌及三菱等国外品牌进行竞争。

组织管理者必须拥有敏锐的市场嗅觉和长远的战略眼光，对组织的行业竞争者和组织产品的替代者保持警觉性。任何组织的管理者都不要忽视自己的竞争者，无论是现有的竞争者还是潜在的竞争者，否则就会付出惨重的代价。美国的希尔斯百货公司由于对于市场的不敏感和对新型销售模式的忽视，成就了零售业巨头沃尔玛的商业王国；而阿迪达斯公司对耐克公司发展的忽视以及对大众体育锻炼市场的重视不足丧失了巨大的市场份额。

**（4）政府机构及特殊利益集团**

组织管理者必须意识到政府机构和相关利益集团对组织行为的影响。政府管理部门主要是国务院、各部委及地方政府的相应机构，如工商行政管理局、技术监督局、税务局等。政府管理部门主要通过制定相关的政策法规来影响组织的管理行为。例如，电信产业中的组织一般要受信息产业部的管制，医药行业要受国家药品监督管理委员会的监督管理，上市公司必须遵守证监会规定的财务标准和信息披露制度。组织耗费大量的时间和资金来满足政府法规的要求，但是这些规定的影响远远不仅限于时间和金钱，他们同时也缩小了管理者可斟酌决定的范围，限制了可供选择的可行方案。如我国《劳动法》的颁布实行，对组织的用人、辞退进行一定的限制。

特殊利益集团是指代表着社会上某一部分人的特殊利益的群众组织，如国际绿色和平组织、环境保护组织、消费者协会等。他们虽然没有政府部门那么大的权力，但却同样可以对各类组织施加相当大的直接影响。如国际绿色和平组织经过不懈的努力，不仅在捕鲸业、金枪鱼捕捞业及海豹皮制品业方面取得了显著的成效，而且提高了公众对环境问题的关注；民间野生鸟类保护协会联合相关媒体机构对花鸟市场的不规范行为予以曝光，迫使该市场遵守相关法律法规等。这些组织一般可以直接向政府部门反映情况，通过舆论引起人们的广泛关注。事实上，有些政府法规的颁布，正是对某些社会特殊利益代表组织所提出的要求的回应。因此，管理者应当意识到这些组织影响其决策的力量。

## 3.2 企业文化

### 3.2.1 企业文化概述

**(1) 企业文化的起源**

企业文化研究热潮的兴起，源于日本经济的崛起对美国造成的冲击。1979 年，美国的沃尔格发表了《日本名列第一》一书，开创了对企业文化研究的先河。

20 世纪 80 年代，美国理论界接连出版了 4 本畅销书：《Z 理论》《日本企业管理艺术》《企业文化——企业生活的礼仪与仪式》《追求卓越——美国最成功公司的管理经验》。这 4 本著作以其崭新的思想、独到的见解、精辟的论述和丰富的例证，构成了一个理论体系，被誉为企业的"四重奏"。它们的出版标志着企业文化理论的诞生。

**(2) 企业文化的定义**

迄今为止，学术界对企业文化的概念有着各种不同的表述。

● 美国麻省理工学院教授爱德加·沙因认为，企业文化是在企业成员相互作用的过程中形成的，为大多数成员所认同的，并用来教育新成员的一套价值体系，包括共同意识、价值观念、职业道德、行为规范和准则等。

• 威廉·大内在《Z 理论》一书中认为，一个公司的文化由其传统和风气所构成。这种公司文化包括一整套象征、仪式和神话。它们把公司的价值观和信念传输给雇员。这些仪式给那些原本就稀少而又抽象的概念添上血肉，赋予它们以生命。

• 迪尔和肯尼迪在《企业文化的礼仪与仪式》中认为，企业文化由价值观、神话、英雄和象征凝聚而成，这些价值观、神话、英雄和象征对公司的员工具有重大的意义。

• 中国社科院的刘光明认为企业文化有广义和狭义之分，广义的企业文化是指企业物质文化、制度文化、行为文化和精神文化的总和；狭义的企业文化是指以企业价值观为核心的企业意识形态。

综上所述，企业文化可以定义为：企业文化是企业在长期的生存和发展过程中形成的、为企业多数成员所共同遵循的共享价值观、信念、态度和行为准则的总和，是一个组织特有的传统和风尚，制约着全部的管理政策和措施。

企业文化的定义，可以从以下几方面进一步理解：

①企业文化的核心是企业价值观 企业总是把自己认为最有价值的对象作为本企业追求的最高目标、最高理想或最高宗旨，一旦这种最高目标和基本信念成为统一本企业成员的共同价值观，就会构成企业内部强烈的凝聚力和整合力，成为组织成员共同的行动指南。因此，企业的价值观制约和支配企业的宗旨、信念、行为规范和追求目标，企业的价值观是企业文化的核心。

②企业文化的中心是以人为主体的人本文化 以人为本是企业文化的独特内涵，人是企业最宝贵的资源与财富。因此组织只有充分重视人的价值，最大限度地尊重人、关心人、依靠人、理解人、凝聚人、培养人和造就人，充分调动人的积极性，发挥人的主观能动性，努力提高组织全体成员的社会责任感和使命感，使组织和成员成为真正的命运共同体和利益共同体，才能不断增强组织的内在活力和实现组织的既定目标。

③企业文化的管理方式是以软性管理为主 企业文化是一种以文化的形式出现的现代管理方式，主要通过引导人们的行为来发挥作用，是一种柔性管理，区别于传统的刚性管理。通过建立一种内部友爱、合作奋进、愉悦的文化心理环境，自动地协调企业成员的心态与行为，并通过企业成员对这种环境的认同，逐步转变为企业成员的主体文化，进而使群体产生协同合力。事实证明，这种由软性管理所产生的协同力比组织的刚性管理制度有着更为强烈的控制力和持久力。

④企业文化的重要功能是增强企业的凝聚力 "十里不同风，百里不同俗"，由于企业员工在受教育的程度、行为习惯、工作态度等各方面不尽相同，所以难免会出现各种摩擦、对立，甚至是对抗，不利于企业目标的顺利实现。企业文化作为企业共同的、为企业成员认同的价值观念，可以起到很好的黏合作用，通过建立共同的价值观和寻找观念共同点，不断增强组织成员之间的合作、信任和团结，使之产生亲近感、信任感和归属感，实现文化的认同和融合，在达成共识的基础上，使组织具有一种巨大的凝聚力和向心力，有助于组织行动的共同一致。

## 3.2.2 环境与企业文化

外部环境对组织的内部文化构成重大影响。不同的民族文化、国家文化、区域和制度文化等都会对处于该文化氛围中的组织产生影响。

**(1)民族文化与企业文化**

民族文化与企业文化有着密切关系。民族文化是企业文化形成的基础，对企业文化的产生和发展起稳定和促进作用。企业文化是一定民族文化在企业中的具体体现，受民族文化的影响和制约。因此，不同国家、不同地区的企业文化各具特色。作为企业文化主体的企业全体员工，同时又是作为社会成员而存在的，在他们创办或进入企业之前，已经长期受到社会民族文化的熏陶，并在这种文化氛围中成长。在进入企业以后，他们不仅会把自身受到的民族文化的影响带到企业中来，而且由于其作为社会人的性质没有改变，他们将继续承受社会民族文化的影响。

**(2)外来文化与企业文化**

严格地说，从其他国家、民族、地区、行业、企业引进的文化，对于特定企业而言都是外来文化，这些外来文化会对该企业的企业文化产生一定的影响。随着世界市场的融合和全球经济一体化的进程，各国间经济关系日益密切，不同国家之间在文化上的交流和渗透日益频繁。第二次世界大战后的日本，不仅从美国引进了先进的技术和设备，也接受了美国现代的经营管理思想、价值标准、市场意识、竞争观念、时间观念等，特别是美国的个人主义观念对日本的年青一代产生了非常大的影响，连日本企业长期以来行之有效的"年功序列工资制"也因此受到了严峻的挑战。

从国内其他民族、地区、行业或企业进行技术转移的过程，也会对企业的企业文化产生影响。例如，军工企业在转向民用品生产的技术转移过程中，军工企业的严肃、严格、严密、高质量、高水平、高效率、团结、自强、艰苦创业等优良的企业文化因素，必然对民用品企业的企业文化建设产生十分积极的影响。又如，新兴的信息技术产业重视技术、重视创新、重视人才等许多积极的观念已经对其他行业的企业文化产生了很大的影响。在接受外来文化影响的过程中，必须根据本企业的具体环境条件，有选择地加以吸收、消化，融合外来文化中有利于本企业的文化因素，警惕、拒绝或抵制对本企业不利的文化因素。

### (3)地域文化与企业文化

地域性差异是客观存在的，由于不同地域有着不同的地理、历史、政治、经济和人文环境，必然会产生文化差异。例如，美国的东海岸的文化与西部的牛仔文化就截然不同。企业存在于一定的地域范围内，其企业文化受地域文化的影响是非常明显的。地域文化是企业文化的源泉之一，因此企业文化不能离开地域文化而独立地存在，没有地域文化的支撑，就不可能形成真正的企业文化。企业文化是与行业文化和地域文化的对接部分，只有企业文化不断地融入行业文化和地域文化之中，企业才能得以生存。

丰田汽车公司把自己的总部从大城市转移出来，把自己培养成"乡巴佬"的样子，是因为它热衷于英国和美国的乡村俱乐部式的风格。正是由于这种地域差异产生的文化差异，使企业家在设厂时不得不考虑地域因素。日本在进军美国市场时，尼桑等大公司纷纷入驻田纳西州，因为他们认为，这里有着强烈的工作道德、和睦相处的氛围，而这些对于日本企业来说至关重要。同时，田纳西州与东京同在一个纬度上，与东京气候相似，在这里还可以看到樱花，这可能是入驻的又一个原因。

### (4)适应性文化与企业文化

适应性文化出现在需要对环境做出迅速反应、决策风险较大的环境里。不存在任何放之四海而皆准的、适应所有企业的企业文化。只有当一种企业文化适应该企业所处的环境时，这种企业文化才是好的、有效的。换言之，企业文化的适应性越强，企业的经营业绩也就越好，而企业文化的适应性越弱，企业的经营业绩也就越差。只有能够使企业适应市场经营环境变化，并在这一适应过程中领先于其他企业的企业文化才会推动企业持续发展。在适应性文化环境里，管理者支持和鼓励公司员工迅速辨别来自环境中的变化，并从行为方式上转变以适应新的需要。例如，当中国的消费者市场需求已经悄然变化时，海尔公司敏锐地把握到市场的变化，率先树立了"全心全意为您服务"的品牌形象，精益求精地构建质量和服务体系，保证海尔免于陷入"价格战"的泥潭。

### 3.2.3 企业文化的结构

根据企业文化的概念和内涵，综合学术界的各种观点，我们认为，企业文化有三个层次结构，即精神层文化、制度层文化和物质层文化。

**（1）精神层文化**

精神层文化是文化的深层次内涵，是企业文化的核心和主体，触及到社会中人们最根深蒂固、不容置疑的部分，主要包括管理哲学、敬业精神、企业的价值观和信仰等。它们是文化的精髓，下意识地影响着组织成员的行为和决策。

**（2）制度层文化**

制度层文化体现了某个具体企业的文化特色的各种规章制度、道德规范和员工行为准则的总和，也包括组织内的分工协作关系的组织结构，是一种强制性文化。它是企业文化核心层与物质层的中间层，是意识形态向实体文化转化的中介。

**（3）物质层文化**

物质层文化是企业文化的表层，是可见的人造物品，既包括了组织整个物质的和精神的活动过程、组织行为、组织产出等外在表现形式，也包括了组织实体性的文化设备、设施等，如带有本组织色彩的工作环境、休息娱乐环境、企业产品结构、企业名称和标识、厂容厂貌等。

企业文化的精神层、制度层和物质层文化是不可分割、浑然一体的。精神层文化是物质层文化和制度层文化的思想内涵，是企业文化的核心和灵魂；制度层文化制约和规范着物质层文化和精神层文化的建设，没有严格的规章制度，企业文化建设也就无从谈起；物质层文化是企业文化的外在表现，是精神层文化和制度层文化的物质载体。

### 3.2.4 企业文化的载体

企业的有形载体，如符号、故事、英雄人物、标语口号和仪式，可以反映企业文化的基本价值观。

**（1）符号**

符号是向他人传递含义的一种物体、行为或事件。与企业相关联的符号能够向公众传递企业的形象与价值观，可以提高公众对企业的认知度和美誉度。

例如，德国大众汽车公司生产的奥迪轿车标志是 4 个连环圆圈，最早是1932 年汽车联盟股份公司的标志，表示四兄弟手挽手。4 个圆环表示汽车联盟股份公司当初是由霍赫、奥迪、DKW 和旺德诺 4 家公司合并而成的。每一环都是其中一个公司的象征。半径相等的四个紧扣圆环，象征公司成员平等、互利、协作的亲密关系和奋发向上的敬业精神。再如，长城汽车新标志的基础造型保持了原本长城老标志的椭圆形整体结构，由对放的字母"G"组成"W"造型，"GW"是长城汽车的英文缩写。椭圆是地球的形状，象征着长城汽车不仅要立足于中国，铸造牢不可破的汽车长城的企业目标，更蕴涵着长城汽车走向世界，屹立于全球的产业梦想。新标志中间凸起的造型是古老烽火台的仰视象形，烽火台的造型元素更好地保有了"长城"的基因，而挺立的姿态酷似"强有力的剑锋和箭头"，象征着长城汽车蒸蒸日上的活力，寓意着长城汽车敢于亮剑、无坚不摧、抢占制高点、永远争第一的企业精神。

**（2）故事**

故事是基于组织员工之间频繁重复和分享真实事件所讲述的事情。给新进入的员工讲述有关公司的传奇故事，是为了使员工更快地接受公司的价值观，更容易融入到公司的文化中，减少磨合时间。

海尔集团开辟新市场时，往往讲述小小神童和大地瓜洗衣机的故事。每年的家电销售都有淡季旺季，在冬天，买空调、冰箱的少；而在夏天，买洗衣机的少。为什么夏季是洗衣机的淡季？为什么夏季不买，等秋冬季再买？……经过认真思考，海尔人发现，道理其实很简单：虽然夏天换衣服勤，但衣服换下来不能放，所以很快用手洗就解决了。但毕竟要经常洗，这依然是用户的负担……于是，海尔集团研发出了一种小容积的专门针对夏季使用的洗衣机——"小小神童"。而大地瓜洗衣机的产生则是 1996 年，一位四川农民投诉海尔洗衣机的排水管老是被堵。服务人员上门维修时发现，这位农民居然用洗衣机洗地瓜，泥土多，当然容易堵塞！但服务人员并没有推卸责任，依然帮顾客加粗了排水管。农民感激之余说，如果能有洗地瓜的洗衣机就好了。技术人员一开始是把此事当笑话讲出来的，但是，海尔集团董事局主席兼首席执行官张瑞敏听了之后却不这样认为，张瑞敏对科研人员说，满足用户需求，是产品开发的出发点与目的。技术人员对开发能洗地瓜的洗衣机想不通，因为按"常理"论，客户这一要求太离谱乃至荒诞了。但张瑞敏认为这能开发创造出一个全新的市场。终于，"洗地瓜洗衣机"在海尔集团诞生了。它不仅具有一般双桶洗衣机的全部功能，还可以洗地瓜、水果。通过讲述这两个故事，使海尔集团的员工深刻理解，只有淡季的思想没有淡季的市场和为顾客服务真诚到永远的理念。

**（3）英雄人物**

英雄人物是组织对内对外宣传的代表。一些公司在长期的经营过程中，在特殊阶段涌现出了一些典型人物，这些典型人物体现了企业的文化精神，往往成为公司或者单位甚至是行业的象征，在文化对外传播过程中发挥了活载体的作用。

1993 年，被视为美国象征之一的企业巨象 IBM 公司因机构臃肿和孤立封闭的企业文化而"一只脚已经迈进了坟墓"，亏损达 160 亿美元，且面临着被拆分的危险。猎头公司在两个月内四处游说，但很难找到一位出色的大企业家来重振 IBM 公司的雄风。在人人躲避 IBM 公司时，一位计算机业的外行、刚过"知天命之年"的郭士纳却接下了 IBM 公司的烂摊子。在他九年的任期内，郭士纳做出了两个最为重要的决策：一是否决了拆分公司的提案，使 IBM 公司的触角向全球扩展，业务更加多元化，从而使 IBM 公司避开了高科技产业萧条的影响；二是改变了 IBM 公司的经营模式，使其经营重点从硬件制造转向提供服务。"IBM 就是服务"，把为顾客提供世界上第一流的服务作为最高的价值信念。当郭士纳在 2002 年底宣布退休时，IBM 公司的股价上涨了 10 倍，成为全球最赚钱的公司之一。郭士纳不仅保持了 IBM 公司的完整，还使它成为一个 IT 服务的先锋。

**（4）口号**

口号是表达公司核心价值观的句子或短语。

大庆石油会战时期，王进喜喊出了"宁肯少活 20 年，拼命也要拿下大油田"的豪言壮语，提出了"没有条件，创造条件也要上"的口号，采用人拉肩扛运钻机，脸盆端水保开钻，带伤跳泥浆池压井喷的英雄壮举，孕育了包含"爱国主义精神、忘我拼搏精神、艰苦奋斗精神、科学求实精神"在内的铁人精神，这种精神成为后来石油行业乃至整个工业产业学习的内容。王进喜成为工人阶级、工业产业的一种精神象征。珠海格力公司始终把产品质量放在第一位，严把产品质量关。所以他们提出"好空调，格力造"口号；海尔集团则着力打造为顾客服务的理念，推出五星级服务，提出"海尔真诚到永远"口号，在提倡低碳与绿色发展的今天，海尔中央空调又提出让地球少"出汗"的新口号。

**（5）仪式**

仪式是为了纪念特殊事件而举行的有计划的活动。通过举行仪式，组织管理者可以为员工树立组织所倡导的价值观的典范与导向。仪式就是在一些特殊场合，通过让员工共同参与重要事件、神圣化的程序和向典型人物学习，达到强化组织价值观，增强组织凝聚力的作用。企业文化的仪式使价值观的传播具有了有生动活泼的形式，通过一定的仪式进行企业文化活动，使抽象的、口号式的企业文化语言变成了生动的活动、具体的行为，进行了形象化的表达，变得可视可解，有利于员工对企业文化的认识、理解和支持，在工作中也会积极去体现。在或庄严、或欢乐、或热烈、或随和的文化仪式氛围中，逐渐使员工感受到企业大家庭的存在和自己工作生活在这一大家庭中的快乐和自豪，从而产生一种强烈的归属感。

## 3.3　跨文化管理

跨文化管理又称为交叉文化管理，即在全球化经营中，对子公司所在国的文化采取包容的管理方法，在跨文化条件下克服任何异质文化的冲突，并据以创造出企业独特的文化，从而形成卓有成效的管理过程。其目的在于在不同形态的文化氛围中设计出切实可行的组织结构和管理机制，在管理过程中寻找超越文化冲突的企业目标，以维系具有不同文化背景的员工共同的行为准则，从而最大限度地控制和利用企业的潜力与价值。全球化经营企业只有进行成功的跨文化管理，才能使企业的经营顺利运转，竞争力增强，市场占有率扩大。

### 3.3.1　不同国家的企业文化比较

**（1）美国企业文化特点**

美国作为一个移民国家，不同的国家和民族文化经过不断的冲撞、磨合，从而融合形成一个多元文化的国家。同时，美国没有世袭贵族和封建等级制，资本主义经济的发展促进了思想意识的发展，诸多特殊历史条件塑造了独特的美国文化。美国的文化对美国企业文化有重要影响。

①理性主义　根植于美国实用主义和理性主义的民族传统，追求明确、直接和效率，具有体现理性的制度、规范、条例和准则，这是美国企业文化的根本。人与人之间是平等的契约关系，具有较强的求实精神和行动意识。在企业运营的各个环节中，都有明确的职责、明确的规则，赏罚分明。

②重视自我价值的实现　崇尚自我，尊重人格，尊重个人尊严和价值，承认个人的努力和成就。员工应自主、自信、自立、自我培训、自我完善。强调个人决策和个人负责，每件事情都有人负责。

③能力主义　员工有自主能力，突出个人决策，注重创造能力；重视质量管理专家的能力；注重培养员工的学习能力，提高沟通能力。通过定量考评决定晋升，体现了其所奉行的能力主义。依据能力选取人才，把能力高低

作为员工晋升的依据。能力主义拒绝以家世、资历、年龄做选材依据，也反对把学历、文凭作为晋升的凭证。在能力主义法则面前，能力和地位及收入是平衡的。

④权威主义　上级借助权力管束下级，决策过程自上而下；由于经营环境发生变化，组织机构精简，也导致权力下放，强调"管理即授权"；信奉最接近过程的人最了解其过程，对其中的问题最有发言权。

⑤提倡科学和合理　重视确定严密的组织系统、科学完善的规章制度、合理的管理程序、明确的职责分工、严格的工作标准、先进的管理手段和管理方法，比较注重硬性管理，较少受人情关系的困扰。

⑥奖励创新　美国的许多企业都用不断创新来保持自己的优势。成功者受到奖励，失败者也不受罚。"允许失败，但不允许不创新。"

**(2) 日本企业文化特点**

日本企业文化根植于日本的民族文化，特别是第二次世界大战以后，日本企业借助独特的企业文化在世界经济中扮演了重要角色。日本企业文化的主要特点是和魂洋才、家族主义和以人为中心。

①严格的等级划分　日本企业要求遵守规矩，有上下级意识，信息共享，要求"及时报告，及时联络，及时相谈"，而且"公司事务人人有责"。

②敬业精神　在日本企业，如有需要，加班被认为是应该的，要自觉自愿，即使只是留在办公室里吃快餐，也不能一到时间就下班。而且只有在事先申请并获得批准的情况下，才能得到加班费。

③强调社会责任　强调为社会经营的理念，突出企业的社会责任，强调追求经济效益和社会效益的双重价值目标。企业常常用社训、社歌、社徽等形式来表现为社会经营的理念。具有"产业报国"的理念，企业和国家在利益上往往是一致的，在影响日本国家利益的关头，不同企业之间能够密切合作。

④善于学习、吸收和创新　日本企业善于学习别人的长处，并通过嫁接、模仿、借鉴等方式结合自身的特点加以推陈出新。

⑤重视团队的作用　日本企业强调"和为贵"特质。追求和谐统一，提倡团队精神，力主建立"命运共同体"和良好的人际关系。讲合作、协作，注重集体的智慧和力量，实行集体主义管理，坚持主要着眼于团体而不是个人的激励制度。

⑥提倡"家文化"　视企业为家，提倡员工与企业、与国家共荣。要求员工坚守忠诚，信奉"家规、社训"，遵循严格的等级制度。实行终身雇佣、年功序列制度。按企业组织工会，企业职工结成"命运共同体"，对公司的

归属意识很强，对企业有很强的"感情和忠诚心"。

⑦以人为本　突出人本管理，尊重人格，注重情感沟通，注重教育和培训，鼓励员工参与管理，同时要求员工实行自我管理。提出"经营含教育"、"造物先树人"的观点，主张"企业的发展在于人才"，把教育作为企业对社会的义务。

**(3) 欧洲企业文化特点**

欧洲许多国家的文化背景相近，政治经济走向一体化，市场紧密相联，使其企业文化具有一些共同特点。

①推行理性管理　企业组织机构严密，管理集中，讲求实效，富于理性。在人员配备上，要求严格，注重精干。各部门职责分工明确，讲究工作效率。经营中严守法律，坚守信用，一丝不苟。

②重视研发和创新　企业重视研究与开发，强调产品更新和技术创新，技术创新带来产品更新，产品更新又推动技术创新；国家制定相应的政策支持企业的研究与开发，如法国的技术政策与经济发展政策有密切的联系。

③注重质量　着眼于世界市场，对产品质量倍加重视，认为"质量是生产出来的，而不是检验出来的"。为了保证企业全球战略的实现，很多企业非常重视产品在全球的推广销售。一些大型企业和跨国公司按地区和国家设立销售部，或按产品设置销售机构。如德国的许多企业都设有强有力的推展和销售机构，销售网络健全而庞大。

④重视员工培训和参与管理　许多企业非常重视员工的素质，有计划地培训员工。重视员工参与管理和欧洲文化中的人文精神、追求民主自由精神密切相关。有的企业设有由管理人员和雇员代表组成的各级工作委员会；有的企业建立"经理参与系统"、"半自治团体"、"工作改善委员会"，员工参与管理，经理站在客观的立场上协助员工解决问题，强化员工的责任意识；有些企业实施轮换工作制和弹性工作制，提出使工作适应人，而不是使人去适应工作。在德国，工人持有股票已有相当的比重，使工人更加关心企业的生产经营，参与管理意识增强，劳动效率也明显提高。

### 3.3.2　文化差异与管理

**(1) 文化差异的指标**

霍夫斯坦特在《文化的结局》一书中，指出了文化中对企业管理产生重大影响的一些方面。

①权力距离　即在一个组织当中，权力的集中程度和领导的独裁程度，以及一个社会在多大的程度上可以接受组织当中这种权力分配的不平等。在

企业当中可以理解为员工和管理者之间的社会距离。

②不确定性避免 在任何一个社会中，人们对于不确定的、含糊的、前途未卜的情境，都会感到面对的是一种威胁，从而总是试图加以防止。相对而言，在不确定性避免程度低的社会当中，人们普遍有一种安全感，倾向于放松的生活态度和鼓励冒险的倾向。而在不确定性避免程度高的社会当中，人们则普遍有一种高度的紧迫感和进取心，因而易形成一种努力工作的内心冲动。

③个人主义与集体主义 美国是崇尚个人主义的社会，强调个性自由及个人的成就，因而开展员工之间个人竞争，并对个人表现进行奖励，是有效的人本主义激励政策。中国和日本都是崇尚集体主义的社会，员工对组织有一种感情依赖，应该构建员工和管理者之间和谐的关系。

④男性度与女性度 对于男性社会而言，居于统治地位的是男性气概，如自信武断，进取好胜，对于金钱的索取，执著而坦然；而女性社会则完全相反。

**（2）跨文化管理中的文化差异**

要帮助管理者做好从事海外工作的准备，进行跨文化培训是普遍做法。不同的文化价值观决定管理者在新的工作任务中与下属和同事相互影响的方式。所以，在进行跨文化管理过程中，管理者一定要注意文化差异。

①领导 在高度重视集体主义，以人际关系为导向的社会中，如在亚洲和拉丁美洲的国家中，人们希望管理者应该是温和的，能与员工进行体贴的、社交性的谈话。即使进行批评时，管理者也要注意场合与方式，不要使员工丧失尊严而感觉受到羞辱。

②决策 在中国，高层管理者拥有较大的决策权，而中、低层管理者的决策权较少，但中国更倾向于集体决策而非个人决策。在美国，中层管理者会讨论问题然后向老板提出建议，在决策上的个人主义美国更明显一些。墨西哥重视权力距离，更多的员工希望管理者在决策和发布命令方面行使自己的权力，所以，在墨西哥这样权力距离较高的国家不必让员工过多地参与决策。与之相反的是在阿拉伯和非洲国家，管理者被认为极端地使用咨询性的决策方式。

③激励 激励必须与文化里的动机相适应。拉丁美洲、非洲和中东地区的管理者需要表现出对员工的尊重，员工除工作外还有其他的需要。就美日两国比较而言，美国是个人主义盛行的国家，在激励上要注重个人能力提升与发展，偏重个人自我实现需要的满足，同时获得物质报酬、荣誉与提升。而日本盛行集体主义，强调团队、部门和整体。所以如果一个在日本企业工

作的美国管理者给日本的员工单独一份红包或其他奖励，恐怕很难取得好的效果，因为日本员工认为成绩的取得是团队共同努力的结果，而非单纯靠个人。

④控制　在欧洲、墨西哥等地方，根据绩效来聘用或解聘员工是违反习俗的，工人会受到劳工法律和工会章程的保护。同样，在进行跨国管理时，不合理的控制也可能导致相反的结果。有些公司在本国实行准时生产方式（JIT）的生产模式，到外国后，由于当地拥挤的交通状况无法继续实施 JIT 的生产，但该管理者仍然试图按照原有的生产流程进行控制，而不是设立合理的库存，显然无法取得理想效果。

⑤沟通　文化差异会表现在语言沟通上。美国人办事直接干脆，与美国人相处表达意见要直接，"是"与"否"必须清楚。而日本人非常讲面子，不愿对任何事情说"不"。他们认为直接拒绝会使对方难堪，是极大的无礼。另外，不要把日本人礼节性的表示误认为是同意。日本人在谈话中往往会不断地点头并说："哈依！"这常常是告诉对方他们在注意听，并不是表示"同意"。文化差异的影响还表现在非语言的沟通中，在形体语言、动作语言的运用上有着巨大的差异，甚至同样的动作语言传递着截然相反的信息。例如，拇指与食指合成一个圆圈，对美国人来说表示"OK"，而日本人看来代表"钱"，对突尼斯人来说是极端的挑衅行为。此外，每个人都有自己的私人空间，当他人侵入私人空间时，人们会变得极端不安。但这一"私人空间"的范围却因文化而有所不同。一般来说，强调个人主义文化比强调集体主义文化需要的个人空间大。例如，阿拉伯人与他人交谈时喜欢站近些，他们之间的间距不到 0.5 米；而美国人之间比较舒适的距离要宽的多，将近 1 米；但对中国人来将通常是 0.5~1 米。

**（3）企业跨文化管理的方法**

对子公司的员工，尤其是管理人员进行跨文化培训是解决文化差异，搞好跨文化管理最基本、最有效的方法。跨文化培训的主要方法是进行文化敏感性训练，即将具有不同文化背景的员工集中在一起进行专门的培训，打破他们心中的文化障碍和角色束缚，增强他们对不同文化环境的反应和适应能力。文化敏感性训练可采用多种方式，主要有：

①文化教育　即请专家以授课方式介绍东道国文化的内涵与特征，指导员工阅读有关东道国文化的书籍和资料，为他们在新的文化环境中工作和生活提供思想准备。

②环境模拟　即通过各种手段从不同侧面模拟东道国的文化环境。将在不同文化环境中工作和生活可能遇到的情况和困难展现在员工面前，让员工

学会处理这些情况和困难的方法，并有意识地按东道国文化的特点思考和行动，提高自己的适应能力。

③跨文化研究　即通过学术研究和文化交流的形式，组织员工探讨东道国文化的精髓及其对管理人员的思维过程、管理风格和决策方式的影响。这种培训方式可以促使员工积极探讨东道国文化，提高诊断和处理不同文化交融中疑难问题的能力。

④语言培训　语言是文化的一个非常重要的组成部分，语言交流与沟通是提高对不同文化适应能力的一条最有效的途径。语言培训不仅可使员工掌握语言知识，还能使他们熟悉东道国文化中特有的表达和交流方式，如手势、符号、礼节和习俗等，组织各种社交活动，让员工与来自东道国的人员有更多接触和交流的机会。

▲ 思考题

1. 管理的一般环境包括哪些方面？
2. 什么是管理的特殊环境？它主要包括哪些方面？
3. 企业文化包括哪几个层次？各层次主要内容是什么？
4. 不同地区与国家的企业文化特点是什么？
5. 跨文化管理的难点在哪里？可以采用的策略与方法有哪些？

▲ 案例

## 处于两难境地的经理

全世界的驻外经理都不约而同地发现他们处于一个两难境地，夹在总公司和当地办事处之间不知所从。一家全球性化妆品公司驻吉隆坡的地区经理华生所处的困境就是一例。

总公司只要求他将新产品系列摆上货架，但马来西亚的消费者并不热衷于这类产品。他们不喜欢香皂气味，又嫌唇膏太贵。

华生承担的压力还不止这些。马来西亚政府更感兴趣的是引进技术，而不是进口消费品。吉隆坡的同事们都对他说，公司应该在马来西亚开一家合资企业。但至少在两年内，公司不会走这一步。那么在这段时间里，华生该怎么管理？迫于"一仆事二主"的状况，许多驻外经理不再太过偏重于对某一方的忠诚，以免给自己和公司带来严重的后果。

跨国公司需要"双重公民"式的驻外经理，既高度服从总公司和地方办事处双方之所需，又能统一二者的目标。然而，令人遗憾的是，现实中往往出现以下两种情况：

一种情况是我行我素。保罗所任职的银行派他去香港工作三年。他及家人享受到的派外待遇使他们生活得很舒适。但保罗对总公司或香港公司都不怎么忠心。他工作勤奋，但从不忘记留心有没有更好的职位和薪水。派外两年后，他在另一家公司找到了更好的职位。"我完成工作，而且完成得很好，"保罗说，"我就像自由职业棒球手，或者像美国西部旧时的雇佣枪手。只要收入和工作都足够好，我就会丢开现职。或许可以说，我身怀国际技能，立志走遍天下。"他们往往不辞而别，结果公司为了补缺不得不付出昂贵且艰难的代价。一些我行我素的人都将自己的短期事业目标凌驾于公司的长远利益之上，他们中几乎没人愿意再回国内。这样，要想将他们的跨国工作经验融合到公司的全球战略中去，可能性微乎其微。

另一种情况是入乡随俗。加里已在一家大型计算机公司工作了15年，现任公司设在新加坡的仪器分厂地区经理，并已在那里工作了四年。他说，总公司接连不断地出台一些要么和当地分厂的目标相抵触，要么就是在当地不可能有效进行的计划。然而，加里照样非常热爱新加坡，并已申请延期。他说："我要为这里的机构尽责。有一半时间，我觉得公司总部更像个竞争对手，而不是可以寻求支持的大本营。"

对于长期在外的经理，他们对总公司的认同感似乎越来越少，无论在实际距离上还是在心理上，总公司都变得疏远了。由于没有一定的机制，如安排一个负责人专门与驻外经理保持联系，结果导致驻外经理与总部缺乏正式交流。这类经理对当地业务、文化和市场的深入了解极有价值，他们能随时调整工序、产品，或管理方法去适应当地情况。但是，他们可能会令总公司难以协调全球业务。他们对总公司的忠诚度也不够，不能在总公司的战略规划中充分利用其知识和经验。

[资料来源：改编自世界经理人网站（www. ceconline. com）案例]

**问题：**

（1）公司的驻外经理可能会遇到什么麻烦？

（2）公司的驻外经理应该如何处理好自己的角色？并在公司奉行何种企业文化？

（3）总公司应该如何协调与当地分公司和政府的关系？

（4）总公司在进行跨国管理过程中，应该塑造何种企业文化来加强与海外公司的联系与沟通？

▲ 阅读指引

1. Z理论美国企业界如何迎接日本的挑战. 威廉·大内. 机械工业出版社，1981.

2. 企业文化与经营业绩. 科特，赫斯克特. 中国人民大学出版社，2004.

3. 企业文化——企业生活中的礼仪与仪式. 特伦斯·迪尔，艾伦·肯尼迪. 中国人民大学出版社，2008.

# 第4章 管理伦理与企业社会责任

**本章提要**

本章主要介绍了管理伦理的含义及 4 种道德观，影响管理者道德行为的因素，改善组织伦理道德的方法，以及社会责任的含义和体现等内容。

**学习目标**

了解伦理、管理伦理、社会责任的含义；理解四种伦理观，利益相关者，管理绿色化；掌握改善组织伦理道德的行为，企业社会责任的体现。

企业经营中，不仅要考虑赢利，同时还要关注经营伦理与社会责任。如 2008 年的"三鹿奶粉"事件，2011 年蜀中制药的板蓝根苹果皮问题，汽车行业的锦湖轮胎的召回等，这些事件不仅给消费者带来损失，企业也蒙受了巨大的损失和灾害，因此，伦理道德与社会责任是企业甚至非营利性组织必须关注的问题。

## 4.1 管理伦理

### 4.1.1 伦理与道德

伦理是一个古老的话题，自从有了人类和人类群体活动，就出现了规范人们活动的行为准则，它保证人们在群体生产生活中能够协调合作，这种群体认可且共同遵循的行为规范，就是伦理。从字面来看，伦，即人与人之间的关系；理，即道理、规则。伦理是一套关于道德原则和价值观的准则，它支配着个人和团体的行为，并帮助人们判断是非对错。道德通常是指用来明辨是非的规则或原则。

管理伦理是管理活动中人与人的伦理关系及其规律，管理主体应该遵守的管理行为原则和规范，应当树立的优良商业精神。从企业的发展来看，管理者若要进行有效的决策，就应该符合伦理规范。其道德行为是组织经营长期成功的需要。

关于伦理与道德，并没有完全统一的标准，无论组织或个人都会根据环境与具体事件来进行伦理与道德的衡量与选择。伦理与道德在人类长期发展的历史中逐渐形成与发展，其影响因素众多，较为复杂，组织实行合乎伦理的管理决策与行为并非易事。

### 4.1.2  4 种道德观

企业对于道德的认识会影响其管理决策。企业的道德观可以归纳为 4 种观点，即功利主义观、权利主义观、公正公平观和社会契约观。持不同道德观的管理者的决策也各不相同。

**(1) 功利主义观**

这种观点认为决策要完全依据其后果或结果做出，其目标是为尽可能多的人谋求尽可能多的利益，致力于利益最大化和损失最小化。按照这种观点，管理者或许会解雇少数员工来增加公司的利润，提高多数员工的工作保障和股东利益；或者为了降低健康保险费用，保险公司可能会拒绝为某些高发病率人群提供保险，从而降低多数人的保险成本。这种对少数人的歧视行为会引发社会问题，被认为是不道德的。由此可见，功利主义对效率和生产率有促进作用，并符合利润最大化的目标。但是它会造成资源配置的扭曲，尤其是在受决策影响的人没有参与决策的情况下。同时，功利主义也会导致一些利益相关者的权利被忽视，如对乙肝携带者的工作歧视。

**(2) 权利主义观**

这种观点认为能尊重和保护个人基本权利的行为才是合乎道德的行为。人们都应该平等地拥有人的基本权利，包括隐私权、言论自由权、生命安全及法律规定的各种权利。例如，员工在揭露服务组织的违法行为时，应该保护员工的言论自由权和生命安全等权利。功利主义观在保护个人的基本权利方面具有积极的作用，但在组织中也会造成消极的影响。基于这种观点的人认为，人的基本权利甚至高于集体权利，为了保护员工的个人权益，有可能会影响到组织整体目标的实现，阻碍生产力和效率的提高。

**(3) 公正公平观**

这种观点要求管理者按公平的原则行事，并且遵守法律法规。管理者不能因种族、性别、年龄、户籍等因素对员工区别对待，对部分员工采取歧视政策。根据这种观点，管理者应该公平地给在技能、绩效或职责处于相似水平的员工同等级别的薪水，即同工同酬，即使由于经济差异所带来的同工不同酬也是不道德的行为。这种道德观保护了弱势群体和无法参与到决策中的或者无权的利益相关者的利益；但忽略了环境的差异化，不利于培养员工的风险意识和创新精神。

**（4）社会契约观**

这种观点认为企业只要按照所在地区政府和员工都能接受的社会契约进行的管理行为就是符合道德的行为。例如，跨国公司在发达国家和发展中国家的不同工资标准，我国经济发达地区与不发达地区的收入差距，大部分人都是可以接受的，并不认为这些行为是不道德的。这和观点认识到了环境的差异化，强调了契约的情境特征，与效率、生产力及利润等目标相一致，反映了管理者持功利态度的道德准则。但是环境在不断发生变化，强调个人权利和公平的道德标准对管理者提出了新的挑战，管理者必须对包括利润在内的多种因素权衡考虑，进行复杂的多目标决策，这使管理者的行进越来越艰难。

## 4.1.3　管理者道德行为的影响因素

管理者的行为是否合乎道德，受其道德发展阶段、个人特征、组织结构设计、组织文化和道德问题强度的综合影响（图4-1）。

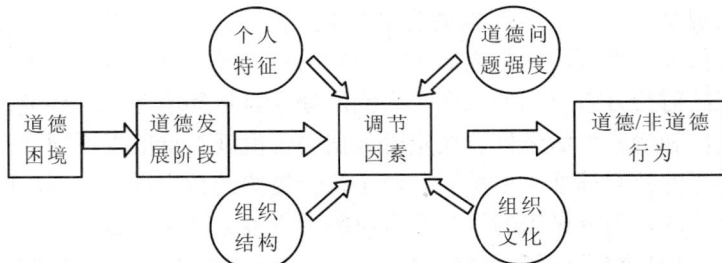

**图 4-1　影响管理者道德行为的因素**

**（1）道德发展阶段**

国外学者研究表明，道德发展存在3个层次、6个阶段，个人道德水平的阶段越高，受外界因素的影响越少，受自身因素影响越多（图4-2）。处于不同层次、不同阶段的管理者对于合乎道德的行为认识各不相同，决策的依据与结果也会不同。

| 前惯例层 | 惯例层 | 原则层 |
|---|---|---|
| ②仅当符合其个人需要时遵守规则。<br>①严格遵守规则以避免受罚。 | ④履行社会义务和责任，支持法律。<br>③满足周围人的期望。 | ⑥遵循自己选择的道德原则，即使它们违背了法律。<br>⑤根据合理的社会功利的理由改变法律与秩序。 |

**图 4-2　道德发展阶段**

第一个层次称为前惯例层，在这个层次上进行的决策建立在物质利益的基础上，个人根据物质奖惩、报酬和相互帮助来决定行为选择。当道德水平发展到第二层次惯例层时，个人行为及决策受到他人期望的影响，并致力于维护传统的秩序，严格遵守规则、制度及法律。到第三个层次原则层时，个人拥有了自己的道德标准，不受群体或社会权威的影响，明确个人努力目标。

一般成年人处于道德发展的第二个层次第四个阶段，认为遵守规则、制度和法律的行为是符合道德的行为。例如，处于第三个阶段的管理者在做决策时会受到周围人的影响，强调决策应该得到周围人的支持；处于第四个阶段的管理者在进行决策时会严格遵守公司规则和程序；处于第五个阶段的管理者会对不合理的公司惯例及规程提出质疑、挑战，并寻找解决的办法。

管理者所处的不同道德发展阶段，会影响到他们的决策。相同层次的管理者，其个人特征、组织特征、决策问题，也会影响其合乎道德的决策。

**(2) 个人特征**

个人特征包括个人的价值观、自信心、自控力等因素，管理者的个人特征对于组织的管理道德有直接影响。

价值观是指一个人对周围的客观事物（包括人、事、物）的意义、重要性的总评价和总看法。它是人们由心中发出对世界上存在万事万物的认识以及所持有的对待万事万物的态度。人们所处的自然环境和社会环境，包括人的社会地位和物质生活条件，决定着人们的价值观。价值观不同，使人们对于是非善恶的评判标准不尽相同，对于符合道德的行为认识各不相同。具有不同价值观的管理者做出的认为符合道德的决策会存在差异。

自信心和自控力对于个体的道德行为选择具有重要作用。具有自信与较强的自控能力的人，会更加确信自己的判断与选择，更容易坚持自己认为正确的、合乎道德的决策。不自信且自控力较弱的人，在面临利益与道德风险的两难问题时，态度会摇摆不定，难以坚持自己的主张，从而影响决策结果。

**(3) 组织结构**

组织的结构设计会影响管理者的道德行为。如果组织结构清晰并能够提供强有力的指导，管理者则容易做出符合道德的决策；如果组织结构本身就是模糊和困惑的，将使管理者在决策时处于道德困境。

例如，组织中明确的规章制度，能够提醒管理者哪些是道德的行为；组织内部分工明确，监督机制健全，绩效考评体系公平且有效，可以有效地预防不道德行为的发生。反之，如果组织的规章制度不明确，分工不清晰，监督机制不健全，绩效考评体系完全是结构导向的，各级管理者与员工可能会倾向选择偷懒或逐利的不道德行为，而管理者在决策时会处于难以平衡利益与道德的困境中。

**（4）组织文化**

组织文化是指组织中的成员共有的价值体系，是组织的价值观、信念、仪式、符号、处事方式等组成的特有的文化形象。组织文化的内容及强度会影响管理者的道德行为选择。高道德标准的组织文化是一种高风险承受力、高度控制、高度包容的文化。处于这种文化中的管理者，鼓励进取与创新，对认为不符合道德标准的行为提出公开的挑战。

组织文化根据影响力可分为强文化与弱文化。强文化是指关键价值观被强烈坚持和广泛认同的组织文化，会制约管理者进行的所有管理职能的决策选择。弱文化是指企业没有典型的可指导全体员工行为的核心管理理念，企业文化特点不鲜明，主题价值不突出，社会多元文化被成员广泛认同，导致社会文化的影响力超过企业自身文化的影响力。强文化比弱文化对管理者的影响力更大，如果这种强文化支持高道德标准，则会对管理者在道德和非道德行为之间的决策产生非常强烈和积极的影响。在弱文化环境中，管理者更可能依赖于工作群体和部分准则作为行为指南。

**（5）道德问题强度**

道德问题强度是指该问题如果采取不道德的处理行为可能产生后果的严重程度。它会直接影响管理者的行为决策。例如，有多少人会受到伤害？这种行为造成危害的可能性有多大？这种行为造成的危害是否会集中爆发？舆论是否会谴责这种行为？人们是否会直接感受到了危害？潜在的受害者与这种行为的距离有多远？

道德问题强度越高，对管理者的道德约束力越强。行为造成的伤害越大，行为发生和造成实际伤害的可能性就越高，危害爆发越集中，越多的人认为行为是邪恶的，感觉与行为受害者越接近，问题强度就越大，管理者采取道德的行为决策就会越高。

## 4.1.4　改善组织伦理道德的方法

**（1）建立道德标准，加强道德教育**

组织如果要每位员工乃至群体表现出符合道德的决策和行为，除了建立一系列的规章制度外，还必须建立明确的道德标准。道德标准会蕴涵在企业文化中，并通过物质层面表现出来，对员工的决策与行为进行约束和指导。

道德标准应该尽量具体，从而向员工表明他们应该以什么精神从事工作，避免他们在进行决策或采取行动时由于道德标准问题产生困惑；道德标准还应当足够宽松，允许员工有评判的自由，否则就变成了企业制度与规则。

企业不仅要建立道德标准，还要加强教育培训，提高员工的道德素质，使员工认同企业的道德标准。可以通过向员工讲授解决道德问题的方案改变其行为。这些教育甚至可以提升员工的道德发展水平，增强员工的职业道德认识，增强经营道德的意识。当他们遇到道德困境时，增强他们坚定立场的自信心。

**（2）甄选符合要求的员工**

不同的人会处于不同的道德发展阶段、有不同的人生经历，形成不同的价值观和行为准则。组织进行人员甄选时，要通过有效的筛选手段与方法，选择符合组织价值观要求的员工，将道德上不符合要求的求职者剔除。我国不少企业强调德与才的关系以及对人才的要求，蒙牛集团总裁牛根生在谈及企业的选人标准时说："有德有才，破格重用；有德无才，培养使用；有才无德，限制录用；无德无才，坚决不用。"诚实和正直是惠普公司基本的核心价值，公司不能容忍员工的不诚实。惠普公司的创始人之一普克曾经指出，任何时候，如果他发现员工为了提高本部门的短期利润而违反公司的道德原则，这个人一定被开除，不论是什么情况。

**（3）选择有道德的管理者**

高层管理者应该是崇尚道德的人，而不是只关注利益的人，这样才能培养出具有高道德素质的下属员工。高层管理者的价值观影响着整个组织的价值观，甚至影响到企业文化。如果管理者唯利是图，企业文化氛围就会是利益第一，员工们工作可能为了达到目标而不择手段，企业的道德标准便无从谈起。

高层管理者可以通过奖惩机制确定企业的文化基调，调整员工的道德标准。通过奖惩机制，可以向员工传递工作方式的信息，告诉他们哪些行为是值得鼓励的，哪些行为是不允许的。如提升了一个采用不正当方式取得重大成果的经理，就等于向其他人表明不正当行为是可取的。正确的行为要给予肯定，错误的行为，必须予以惩罚，让员工知道合乎道德的行为会受到表扬和认可，错误的行为必须受罚。

**（4）建立合理的工作目标和科学的考评体系**

绩效考评是对照工作目标或绩效标准，采用一定的考评方法，评定员工的工作任务完成情况、员工的工作职责履行程度和员工的发展情况，并将上述评定结果反馈给员工的过程。工作目标和考评方式都会对员工的行为产生重大影响。

当目标清楚且通过正常的努力可以实现时，会减少员工的困惑和不满。考评的方式对员工的工作行为有很强的导向性。如果工作目标的压力过大，考评的方法仅强调工作结果而忽视过程，即使讲道德的员工也可能会"不择手段"来实现目标。企业如果只强调短期利润目标，那么无论是管理者还是普通员工在工作过程中都会表现为短期行为，甚至为了达到目标而采取不道德行为；如果企业能够关注长期合理收益，并强调工作过程与工作结果的结合，那么员工会倾向于符合道德的决策与行为。例如，海底捞餐饮股份公司的董事长张勇认为，服务是一张联系企业利润、顾客忠诚度与员工忠诚度的全景图，他不以"利润"为企业的考核目标，而是强调如何更好地衡量顾客和员工满意度和忠诚度，因为这才是最终决定企业赢利能力的关键。

企业需要有明确的工作目标和科学的考评体系，为员工创造一个良好的工作环境，使员工认识到合乎伦理的行为会得到认可，这样员工的行为就会合乎伦理道德。

**（5）建立有效的控制系统**

不道德的行为被发现的可能性越大，产生不道德行为的可能性就越小。根据道德标准、工作特征来设立有效的监控系统，保证错误行为能够及时被发现，并使不道德的行为受到处罚，会抑制员工不道德行为的发生。按照组织的道德标准进行独立审计，可以发现决策和管理中的不道德行为。有效的道德评价系统应该包括常规审计和随机审计两种。常规审计，如财务审计，是定期实施的。随机审计是在没有预先通知的情况下随机抽查。如果组织成员认为不道德行为随时会被发现，就能够有效地避免不道德行为的产生。

**（6）建立正式的保护机制**

正式的保护机制应该源于组织内部与外部两个层面。组织内部可以采取道德咨询员的方式，当员工面临道德困境时可以向咨询员求助，诉说道德困境及其起因并发表意见，咨询员可以帮助员工做出正确的选择。在组织内部可以建立一个专门的申诉程序，使员工能够放心地利用它走出道德困境，或对不道德的行为提出警示。

在组织外部，即社会环境，要通过法律、制度等形式提供道德保护机制，对于揭发不道德行为、不符合商业伦理组织的个人有一套良好的保护机制。例如，员工揭露企业违背伦理经营的黑幕得到社会的认同和保护，会鼓励社会公民去维护道德公理。

# 4.2 社会责任

## 4.2.1 社会责任的含义

20世纪70年代以前，普遍认为企业的责任是为所有者和股东创造最大化的利益，诺贝尔奖得主经济学家米尔顿·弗里德曼认为，企业的一项也是唯一的社会责任是在比赛规则范围内增加利润。随着社会的发展，越来越多的企业关注社会责任问题，而社会责任也从纯粹的创造利润发展出更多的内涵。社会经济观认为，利润最大化是企业的第二目标，企业的第一目标是保证自己的生存。为了实现这一点，他们必须承担社会义务以及由此产生的社会成本，必须以不污染、不歧视、不从事欺骗性的广告宣传等方式来保护社会福利，必须融入自己所在的社区及资助慈善组织，从而在改善社会中扮演积极的角色。

到了 20 世纪 80 年代，企业社会责任运动开始在欧美发达国家逐渐兴起，包括环保、劳工和人权等方面的内容，由此导致消费者的关注点由单一关心产品质量，转向关心产品质量、环境、职业健康和劳动保障等多个方面。一些涉及绿色和平、环保、社会责任和人权等的非政府组织以及舆论也不断呼吁，要求社会责任与贸易挂钩。迫于日益增大的压力和自身的发展需要，很多欧美跨国公司纷纷制订对社会做出必要承诺的责任守则（包括社会责任），或通过环境、职业健康、社会责任认证应对不同利益团体的需要。

实际上，社会责任是指企业在承担法律和经济义务的前提下，还要承担追求对社会有利的长远目标实现的义务。企业的社会责任要求企业不仅追求利润，还要关注在生产过程中人的价值，强调对消费者、环境、社会的贡献。管理者的社会责任不仅是创造利润，还包括保护和增进社会福利。公司不仅要对股东负责，还要对一系列的利益相关者负责，保护环境、维护社会道德和公共利益。同时，务实的观点认为，对社会负责的行为符合公司的自身利益，可以带来更好的财务绩效。经济行为能够产生影响公司外部利益相关者的社会效应，为了获得这些利益相关者的支持，公司必须在制订战略时将社会效应考虑在内，否则会导致反感和抗议。随着经济和社会的进步，社会对企业提出的要求越来越多，企业不仅要对赢利负责，而且要对环境负责，并承担相应的社会责任。

## 4.2.2 利益相关者

明确企业社会责任问题，必须先明确管理者对谁负责。我们可以将组织内外环境看作是不同的利益相关者，企业承担社会责任，就是要对各种利益相关者负责。

利益相关者是组织内部、外部与其运营有直接或间接利害关系的群体。如股东、员工、债权人、供应商、顾客等被视为首要的利益相关者，他们对于公司运营有直接的、重要的利害关系；政府、社区等为间接的利益相关者，他们虽然不经常与公司进行交易，但会影响到公司的营运。

所有的利益相关者与组织之间都存在一种交换关系。例如，股东向公司提供经营资本，期望获得资本的保值与增值，获得投资回报最大化；员工提供劳动和技能，期望得到相应的收入、有保障的工作、良好的工作条件；债权人以债务形式向公司提供资本，期望按时收到利息：供应商向公司按时、按质、按量提供生产资料等投入品，期望获得交易中的利润、及时付款和值得信赖的购买关系；顾客通过购买商品或服务提供了公司的收入，期望得到优质可靠的产品或服务；政府向公司提供管理实际业务的法规，维持公司竞争，期望公司遵守法规、按时纳税；社区向公司提供当地的基础设施，希望公司成为负责任的公民。

管理者在决策时需要考虑各种利益相关者的利益，否则利益相关者可能会撤走他们对公司的支持。例如，股东得不到预期的投资收益，可能会出售股票；员工不满意可能会怠工或者离职；顾客可能转向其他商家购买商品或服务；政府可能会由于企业不法行为对其进行民事或刑事责任的追究；社区可能会反对公司在其范围内安装的设施等。尽量平衡各类利益相关者的权益，有利于企业长久发展。例如，海底捞餐饮股份有限公司为员工提供较高质量的公寓，采取具有激励作用的奖励制度，为员工在家乡的子女建立寄宿学校等，给员工提供了多种人文关怀，由此带来的是员工的高满意度和归属感，高热情的回馈工作，员工想尽办法满足顾客的需要；对于顾客提供等待时间的超值服务以及员工全身心投入的工作热情，提高顾客的满意度，提高翻桌率，进而提高公司利润，从而带动公司的良性运转。

### 4.2.3 管理的绿色化

工业革命后，管理迅速发展，社会生产力快速提高，同时带来的是环境加速恶化。酸雨污染、温室效应、臭氧层破坏、土地沙化、森林面积减少、物种灭绝、水资源危机、水土流失、垃圾成灾、城市大气污染这十大世界环境问题，大都与工业发展相关。我国也面临着十分尴尬的环境问题。如今，环境问题成为商业领袖的热门话题，越来越多的管理者和组织倡导"绿色环保"革命。环境主义已经成为组织战略不可分割的一部分。组织如何走向绿色化，一些企业仅限于法律的要求，另一些企业却改变了根本的经营方式。例如，电冰箱行业提出的"无氟制冷"，保护大气臭氧层；空调业推出变频的产品，降低电能消耗；新能源汽车的研制，减少产品对于不可再生资源的依赖，减少环境污染等。组织在环境问题上的行为可以表现为以下 4 种（图4-3）。

低　　　　　　　　　　　　环境敏感度　　　　　　　　　　　高

守法　　　　　　　市场　　　　　　利益相关者　　　　积极
方式　　　　　　　方式　　　　　　　方式　　　　　　　方式

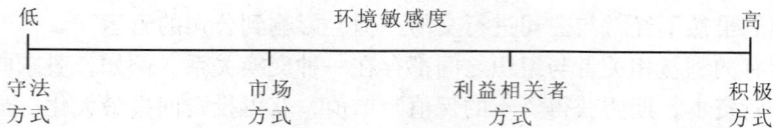

图 4-3　企业的绿色化方式

**（1）法律方式**

企业仅以遵守法律作为对环境问题应对的根本方法，遵守法律法规，避免卷入由于环境问题带来的法律诉讼，也会尝试用法律来保护自己，但对于环境保护表现得不敏感。这些组织仅遵循在污染防治和环境保护方面的法律义务，但越来越多的企业认为，这样做是不够的。

**（2）市场方式**

越来越多的人关注环保问题，顾客在购买产品或服务时会考虑环保情况，企业对于顾客的环境偏好做出响应，为顾客提供善待环境的产品。例如，越来越多的人关注太阳能，太阳能热水器等产品的生产与销售，满足了顾客节约能源的需要。

**（3）利益相关者方式**

这类组织对利益相关者的多种需要做出反应。不仅考虑其直接顾客对于环保产品的需求而进行开发与生产，还关注雇员、地方社区、商业伙伴和一些特殊利益集团提出的环境问题。如电脑、手机生产或销售企业除了提供低辐射安全的产品，还承担废弃物的回收和循环利用，就是对各种利益相关者的环境需要做出响应。

**（4）积极方式**

这类组织强调了个人对环境的认识和保护环境的义务，对环境敏感度极高，积极寻求最佳的保护环境、节约资源的途径。

## 4.2.4　企业社会责任的体现

企业社会责任的内涵丰富，法律规定的企业行为及企业承担的影响社会长期福利增加的义务，都应该列入企业社会责任的范畴。

**（1）经济责任**

企业主要指独立的营利性组织，因此经济责任是其第一责任。任何企业都会逐利，追求高回报与高利润，使其所有者和股东的利益最大化，这是其社会功能中的基本功能。如果企业无法创造价值获得利润，即无法履行根本的社会责任，承担其使命，就会被社会所淘汰。但是如果企业将利润最大化作为其唯一的社会责任，则会使其陷入各种困境中，甚至影响其可持续发展。

**（2）法律责任**

不同国家与地区有不同的成文法，企业必须在遵守法律法规的前提下实现其经济目标，承担经济责任。企业在法律规定的范围内提供更多、更新、更好的产品与服务，将企业做大做强，努力提高企业的竞争能力，从而为股东创造更多的利润与财富。而以次充好提供假冒伪劣产品的企业，必然会受到法律的制裁，影响企业的经济收益，同时也影响到企业的声誉，严重者甚至会破产。例如，2006 年欧典地板由于虚假广告宣传，违反了《中华人民共和国反不正当竞争法》，依据《中华人民共和国广告法》责令当事人停止发布违法广告，并处以 700 余万元的罚金；2008 年三鹿奶粉的"三聚氰胺"事件，其集团高级管理人员被控生产、销售伪劣产品罪，三鹿集团最终宣告破产。由此可见，企业违背法律责任去追求经济利益，最终会受到严厉的处罚，从而影响企业未来的经营。法律是道德的底线，如果企业仅以不违法为根本原则，其决策者的道德水平仅处于第一个层次，即以不受罚和获得利益为根本，企业永远无法追求卓越。

**（3）伦理责任**

企业在社会经营过程中，更长远的发展或许在于符合社会伦理的要求。伦理责任超越了法律的层面，却受到共同的价值观和行为准则的约束。20世纪 90 年代，耐克公司的管理人员为了提高公司的赢利将运动鞋的生产分包给发展中国家的生产商，但好几个分包商的工作条件非常恶劣，CBS 新闻节目详细报道了某家越南工厂女工恶劣的工作环境与低廉的工作待遇，耐克公司随后由于这些"血汗工厂"而饱受抨击。耐克公司及其分包商都没有违反法律，但批评者按照西方标准认为是残酷剥削员工，这是不符合伦理的，耐克公司因此被卷入抗议和消费者抵制的旋涡中。为了修复声誉，耐克公司制订了公司生产守则，要求分销商遵照这些劳动标准；公司雇用独立审计师，定期检查供应商，确保其遵守标准。

企业的伦理责任要求企业决策者应该平等、公平、公正行事，尊重个人权利，平衡不同利益相关者的要求，降低不同群体由于不满导致的抵触，或者在社会范围内树立良好声誉。伦理责任是社会对企业的期望，企业应努力使社会不受自己的运营活动、产品及服务的消极影响。企业应当加速产业技术升级和产业结构的优化，大力发展绿色产品，增大吸纳就业的能力，为环境保护和社会安定尽职尽责。

**（4）自主抉择的责任**

自主抉择的责任是不受经济、法律和伦理的约束，是企业自愿承担的社会福利责任，企业形成自有的价值观和行为理念，从而指导企业行为。例如，企业不求回报地支援社区教育，支持健康、人文关怀、文化与艺术、城市建设等项目的发展，帮助社区改善公共环境，自愿为社区工作。默克制药公司曾经为了第三世界国家的"河盲症"患者开发"美迪善"这种药品，但这些患者都是买不起药品的顾客，默克制药公司依然决定推动这个计划，决定免费赠送药品给需要的人，且自行负担费用，直接参与分发的工作，以确保药品确实送到受这种疾病威胁的上百万人手中；2010年玉树地震发生后，温宿县平安客运出租有限责任公司的董事长艾海提·托克逊拿出58万元，购买了13000个馕、1万件矿泉水、2.5吨大米和两千多床棉被、棉大衣等生活用品，调配公司6辆车13人组成运输队，挑选公司中技术最好的司机，并为每辆车都配备了氧气瓶、氧气袋和急救箱，亲自送往玉树灾区。这些企业强调了自身对社会的责任，而非为利益产生的行为，企业决策者从道德发展水平上达到了最高层次，企业对于社会承担了自主抉择的责任。

▲ 思考题

1. 伦理和道德的含义是什么？
2. 四种道德观的内涵是什么？其积极与消极的方面各有哪些？
3. 管理者道德的影响因素有哪些？
4. 如何改善组织及其成员的伦理行为？
5. 什么是社会责任？企业的社会责任体现在哪些方面？
6. 利益相关者都包括哪些群体？他们对组织有哪些作用？

▲ 案例

## 锦湖轮胎召回事件

2011年中央电视台"3·15"晚会上锦湖轮胎被揭露在轮胎制造过程中存在违规生产的严重问题。为了保证轮胎品质，锦湖轮胎制订了严格的作业标准，然而在制造过程中，却大量添加返炼胶。标准规定的是一套，而实际操作的却是另一套。至此，锦湖轮胎事件引起了社会的广泛关注。

韩国锦湖轮胎株式会社是全球十大轮胎企业之一，锦湖轮胎天津有限公司是其在中国投资的第二家工厂。国内锦湖轮胎为北京现代、一汽大众、上海通用、东风标致、长城汽车、通用汽车等众多汽车厂家提供配套轮胎，是中国国内配套市场占有率第一的轮胎品牌。

早在中央电视台曝光前，关于对锦湖轮胎质量问题的质疑声就一直不断。许多使用锦湖轮胎的车主陆续发现，轮胎在使用后出现鼓包、爆胎、裂纹等问题，但投诉后却始终没有下文。在 2011 年"3·15"晚会曝光后，消费者维权的呼声日益高涨，明确提出了"第一道歉、第二召回"的强烈要求。

在晚会报道过后，一方面越来越多的消费者反映锦湖轮胎的质量存在安全隐患；另一方面锦湖轮胎却在 3 月 16 日中午，在其官方微博上发布消息，坚称报道"不准确"——"原片胶、返回胶的添加比例是按照重量来进行计算的，并非直观的数量比例"。然而，这种说法并没有明显的证据支持，根据中央电视台随后播出的晚会追踪报道，无论是负责生产的一线员工、一线管理者，还是公司明文公布的作业标准，都不是"按照重量来进行计算"，而是按"片"计算。面对消费者汹涌而至的质疑声，锦湖轮胎的相关负责人称，公司正在配合国家质监部门进行检测，稍后将会公布官方声明以做回应。3 月 18 日，工信部办公厅发布消息称，将"积极配合有关监管部门进一步查处，在行业内举一反三，引以为戒。"

3 月 21 日下午 17 时，锦湖轮胎全球总裁金宗镐、中国区总裁李汉燮通过央视《消费主张》栏目，面对镜头正式向广大消费者发布道歉声明，宣布召回所有违规产品。公司决定从 4 月 15 日起，召回 2008—2011 年生产的部分轮胎产品，共计 30 余万条。

**问题：**
(1) 锦湖轮胎召回事件说明企业存在哪些伦理问题？
(2) 依靠什么方式可以减少或抑制类似问题的发生？

▲ **阅读指引**

1. 经营伦理理论与实践. 水谷雅一. 经济管理出版社，1999.
2. 商业伦理学. 戴维·J·弗里切. 机械工业出版社，1999.
3. 企业社会责任. 范红. 清华大学出版社，2010.

# 第5章 决 策

**本章提要**

本章主要介绍了决策的定义、决策理论和决策的影响因素，决策的不同分类方法，决策的过程和方法等内容。

**学习目标**

了解决策的定义、决策理论、决策的类型；理解决策的影响因素和决策的过程；掌握定性决策方法和定量决策方法。

决策在管理工作中具有举足轻重的作用，是各层管理者的主要工作。决策是行为的选择，行为是决策的执行，正确的行为来源于正确的决策。对于每个管理者来说，不是有无必要做出决策的问题，而是如何做出更好、更合理、更有效的决策的问题。有效的决策取决于3个方面：具有决策原理的坚实基础；收集信息、评价信息和选择方案的娴熟技能；承担风险和经受决策中某些不确定因素的心理素质。

## 5.1 决策概述

### 5.1.1 决策的定义

决策是管理者从事管理工作的基础。对于决策，不同的管理学者给出了不同的定义：

• 决策理论学派的代表人物赫伯特·西蒙（Herbert Simon）对决策过程的定义是：决策就是找出要制订决策的条件；寻找、拟订和分析可能的行动方案；选择特定的行动方案。

• 邓肯（Richard Duncan）对决策的定义是：理性的人对需要采取行动的局面以恰当的反映。

• 巴纳德(Chester Barnard)最早在组织的研究中正式提出决策的概念：个人的行为从原则上可以分为有意识的、经过计算和思考的行为以及无意识的、自动的、反应的、由现在或过去的内外情况产生的行为。一般来讲前面一类行为是先导过程，不管是什么过程，最后都可以归结为"决策"。

总的来说，决策是对未来行动作出的决定，有狭义和广义之分。从狭义上说，决策是在几种行为方案中做出选择。从广义上说，决策是指确定目标、制订和选择方案、实施和评价方案等活动的全过程。

### 5.1.2　决策理论

**（1）古典决策理论**

古典决策理论又称规范决策理论，在"经济人"假设的基础上形成，盛行于20世纪50年代之前。古典决策理论认为决策的目的在于为组织获得最大的经济利益，假设决策者是完全理性的，能够作出最优选择。

古典决策理论主要有以下内容：

①决策者必须完全掌握有关决策环境的信息；

②决策者要充分了解有关备选方案的情况；

③决策者应该建立一个合理的层级结构，以确保命令的有效执行；

④决策者总是从组织的最大经济利益出发进行决策、选择方案。

根据古典决策理论的假设，完全理性的决策者，在充分掌握信息的情况下，完全可以做出实现组织目标的最优决策。但是，这些假设条件在现实中很难完全实现，古典决策理论处于一种理想状态，难以全面指导实际的决策活动，从而逐渐被行为决策理论所代替。

**（2）行为决策理论**

20世纪50年代以后，行为决策理论逐渐发展起来。诺贝尔经济学奖得主赫伯特·西蒙指出，理性的、经济的标准都无法确切地说明管理的决策过程，进而提出了人的"有限理性"和决策的"满意度"原则。行为决策理论认为经济因素与非经济因素都会对决策行为产生影响。

行为决策理论主要有以下内容：

①人是有限理性的。人们主观上希望做到完全理性，客观上的理性又是有限的。这是因为在高度不确定和高度复杂的决策环境中，人的知识有限，信息不完全，计算能力、想象能力和设计能力有限。赫伯特·西蒙的"蚂蚁"比喻指出：一只蚂蚁在海边布满大大小小石块的沙滩上爬行，蚂蚁爬行所留下的曲曲折折的轨迹，绝不表示蚂蚁认知能力的复杂性，而只表示海岸的复杂性。当我们把人当做一个行为系统来看时，人和蚂蚁一样，其认知能力是极其单纯的。蚂蚁在海边爬行，虽然能感知蚁巢的大致方向，但它不能预知途中可能出现的障碍物，其视野也是很有限的。由于这种认知能力的局

限性，每当蚂蚁遇到石头或其他障碍物时，就不得不改变前进的方向。蚂蚁行为的复杂性，是由于海岸的复杂性导致的。同样，人们在决策中就像这种海边的蚂蚁，只能根据有限信息和局部情况，依照不全面的主观判断来进行决策。可以说，管理者拥有"知识"的程度，决定着决策和行动的合理性和满意化的程度。

②决策者在决策过程中容易受到知觉偏差的影响。知觉偏差是指由于认知能力有限，决策者把问题的部分信息当做认知对象。价值观、思维定式、习惯、对风险的好恶都会影响决策者的行为，在决策过程中直感判断与逻辑分析都会发挥作用。

③决策者在决策中往往追求满意的结果，而不愿费力寻求最优方案。导致这一现象的原因主要是：决策者缺乏有关寻找和评估方案的能力；或者是不愿花费更多的时间和资源，认为这可能是得不偿失的；或者是由于个人主观原因，先入为主、安于现状，缺乏寻找更好的方案的积极性等。

## 5.1.3 决策的影响因素

### (1) 环境

环境对组织决策的影响是双重的。

①环境的特点影响着组织的活动选择。就企业而言，需对经营方向和内容经常进行调整。位于垄断市场上的企业，通常将经营重点致力于内部生产条件的改善、生产规模的扩大以及生产成本的降低，而处在竞争市场上的企业，则需密切注视竞争对手的动向，不断推出新产品，努力改善营销宣传，建立健全销售网络。

②对环境的习惯反应模式影响着组织的活动选择。即使在相同的环境背景下，不同的组织也可能作出不同的反应。对环境的习惯反应模式限制着人们对行动方案的选择。

### (2) 过去决策

今天是昨天的继续，明天是今天的延伸。历史总是要以某种方式影响未来。在大多数情况下，组织决策不是在一张白纸上进行初始决策，而是对初始决策的完善、调整或改革。组织过去的决策是目前决策过程的起点；过去选择的方案的实施，不仅伴随着人力、物力、财力等资源的消耗，而且伴随着内部状况的改变，带来了对外部环境的影响。"非零起点"的目前决策不能不受到过去决策的影响。过去的决策对目前决策的制约程度要受到它们与现任决策者的关系的影响。如果过去的决策是由现在的决策者制订的，而决策者通常要对自己的选择及其后果负管理上的责任，因此不愿对组织活动进行重大调整，就会倾向于仍把大部分资源投入到过去方案的执行中，以证明自己的一贯正确。相反，如果现在的主要决策者与组织过去的重要决策没有很深的渊源关系，则会易于接受重大改变。

**（3）决策者的风险偏好**

由于决策是人们确定未来活动的方向、内容和目标的行动，而人们对未来的认识能力有限，目前预测的未来状况与未来的实际状况不可能完全相符，因此在决策指导下进行的活动，既有成功的可能，也有失败的危险。任何决策都必须冒一定程度的风险。组织及其决策者对待风险的不同态度会影响决策方案的选择。愿意承担风险的组织，通常会在被迫对环境作出反应以前就已采取进攻性的行动；而不愿承担风险的组织，通常只能对环境作出被动的反应。愿冒风险的组织经常进行新的探索；而不愿承担风险的组织，其活动要受到过去决策的严重限制。

**（4）组织文化**

组织文化制约着组织及其成员的行为以及行为方式。在决策层次上，组织文化通过影响人们对改变的态度而发生作用。任何决策的制订，都是对过去在某种程度上的否定；任何决策的实施，都会给组织带来某种程度的变化。组织成员对这种可能产生的变化会怀有抵御或欢迎两种截然不同的态度。在偏向保守、怀旧、维持的组织中，人们总是根据过去的标准来判断现在的决策，总是担心在变化中会失去什么，从而对将要发生的变化产生怀疑、害怕和抗御的心理与行为；相反，在具有开拓、创新气氛的组织中，人们总是以发展的眼光来分析决策的合理性，总是希望在可能产生的变化中得到什么，因此渴望变化、欢迎变化、支持变化。显然，欢迎变化的组织文化有利于新决策的实施，而抵御变化的组织文化则可能给新决策的实施带来灾难性的影响。在组织文化抵御变化的情况下，为了有效实施新的决策，必须首先通过大量工作改变组织成员的态度，建立一种有利于变化的组织文化。因此，决策方案的选择不能不考虑到改变现有组织文化而必须付出的时间和费用的代价。

**（5）问题的性质**

美国学者威廉·R·金和大卫·I·克里兰把决策类型划分为时间敏感决策和知识敏感决策。

时间敏感决策是指必须迅速而尽量准确的决策。战争中军事指挥官的决策多属于此类，这种决策对速度的要求远甚于质量。例如，当一个人站在马路当中，一辆疾驶的汽车向他冲来时，关键是要迅速跑开，至于跑向马路的左边还是右边近些，相对于及时行动来说则显得次要。

相反，知识敏感决策对时间的要求不是非常严格。这类决策的执行效果主要取决于其质量，而非速度。制订这类决策时，要求人们充分利用知识，做出尽可能正确的选择。组织关于活动方向与内容的决策，即后面提到的战略决策，基本属于知识敏感决策。这类决策重在运用机会，而不是避开威胁；重在未来，而不是现在。所以，选择方案时，在时间上相对宽裕，并不一定要求必须在某一日期以前完成。但是，也可能出现这样的情况，外部环境突然发生了难以预料和控制的重大变化，对组织造成了重大威胁。这时，组织如不迅速作出反应，进行重要改变，则可能引起生存危机。这种时间压力可能限制人们能够考虑的方案数量，也可能使人们得不到足够的评价方案所需的信息，同时，还会诱使人们偏重消极因素，忽视积极因素，仓促决策。

## 5.2　决策的类型

按照不同的划分标准，可对决策进行不同的分类。

**（1）按照决策的重要程度，可以分为战略决策、管理决策和业务决策**

①**战略决策**　是直接关系到组织的生存和发展的全局性、长远性问题的决策，具有全局性、长期性和战略性的特点。如组织的方针政策的制订、组织目标的确定、公司上市、开发新产品、高层人事变动，都属于战略决策。由于环境的复杂性，决策需要决策者具有很强的概念技能。因此，该类决策往往由组织的高层管理者做出。

②**管理决策**　属于执行战略决策过程中的基本战术决策。主要是对组织的人力、物力、财力、信息技术等资源的分配与协调，具有局部性、中期性和战术性的特点。管理决策为实现组织的战略目标而服务。如人员的结构调整、资金的分配等，都属于管理决策。管理决策对于战略的实现起着重要的作用。该类决策往往由组织的中层管理者做出。

③**业务决策**　是在日常业务活动中为了提高效率所作的决策，具有琐碎性、短期性、日常性的特点。细节决定成败，业务决策虽然是处理日常事务，但如果不能正常进行，将影响企业其他决策的实施。如设备的维修、产品的销售、文件的整理等。业务决策是组织决策中其他决策的基础。该类决策往往由组织中的基层管理者做出。

总之，战略决策决定了企业的效益，管理决策和业务决策决定了企业的效率。

**（2）按照决策的重复程度，可以分为程序性决策和非程序性决策**

①**程序性决策**　是指经常发生能按照规定程序和标准进行的决策，多指对例行公事所作的决策。组织运行过程中存在很多问题，大部分问题是经常

发生的，对于这类问题，组织有相应的规章制度来解决，管理者按照相关的规定即可进行程序性决策。因此，程序性决策往往简单、重复性高、易于处理。在组织中，这类决策往往由基层或中层管理者做出。

②非程序性决策　非程序性决策所要解决的是不易确定、错综复杂且目前没有遇到过的新问题。非程序性决策往往复杂、突发性强、难于处理。需要高层管理者及时做出正确的决策。如资产重组、危机事件的处理。这类决策有时会决定公司的生死存亡。

当非程序性决策所要处理的问题经常发生时，可以将该类问题纳入程序性决策的范畴，交由基层或中层管理者来处理。但是这两类决策很难绝对分清楚。越是高层管理者，进行的非程序性决策越多；越是基层管理者，进行的程序性决策越多。

**（3）按照决策主体，可以分为集体决策和个人决策**

①集体决策　是指由多人共同作出决策。在组织中一般对于重大的问题由多人共同作出决策。如董事会对有关企业战略性的决策采用集体决策。此外对关系到员工切身利益的有些决策还需要员工的参与。

②个人决策　是指一人做出决定。对于一些不是很重要的问题可以采用个人决策，或者在情况紧急的条件下，对于重要决策也需要个人决策。

**（4）按照决策需要解决的问题，可以分为初始决策和追踪决策**

①初始决策　是指组织对从事某种活动或从事该种活动的方案所进行的初次选择。如新厂的建立、新产品的开发，都属于初始决策。

②追踪决策　是在初始决策的基础上对组织活动方向、内容或方式的重新调整。如一家企业进行股份制改革、生产转型，都属于追踪决策。追踪决策是由于环境发生变化引起的，组织中的决策大部分都是追踪决策。

**（5）按照决策所处条件不同，可以分为确定型决策、风险型决策和不确定型决策**

①确定型决策　是指可供选择的方案只有一种自然状态时的决策。备选方案所需的条件已知，并且预先了解各方案未来的结果。在决策时，只需比较各备选方案未来的结果，就可作出判断。现实中，这种决策并不多见，如库存决策等。这类决策往往由基层管理者做出。

②风险型决策　指可供选择的方案中存在着两种以上的自然状态，可能发生哪种状态是不确定的，但可估计其发生的客观概率的决策，如投资决策。

③不确定型决策　指各备选方案中存在着两种以上可能出现的后果，这些后果出现的概率是无法预知的，有时候可以凭主观推测出主观概率，如企业开发新产品的决策。这类问题无规律可循，一般依靠决策者的经验和直觉

进行决策。对同样的问题不同的决策者可以给出不同的答案。大多数组织的决策，都属于不确定型决策。这类决策往往由高层管理者做出。

**（6）按照决策使用的方法，可以分为定性决策和定量决策**

①**定性决策** 是指在决策的过程中，依靠专家的经验，在系统调查研究分析的基础上，根据掌握的情况进行决策的方法。

②**定量决策** 是指运用计算机、数学模型进行决策的方法，需要决策者掌握大量的统计数据及组织的历史资料。

## 5.3 决策的过程

决策的过程，简单地说，就是决策的步骤。一个有效的决策过程，主要包括以下6个基本步骤。

### 5.3.1 发现问题

发现问题是决策过程的起点。没有发现组织中的问题，就谈不上决策，因此，决策者首先要研究组织所处的内外部环境，发现问题，分析原因，提出解决问题的对策。

问题可以理解为在现有条件下，应该可以达到的理想状况和现实状态之间的差距。明确问题是进行决策的首要任务，如果问题确定错了，后续的方案选择也无法达到预期的目标，更无法解决问题。

问题可能是简单明了的，管理者只要稍作观察就能识别出来；问题也可能是混合复杂的，管理者需要透过现象发现问题的本质。高质量的信息是发现问题本质、进行有效决策的依据。管理者获得高质量的信息，可以较为精确地判断目前的局势、存在的问题以及问题的重要性、紧迫性，问题可能涉及的人员及可能产生的后果，从而做好决策工作的第一步。

### 5.3.2 确定目标

确定问题后，还要有明确而具体的决策目标。如果决策的目标是模糊的，甚至是模棱两可的，则无法以目标为标准评价方案，更无从选择方案。

目标是指在一定的环境和条件下，根据预测希望得到的结果。

问题提出后必须明确问题能否解决、解决的程度、结果要达到什么要求，也就是决策的目标。这是以后评价和选择方案的依据和标准。

确定目标要注意目标的确定性、目标的可计量性、目标的期限、目标的责任人。否则就会导致决策的失败。

### 5.3.3 拟订备选方案

为了达到决策目标，必须拟订备选方案。备选方案首先必须是可行的方案，也就是说在现有条件下可以实施的方案。有的方案看起来很好但是不可行，该方案就不是备选方案。

在占有资料的基础上，为了使决策优化，应拟订几个备选方案。拟订备选方案时应注意：第一，整体详尽性，指在可能的条件下，应拟订出所有的重要方案，大体上保持整体详尽性；第二，相互排斥性，是指在不同的备选方案之间必须相互排斥，不能同时执行几个方案，只能从中选取一个方案。

### 5.3.4 选择方案

每个实现目标的可行方案，都会对目标的实现发挥某种积极作用和影响，也会产生消极作用和影响。必须对每个可行方案进行可行性研究。可行性研究是决策的重要环节。决策方案必须在技术上可行，而且应当考虑社会、政治、道德等各方面的因素，还要使决策结果的副作用减小到可以允许的范围。

方案的评价首先需要建立一套有助于指导和检验判断正确性的决策准则。决策准则一般包括目标达成度、成本收益比、可行性等。决策的选择应充分考虑各种可能的限制因素和条件，尤其应重视各种方案可能带来的后果。

方案选择时应当注意，任何方案均有风险，不能以最理想方案作为目标，而只能以足够好地达到组织目标的方案作为准则，即在若干备选方案中选择一个合理的方案。合理方案只能在决策时提出的若干可行方案中进行比较和优选。而决策的可行方案，是在人们现有的认识能力制约下提出来的。由于组织水平以及对决策人员能力训练方式的不同，加上人们对客观事物的认识是一个不断深化的过程，所以，对于任何目标，都很难提出全部的可行方案。决策者只能得到一个比较适宜或满意的方案。

### 5.3.5 实施方案

决策方案选定后，就要付诸实施。决策的成功取决于方案的有效实施。实际上，很多方案看起来很好，但由于没有得到有效的实施，使得很多方案只停留在纸上。因此实施方案是决策过程中的重要环节。

### 5.3.6 评价与反馈

这是决策过程的最后一步。通过对实施方案的有效控制和评价，可以发现决策过程中存在的偏差，从而采取措施进行决策的反馈。具体处理措施包括：保持现状，不采取措施；采取措施纠正偏差；修正原方案。到底采取何种措施，还要因条件而定。

## 5.4 决策的方法

现代决策的方法有很多，总的来说可以分为两大类：定性决策方法和定量决策方法。很多情况下将这两种方法结合运用，对于一些重要的决策更是如此。

### 5.4.1 定性决策方法

定性决策方法又称主观决策法，是指采取有效的组织形式，依靠专家们的知识和经验，根据已掌握的情况和资料，提出决策目标及实现目标的方法，并做出评价和选择。定性决策方法简便易行，容易被一般管理者接受，而且特别适合于非常规决策，同时还有利于调动专家的积极性，提高他们的工作能力。但由于它是建立在专家个人直观的基础上，缺乏严格论证，易产生主观性，而且还容易受决策者个人倾向的影响。常用的定性决策方法有以下几种。

**（1）德尔菲法**

德尔菲法是由美国兰德公司于 20 世纪 50 年代初发明的，最早用于预测，后来推广应用到决策中。德尔菲是古希腊传说中的神谕之地，城中有座阿波罗神殿可以预卜未来，因而借用其名。该法是以匿名方式通过几轮函询征求专家的意见，组织预测小组对每一轮的意见进行汇总整理后作为参考再发给各位专家，供他们分析判断以提出新的论证。几轮反复后，专家意见渐趋一致，最后供决策者进行决策。

德尔菲法的步骤如下：

①拟订决策提纲　先把决策的项目归纳成几个问题，问题的含义必须十分明确，而且最好只能以具体明确的形式回答。

②选定决策专家　选择的专家一般是有名望的或从事该项工作多年的专家，最好包括多方面的有关专家，一般以 20～50 人为宜，一些重大问题的决策可选择 100 人以上。

③征询专家意见　向专家邮寄第一次征询表，要求每位专家提出自己决策的意见和依据，并说明是否需要补充资料。

④修改决策意见　决策的组织者将第一次决策的结果及资料进行综合整

理、归纳，使其条理化，发出第二次征询表，同时把汇总的情况一同寄去，让每一位专家看到全体专家的意见倾向，据此对所征询的问题提出修改意见或重新做一次评价。

⑤确定决策结果　征询、修改以及汇总反复进行三四轮，专家的意见就逐步集中和收敛，从而确定出专家们趋于一致的决策结果。

德尔菲法有如下几个特点：第一，匿名性。征询和回答是用书信的形式进行的，专家彼此不知道具体是谁，这就可以避免相互的消极影响。第二，反馈性。征得的意见经过统计整理，重新反馈给参加专家。每个人可以知道全体的意见倾向以及持不同意见者的理由。每个专家有机会修改自己的见解，而且无损自己的威信。第三，集中性。征询意见过程经过几轮重复后，专家就能够达到大致的共识，甚至比较协调一致。也就是说，统计归纳的结果是趋于集中的。

德尔菲法的优点是：集思广益，利于独立思考；通过反馈，可以了解各种不同的看法，相互启发，修正个人意见；缺乏数据时也可使用。其缺点是：经验判断有局限性，决策专家中途退出将对决策产生不利影响。

**（2）头脑风暴法**

头脑风暴法是由美国创造学家 A·F·奥斯本于 1939 年首次提出、1953年正式发表的一种激发创造性思维的方法。它是一种通过小型会议的组织形式，让所有参加者在自由愉快、畅所欲言的气氛中，自由交换想法或点子，并以此激发与会者创意及灵感，使各种设想在相互碰撞中激起脑海中的创造性"风暴"。例如，柯达公司鼓励持续性的头脑风暴，而且还发明了"幽默屋"。在"幽默屋"中，员工可以放松自己，举行富有创新性的头脑风暴会议。屋中充满了喜剧录像带、幽默书籍、减缓压力的玩具和做出创造性决策所需的软件。头脑风暴法鼓励群体成员提出各种方案，不管这些方案最后是否能够得到实施。在所有的建议提完之前，不允许任何人提出批评性意见。它还鼓励员工大声地说出可能的解决方案，也欢迎员工随心所欲地提出批评性意见。

头脑风暴法的步骤是：

①准备阶段　决策者应事先对所议问题进行一定的研究，弄清问题的实质，找到问题的关键，设定解决问题所要达到的目标。同时选定参加会议人员，一般以 5～10 人为宜，不宜太多。然后将会议的时间、地点、所要解决的问题、可供参考的资料和设想、需要达到的目标等事宜一并提前通知与会人员，让大家做好充分的准备。

②热身阶段　这个阶段的目的是创造一种自由、宽松、祥和的氛围，使

大家得以放松，进入一种无拘无束的状态。主持人宣布开会后，先说明会议的要求，然后随便谈些有趣的话题或问题，让大家的思维处于轻松和活跃的状态。

③明确问题　主持人扼要地介绍有待解决的问题。介绍时须简洁、明确，不可过分周全，否则，过多的信息会限制人的思维，干扰思维创新的想象力。

④重新表述问题　经过一段讨论后，大家对问题已经有了较深程度的理解。这时，为了使大家对问题的表述能够有新角度、新思维，主持人或书记员要记录大家的发言，并对发言记录进行整理。通过记录的整理和归纳，找出富有创意的见解，以及具有启发性的表述，供下一步畅谈时参考。

⑤畅谈阶段　畅谈是头脑风暴法的创意阶段。为了使大家能够畅所欲言，需要制订以下规则：第一，不要私下交谈，以免分散注意力；第二，不妨碍及评论他人发言，每人只谈自己的想法；第三，发表见解时要简单明了，一次发言只谈一种见解。主持人首先要向大家宣布这些规则，随后引导大家自由发言、自由想象、自由发挥，使彼此相互启发，相互补充，真正做到知无不言，言无不尽，畅所欲言，然后将会议发言记录进行整理。

⑥筛选阶段　会议结束后的一两天内，主持人应向与会者了解大家会后的新想法和新思路，以此补充会议记录。然后将大家的想法整理成若干方案进行筛选。经过多次反复比较和优中择优，最后确定 1 ~ 3 个最佳方案。这些最佳方案往往是多种创意的优势组合，是集体智慧的结晶。

**（3）名义小组法**

名义小组法又称名义小组技术，是管理决策中的一种定性分析方法。管理者先选择一些对要解决的问题有研究或者有经验的人员作为小组成员，并向他们提供与决策问题相关的信息。小组成员之间不进行沟通，独立思考，要求每个人尽可能把自己的备选方案和意见写下来。然后再按次序让他们一个个陈述自己的方案和意见。在此基础上，由小组成员对提出的全部备选方案进行投票，根据投票结果，赞成人数最多的备选方案即为所要的方案，当然，管理者最后仍有权决定是否接受这一方案。

在集体决策中，如对问题的性质不完全了解且意见分歧严重，则可采用名义小组法。在这种方法下，小组成员不在一起讨论、协商，小组只是名义上的。这种名义上的小组可以有效地激发个人的创造力和想象力。

## 5.4.2　定量决策方法

定量决策方法是建立在数学工具基础上的决策方法。它的核心是把决策的变量与变量，以及变量与目标之间的关系，用数学模型表示出来，然后根据决策的条件，通过计算工具运算，求得决策答案。

**(1)确定型决策的方法**

确定型决策必须具备的条件是，存在着决策人要达到的一个明确的决策目标，如所选行动方案能使收益(损失)达到最大值(最小值)。如何解决确定情况下最优方案的抉择问题，归结起来有以下两种方法：单纯选优决策法和模型优选决策法。

单纯选优决策法是一种简单的决策方法。如果决策者遇到的决策问题，其行动方案是有限的，只需直接比较选出最优方案，这种决策就是单纯选优决策法。例如，某企业可向三家银行借贷，但利率不同，分别为8%、7%和8.5%。企业要决定向哪家银行借款。很明显，向利率最低的银行借款为最佳方案。

模型选优决策法是建立一定的经济数学模型来解决确定情况下最优方案的抉择问题，如采购决策、库存决策、线性规划决策。

这里主要介绍模型选优决策法中的盈亏平衡分析法。盈亏平衡分析法又称量本利分析法，即通过产量(销售量)、成本、利润的关系来分析企业的盈亏情况，并进行方案选优的一种方法。盈亏平衡点是总成本和总收入相等的点，盈亏平衡分析法就是确定盈亏平衡点所对应的产量(销售量)即保本量，保本量所对应的收入值为保本额。

$$R = p \times Q$$
$$C = a + v \times Q$$
$$\pi = R - C = p \times Q - (a + v \times Q)$$

盈亏平衡点上利润为0，即：

$$p \times Q^* = a + v \times Q^*$$
$$Q^* = \frac{a}{p - v} \tag{5-1}$$

式中　$R$——销售收入；

$C$——销售成本；

$Q$——产量(销售量)；

$Q^*$——保本量；

$\pi$——利润总额；

$a$——总固定成本；

$p$——产品单价；

$v$——单位变动成本。

式(5-1)中，$p - v$ 是单件产品售价与单件产品的变动成本之差，称为单位边际贡献；$\frac{p - v}{p}$ 是单位产品的边际贡献与单件产品售价之比，称为边际贡献率；$(p-v) \times Q$ 是单位边际贡献与销售量的乘积，称为边际贡献总额。

当要获得一定的目标利润时，即：

$$B = p \times Q - (a + v \times Q)$$

$$Q = \frac{a + B}{p - v} \qquad (5\text{-}2)$$

式中　$B$——预期的目标利润额；

　　　$Q$——实现目标利润 $B$ 时的产量或销售量。

以保本额作为依据进行分析，在式(5-1)的基础上，等式两边同乘以 $p$，得：

$$R^* = \frac{a}{1 - \dfrac{v}{p}} \qquad (5\text{-}3)$$

当要获得一定目标利润时，公式为：

$$R = \frac{a + B}{1 - \dfrac{v}{p}} \qquad (5\text{-}4)$$

式中　$B$——预期的目标利润额；

　　　$R$——获得目标利润 $B$ 时的销售额；

　　　$R^*$——保本额。

图 5-1 是一个简单的盈亏平衡分析图。假定销售额与销售量呈正比，那么销售收入线是一条起于原点的直线。总成本在等于固定成本时与纵轴相交，且随着销售量的增加而成比例地表现为增长趋势。当销量大于保本量时，总收入大于总成本，企业处于赢利状态；当销量小于保本量时，企业处于亏损状态。

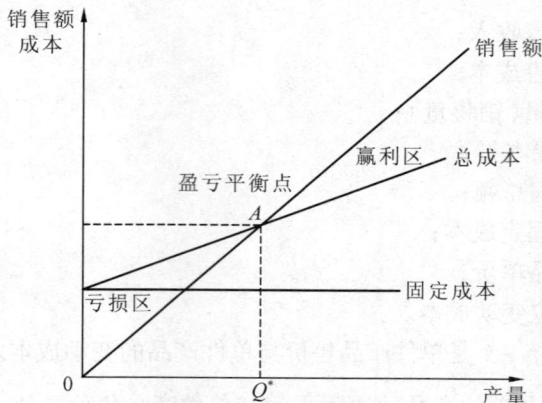

图 5-1　盈亏平衡分析图

[**例5-1**] 某企业生产 A 产品，其单价为 2000 元/件，固定总成本为 24000 元，单位变动成本为 800 元/件，则：

保本量 $Q^* = \dfrac{24\,000}{2000 - 800} = 20$（件）

保本额 $R^* = \dfrac{24\,000}{1 - \dfrac{800}{2000}} = 40\,000$（元）

**（2）风险型决策的方法**

风险型决策主要用于各种自然状态下客观的概率可以预测出来，各种损益可以计算出来的情况。这时存在着不以决策者意志为转移的两种以上的自然状态，决策者有一个明确的决策目标，有两个以上可供选择的可行方案。其主要方法是决策树法。

决策树法是以决策损益表为依据，通过计算和比较各个方案的损益值，借助树形图，利用修剪方案枝的方法寻找出最优方案。每个决策或事件（即自然状态）都可能引出两个或多个事件，导致不同的结果，这种决策分支像一棵树的枝干，称为决策树。

决策树的构成要素有决策节点（矩形节点）、状态节点（圆形节点）、方案枝、概率枝、结果节点。由决策节点引出若干条细支，每条细支代表一个方案，称为方案枝；由状态节点引出若干条细支，表示不同的自然状态，称为概率枝。每条概率枝代表一种自然状态。在每条细枝上标明客观状态的内容和其出现概率。在概率枝的最末梢标明该方案在该自然状态下所达到的结果（收益值或损失值）。这样树形图由左向右，由简到繁展开，组成一个树状网络图。决策树的基本形状如图5-2所示。

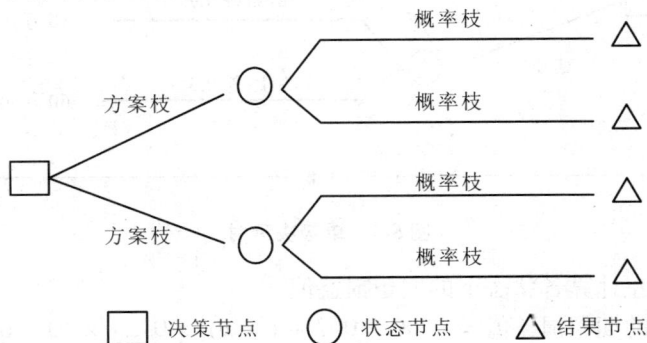

**图5-2 决策树的基本形状**

决策树法的决策程序为：

①绘制树状图，由左向右绘出决策节点，根据方案的个数绘出方案枝，方案枝上标明方案的内容。然后在方案枝的末端绘出状态节点，根据自然状态的个数，引出概率枝，在概率枝上标明自然状态及概率值。最后在概率枝的末端绘出结果节点，在结果节点后标明不同自然状态下的期望值。

②由右向左计算各个方案的期望损益值，并将期望损益值标于该方案对应的状态节点上。

③进行剪枝，比较各个方案期望损益值，将期望损益值小的方案剪掉，所剩的最后方案即为最佳方案。

[例5-2]为适应市场需求，某企业提出扩大某种产品生产的两种方案：一是建设大工厂，二是建设小工厂。第一种需投资 600 万元，第二种需投资 280 万元。投资预计年限为 10 年。年度损益值见表 5-1。

表 5-1　年度损益值计算表

| 自然状态 | 概率 | 方案（万元） | |
| --- | --- | --- | --- |
| | | 建大厂 | 建小厂 |
| 销路好 | 0.7 | 200 | 80 |
| 销路差 | 0.3 | −40 | 60 |

根据题意，绘制决策树，如图 5-3 所示。

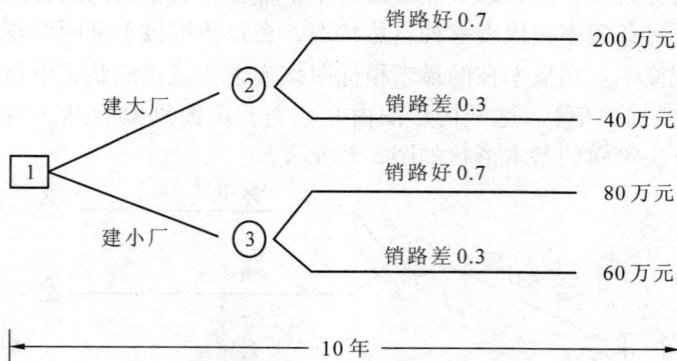

图 5-3　单级决策树

由右向左计算各状态下的期望损益值：

建大厂的期望损益值 $= [200 \times 0.7 + (-40) \times 0.3] \times 10 - 600$

$$= 680（万元）$$

建小厂的期望损益值 $= [80 \times 0.7 + 60 \times 0.3] \times 10 - 280 = 460（万元）$

经过比较，680 > 460，剪去建小厂方案，选用建大厂方案，决策点的期望值为 680 万元。

[**例 5-3**] 在例 5-2 基础上，增加新的市场信息：前 3 年销路好概率为 0.7，若前 3 年销路好，则后 7 年销路好的概率为 0.8；前 3 年销路差的概率为 0.3，若前 3 年销路差，则后 7 年销路差的概率为 0.9。

根据题意，绘制决策树，如图 5-4 所示。

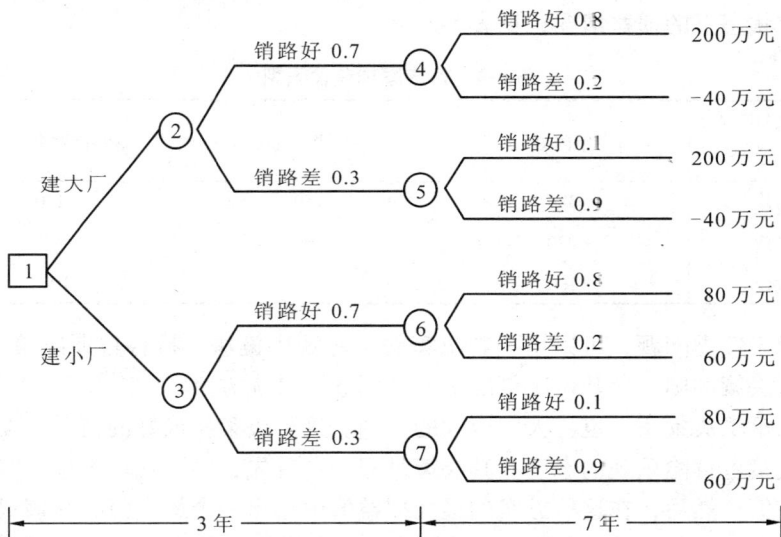

**图 5-4  分期单级决策树**

由右向左计算各状态下的期望损益值：

点 4 的期望损益值 = [200 × 0.8 + (-40) × 0.2] × 7 = 1064(万元)

点 5 的期望损益值 = [200 × 0.1 + (-40) × 0.9] × 7 = -112(万元)

点 6 的期望损益值 = (80 × 0.8 + 60 × 0.2) × 7 = 532(万元)

点 7 的期望损益值 = (80 × 0.1 + 60 × 0.9) × 7 = 434(万元)

点 2 的期望损益值 = 200 × 0.7 × 3 + 1064 × 0.7 + (-40) × 0.3 × 3 + (-112) × 0.3 - 600 = 495.2(万元)

点 3 的期望损益值 = 80 × 0.7 × 3 + 532 × 0.7 + 60 × 0.3 × 3 + 434 × 0.3 - 280 = 444.6(万元)

经过比较，495.2 > 444.6，剪去建小厂方案，决策点的期望值为 495.2 万元。建大厂方案仍是最优方案。

**(3) 不确定型决策的方法**

不确定型决策是指对未来事件，不仅无法估计在各种特定情况下的肯定结果，而且无法确定各种结果发生的概率。这时，决策在不确定情况下进行方案的选择，主要取决于决策者的经验和主观判断。不确定型决策选择哪种方案，在很大程度上取决于决策者的风险价值观。

[例5-4] 某企业为了开发一种新产品，有 3 种方案可供选择，即新建、扩建、改建。未来对这种新产品的需求状态有 3 种，即销路好、销路一般、销路差。每种状态出现的概率的大小不知，但可推算出各方案在未来各种市场需求状态下的损益情况，见表5-2。

表 5-2  各方案损益值资料                                            万元

| 收益值  自然状态 方案 | 销路好 | 销路一般 | 销路差 |
|---|---|---|---|
| 新建 | 380 | 150 | −110 |
| 扩建 | 270 | 100 | −40 |
| 改建 | 100 | 70 | 10 |

对于这类问题，可以用乐观决策法、悲观决策法、拉普拉斯决策准则、赫威斯决策准则、萨凡奇决策准则等分别选择最优方案。

①乐观决策法　也称大中取大的准则。这种决策从最好的情况出发，反映了决策者冒险乐观的态度。其决策过程是：首先，确定每种可选方案的最大损益值；然后，在这些方案的最大损益值中选出一个最大值，与该最大值相对应的可选方案便是决策选择的方案。由于根据这种准则决策也可能产生最大亏损的结果，因而又称为冒险投机的准则。例5-4 的决策选择见表5-3。

表 5-3  乐观决策法决策矩阵表                                        万元

| 收益值  自然状态 方案 | 销路好 | 销路一般 | 销路差 | 最大收益值 |
|---|---|---|---|---|
| 新建 | 380 | 150 | −110 | 380 |
| 扩建 | 270 | 100 | −40 | 270 |
| 改建 | 100 | 70 | 10 | 100 |
| 决策 | 最优方案（最大值） | | | 380（新建） |

②悲观决策法　也称小中取大的准则。决策者不知道各种自然状态中任何一种方案发生的概率，决策目标是避免最坏的结果，力求风险最小。其决策过程是：首先确定每种可选方案的最小收益值，然后从这些最小收益值中，选出一个最大值，与该最大值相对应的方案就是决策所选择的方案。例5-4 表的决策选择见表5-4。

表5-4 悲观决策法决策矩阵表      万元

| 收益值 方案 \ 自然状态 | 销路好 | 销路一般 | 销路差 | 最小收益值 |
|---|---|---|---|---|
| 新建 | 380 | 150 | −110 | −110 |
| 扩建 | 270 | 100 | −40 | −40 |
| 改建 | 100 | 70 | 10 | 10 |
| 决策 | 最优方案（最大值） | | | 10（改建） |

③拉普拉斯决策准则 也称等可能性法。这种方法是假定自然状态中任何一种发生的可能性是相同的，即同等概率下通过比较每个方案的期望收益值来进行方案的选择，在利润最大化目标下，选择期望收益值最大的方案，在成本最小化目标下选择平均成本最小的方案为最优方案。例5-4的决策选择见表5-5。

表5-5 拉普拉斯决策准则决策矩阵表      万元

| 收益值 方案 \ 自然状态 | 销路好 | 销路一般 | 销路差 | 期望收益值 |
|---|---|---|---|---|
| 新建 | 380 | 150 | −110 | $380 \times \frac{1}{3} + 150 \times \frac{1}{3} + (-110) \times \frac{1}{3} = 140$ |
| 扩建 | 270 | 100 | −40 | $270 \times \frac{1}{3} + 100 \times \frac{1}{3} + (-40) \times \frac{1}{3} = 110$ |
| 改建 | 100 | 70 | 10 | $100 \times \frac{1}{3} + 70 \times \frac{1}{3} + 10 \times \frac{1}{3} = 60$ |
| 决策 | 最优方案（最大值） | | | 140（新建） |

④赫威斯决策准则 也称乐观系数法、折中决策法。它是介于乐观决策与悲观决策之间的一种决策方法，采取折中决策。在运用这种决策方法时，决策者首先要确定一个乐观系数 $\alpha$，$0 \leq \alpha \leq 1$，最好的自然状态赋予乐观系数 $\alpha$，最差的自然状态赋予悲观系数 $1 - \alpha$，用各方案在最好自然状态下的损益值与乐观系数相乘的积加上在最差状态下的损益值与悲观系数的乘积，计算出各方案的期望收益值，并选择期望收益值最大的方案为最优方案。例5-4中，选取乐观系数 $\alpha = 0.7$ 进行决策，结果见表5-6。

表5-6 赫威斯决策准则决策矩阵表（$\alpha = 0.7$）      万元

| 收益值 方案 \ 自然状态 | 销路好 | 销路一般 | 销路差 | 期望收益值 |
|---|---|---|---|---|
| 新建 | 380 | 150 | −110 | $380 \times 0.7 + (-110) \times (1 - 0.7) = 233$ |
| 扩建 | 270 | 100 | −40 | $270 \times 0.7 + (-40) \times (1 - 0.7) = 177$ |

（续）

| 收益值　自然状态　方案 | 销路好 | 销路一般 | 销路差 | 期望收益值 |
|---|---|---|---|---|
| 改建 | 100 | 70 | 10 | $100 \times 0.7 + 10 \times (1 - 0.7) = 73$ |
| 决策 | 最优方案（最大值） | | | 233（新建） |

各方案的期望损益值计算公式为：

方案的期望收益值 $= \alpha \times$ 最好自然状态的损益值 $+ (1 - \alpha) \times$ 最差自然状态的损益值

⑤萨凡奇决策准则　也称最小最大后悔值法，决策者在选定方案后，如果条件改变，其他备选方案会取得更好收益，企业将遭受机会损失，决策者会因此而后悔。因此该决策方法力求后悔程度最小。运用此法时，首先要将决策矩阵从利润矩阵转变为机会损失矩阵，用方案在某自然状态下各方案的最大收益值分别减去该自然状态下各方案的收益值的差，得出各方案同一自然状态下的后悔值，从而得到后悔值表；然后确定每种可选方案的最大后悔值；再次，在这些方案的最大后悔值中，选出一个最小值，与该最小值对应的可选方案便是决策选择的方案。例 5-4 的决策选择见表 5-7 和表 5-8。

表 5-7　后悔值　　　　　　　　　　　　　　　　　万元

| 收益值　自然状态　方案 | 销路好 | 销路一般 | 销路差 |
|---|---|---|---|
| 新建 | 0 | 0 | 120 |
| 扩建 | 110 | 50 | 50 |
| 改建 | 280 | 80 | 0 |

表 5-8　最小最大后悔值法　　　　　　　　　　　　万元

| 收益值　自然状态　方案 | 销路好 | 销路一般 | 销路差 | 各方案的最大后悔值 |
|---|---|---|---|---|
| 新建 | 0 | 0 | 120 | 120 |
| 扩建 | 110 | 50 | 50 | 110 |
| 改建 | 280 | 80 | 0 | 280 |
| 决策 | 最优方案（最小值） | | | 110（扩建） |

▲ **思考题**

1. 决策如何分类？
2. 如何理解决策的有限理性和满意原则？
3. 影响决策的因素有哪些？
4. 决策的过程分为哪几个步骤，具体内容是什么？
5. 定性决策方法有哪些，它们之间的区别是什么？
6. 决策树的要素有哪些？

▲ **案例**

## 雀巢公司拒绝批评惹麻烦

1974 年，一本由某慈善组织出版的小册子《杀害婴儿的凶手》指责雀巢公司的婴儿食品，说它应对第三世界国家的婴儿喂养所出现的疾病问题负责。为此，雀巢公司与之进行了长达两年之久的诉讼。结果雀巢公司胜诉。但是，由于雀巢公司并没有对自身在婴儿食品营销宣传过程中所存在的问题加以适当改进，依然我行我素，终于遭到世界各国市场长达七年的联合抵制。据估计，这次抵制给雀巢公司造成直接利润损失高达 4000 万美元，间接业务损失无法计算，而信誉损失则更加惨重。雀巢公司是一家巨型国际公司，其婴儿食品销售只占其总销售额的 3%，所以一直没有引起重视。而正因为如此，雀巢公司的其他产品销售也一度受到了市场的冷落。后来，公司解雇了其两个公关公司，开始自己着手解决这个问题，诚心诚意地接受批评，改进售后服务与市场宣传。直至 1984 年初，多数抵制组织才答应停止抵制。

（引自陈龙海、韩庭卫，企业培训故事全书，2004）

**问题：**

雀巢公司的决策给我们哪些启示？

▲ **阅读指引**

1. 管理决策新科学．赫伯特·A·西蒙．中国社会科学出版社，1982.
2. 管理的实践．德鲁克．机械工业出版社，2006.
3. 管理三杰．凡禹．北京工业大学出版社，2005.

# 第6章 计 划

**本章提要**

　　本章主要介绍了计划的含义、作用、性质和分类，计划的编制原理和过程，计划的技术与方法，以及战略性计划的基本内容。

**学习目标**

　　了解滚动计划法和计划评审技术，组织战略管理的演变过程；理解计划的含义、作用与性质，计划的层次体系，计划的原理，目标管理和战略的含义，能够区分计划的不同类别；掌握计划的编制程序和组织战略定位过程。

　　计划是对未来行动的规划，是人们对客观的认知过程。计划是以决策为前提的，是决策职能的延续，同时又是控制职能的基础和前提。计划是一个连续的行为过程，需要根据现实情况的变化不断地修正和调整才会取得良好的效果。

## 6.1　计划概述

　　在管理实践中，所有的管理者均在某种程度上参与了组织的计划工作，但是他们的计划工作有的是非正式的，有的却是正式的，这二者有着本质性的区别。所谓非正式计划，指的是没有把任务写出来，也很少或者几乎不与组织的其他成员讨论相关的内容，这就使得在执行的过程中缺乏连续性和相关性，结果也往往不尽如人意。而正式计划，一般要有一定的时间范围，可能从数天、数周到数月、数年不等，最为重要的就是以书面的形式把组织目标、任务表达清楚，为组织的发展指明方向与路径。书中所涉及的计划均指正式的计划。

### 6.1.1 计划的含义

**(1)计划的定义**

对计划的定义有广义和狭义之分。广义的计划是指作为管理职能的计划，是对未来活动目标、实施方案、监督控制的总体谋划。人们要想有成效地进行社会活动，就必须对事物的发展前景进行预测，以明确未来的目标，制订并选择实现目标的具体方案以及为保证高效顺利执行而制订必要的监督控制措施。狭义的计划是指特定计划的制订过程，是在分析组织现有内外部环境的基础上，通过科学、合理的方法确定未来一定时期内要实现的目标和具体实施路径的过程。

**(2)计划的内容**

在任何一个组织中，无论是广义的计划还是狭义的计划，其具体内容都包罗万象一般而言，通过借助"5W1H"方法来加强对计划的认识、理解和运用。所谓"5W1H"方法是指：

①做什么(what)　明确组织的使命、战略、目标和具体行动方案的任务，明确组织在一定时期内的中心任务和工作重点。

②为什么做(why)　论证组织所确定的使命、战略、目标、具体行动方案任务的可能性和可行性，即提供相应的依据。

③何时做(when)　在计划中明确各项工作任务的起始时间和完成进度，便于组织各级管理者据此对组织资源进行有效配置、平衡和控制。

④何地做(where)　明确计划的实施地点或场所，明晰计划实施的环境条件和所受的限制，便于合理安排计划实施的空间布局和组织调整。

⑤谁来做(who)　明确具体的任务由组织的哪些部门、哪些成员负责，以及如何做好部门与部门之间、个人与个人之间的任务衔接。

⑥如何做(how)　制订实现计划的具体措施，其中包括制订相关的政策和规则、如何分配组织的资源、如何确保计划得到全面有效的实施等。

### 6.1.2 计划的作用与性质

**(1)计划的作用**

①计划是管理者进行有效管理的依据。管理者为了有效推进计划的执行，在制订计划的过程中，一方面要根据所处的组织层级来逐级确定各级的目标和任务，明确权力和责任，使全体组织成员的活动趋于一致，形成一种巨大的合力，以保证如期有效地实现既定的目标；另一方面，为了保证不同的组织成员之间能够有序地开展工作，进行科学的分工，把组织的目标和任

务在时间、空间上进行详细的分解，在执行过程中更加合理地配置各种资源，从而减少浪费，提升组织的效率。

②计划是管理者面向未来掌握主动的必要手段。管理学大师德鲁克曾经说过：唯一不变的就是变化。对此，按照人们对变化的预知程度，管理者可以借助计划这一必要手段加以应对。管理者根据以往和现在的信息推断、预测未来的变化，判断、分析其对组织的影响，据此制订出一系列的对策与方案。当然，在实际中有些变化是无法预知的，但是管理者仍可在进行科学预测、分析的基础上制订完善的计划，把未来的风险降低。

③计划是管理者进行控制的参照标准。计划职能是控制职能的基础，控制职能参照制订的计划对实际情况进行分析，又在实际中对计划的不足提供建议、进行修正，二者具有不可分割的内在联系。明确目标、构建指标是计划工作的重要内容之一，或许这些并不能直接在控制时使用，但至少在一定程度上为管理者的控制提供了参照标准。

**（2）计划的性质**

①普遍性　在组织中，虽然计划工作的特点与范围随着管理者所处层次的不同而存在较大的差异，但它的确是一个共有职能。待组织的总目标确定后，各级管理者为了确保实现组织目标和促进本级工作的顺利开展，都需要制订相应的分目标、分计划，而这些具有不同广度和深度的分目标、分计划结合在一起就构成了一个多层次的计划系统。因此，计划具有普遍性。

②目的性　任何组织制订各种计划，其目的均是为了实现组织的总目标和一定时期的阶段性目标。计划能提高组织成员的目的性和凝聚力，对组织成员的行为进行规范，对组织资源进行科学、合理的配置，确保组织沿着正确的路径向既定目标不断前进。

③首位性　对于组织、领导和控制等其他管理职能而言，计划工作是基础和前提，在组织管理中具有首位性。只有制订计划之后，才便于管理者认识需要什么样的组织关系、何种资源、采取何种方法进行领导和控制。

④有效性　制订计划的目的在于有效地实现组织的既定目标，其有效性主要表现在时效性和经济性两个方面。时效性是指计划期限和计划实施时机的选择。对于具体计划而言，目标、任务和条件不同，其所需时间也就有差异，在计划的起止时间上应有所体现；等待或创造最佳的计划启动时机，对于管理者而言则是一项更具耐心与创意的挑战。经济性是指计划应以最小的资源投入，获得尽可能多的产出，或者说投入尽可能少的资源实现既定的组织目标，总而言之，使组织以合理的代价实现目标。

### 6.1.3　计划的类型

由于人类管理活动的复杂性和多元性，所以计划的种类也变得复杂和多样。根据不同的标准，计划被分为多种不同的类型。

**(1)按照计划制订者的层次划分**

按照计划制订者的层次，可以把计划划分为战略计划、战术计划和作业计划。战略计划是由组织高层管理者制订的，是对组织未来全部活动所做的战略性谋划，一般具有长远性和较大的弹性。由于战略计划涉及面广、内容抽象、定性因素分析较多，对于战略计划的制订者而言必须具有较高的风险意识。战术计划是由组织的中层管理者制订的阶段性目标。战术计划是将战略计划中具有战略指导性的目标和任务转变为具有起止时间的、更为明确的策略和措施。作业计划是由组织的基层管理者制订的，是实现中、高层目标和任务的细节计划。作业计划根据战术计划确定具体的目标、工作流程、合理的分工、配置资源以及权力和责任。

**(2)按照计划内容的综合性程度划分**

按照计划内容的综合性程度，可以把计划分为综合计划、局部计划和项目计划。综合计划包含多目标、多方面内容，涉及整个组织或者是组织的诸多方面。局部计划仅限于制订范围之内的计划，如生产扩大计划、设备维修计划等有关职能部门制订的职能计划。项目计划则是针对组织面临的特定情况需要作出的决策性的计划，具有很强的专门性和针对性。

**(3)按照计划的时间期限划分**

按照计划的时间期限，以可以把计划分为长期计划、中期计划和短期计划。在传统的时间范围上，一般长期计划是指 5 年以上的计划；中期计划是指 1 年以上 5 年以内的计划；短期计划是指一年以内(包括 1 年)的计划。当然，现代社会的组织面临的内外部环境变化越来越快，对于计划的时间期限也不再局限于上述传统的划分。但实际上长期计划为组织指明了发展方向与目标，中期计划为组织明确了发展路径，而短期计划则为组织量身定制了发展的步伐。因此，如何把长、中、短期计划有机地结合起来，对于组织的发展具有重要的意义。

**(4)按照计划涉及的职能领域划分**

按照计划设计的职能领域，可以把计划分为人事计划、财务计划和业务计划。人事计划是分析如何为保持或扩张组织的业务规模提供人力资源的支持、保障。财务计划是分析如何从资本的来源与配置方面保持或扩张组织的业务规模。业务计划则是组织的主要计划，包括业务效率、市场地位、技术研发水平、组织规模与结构、客户服务、社会责任等多方面的内容，一般短期之内侧重于组织的生存，长期则侧重于组织的发展。

**（5）按照计划对执行者的约束程度划分**

按照计划对执行者的约束程度，可以把计划分为指令性计划和指导性计划。指令性计划是由上级主管部门向下级下达的具有行政约束力的计划，目标与具体措施明确，具有很强的可操作性。指令性计划一旦下达，下级单位必须遵照执行，并且要调动一切资源予以保障。指导性计划与之相反，不具有严格的约束力，一般规定具有参考性的目标、方向、方针和政策。指导性计划下达之后，执行单位可以根据自己的实际情况自行决定如何执行。

## 6.1.4　计划的层次体系

约瑟夫·普蒂、海茵茨·韦里奇和哈罗德·孔茨在《管理学精要——亚洲篇》中，从抽象到具体地把计划划分为一种层次体系。

**（1）宗旨（使命）**

任何组织的活动，如果要想使其具有一定的意义，至少应具备一定的宗旨。宗旨表明一个组织或其部分由社会所赋予的基本职能、任务。例如，大学的宗旨是教学、科研与社会实践，法院的宗旨是解释和应用法律等。在具体的组织中，宗旨的陈述应言简意赅，使人一目了然。例如，英特尔公司的宗旨是"在新型计算机行业中成为芯片的一流供应者"，微软公司的宗旨是"在微软，我们的使命是创造优秀的软件，不仅使人们的工作更有效益，而且使人们的生活更有乐趣"，华为公司的宗旨是"华为的追求是在电子信息领域实现顾客的梦想"。

**（2）目标**

目标是组织欲通过其行为活动争取达到的最终结果，受组织宗旨的支配，是其在一定时期的具体体现。为了保证如期实现，组织目标被分解为各部门的分目标。组织目标统领、驾驭部门分目标，部门分目标之间相互关联、相互支撑，共同构成一个复杂的目标网络。

**（3）战略**

战略一词原为军事术语，是指为实现战争目标对战术的运用，针对敌人的优势、劣势、现在采取的或将来可能采取的行动而制订的，具有对抗的含义。因此，对于处于竞争当中的组织，特别是企业，制订战略将使其尽可能有效、持久地占据优势。具体而言，战略就是为了实现组织目标，指明了组织的发展方向、发展重点和资源配置优先次序的一个总纲。

**(4)政策**

政策对组织处理问题或决策发挥重要作用，是指导、沟通思想与行动方针的明文规定。作为明文规定的政策往往被列入计划。而为了避免重复，重大的政策则通常单独发布。作为一种行动指南，政策的范围应清晰、界限明确，不仅对执行者是一定的约束，而且也是为了鼓励执行者，在规定的范围内更自由、更艺术、更有效地处理。

**(5)程序**

组织的日常事务繁多，一般可以分为重复、例行的和单独、例外的两大类。通过对大量重复、例行的日常事务工作过程、工作方法的提炼和规范，组织采用标准方法进行处理，就形成了程序。程序是组织经过实践而思考、提炼的结果，是对组织行动时间顺序的安排，这既能减轻管理者的负担，也可以提升组织的管理效率。

**(6)规则**

在组织的具体环境中，规则规定了是否可以采取某种行动。从包含内容来看，规则简单、明了，明确规定了组织成员可以做什么、不可以做什么，是一种最简单的计划；从自由处置程度来看，规则与政策不同，不具有自由处置权；从时间顺序来看，规则有别于程序，没有时间顺序的要求，但有时可作为程序的构成部分。

**(7)规划**

规划是执行既定行动方案所必需的目标、政策、程序、规则、任务分配、执行步骤、使用资源以及其他要素的一个综合性的计划。由于具体内容的差异，规划在规模上差别很大。例如，我国新近制定的"十二五"规划涉及国家未来五年的发展，内容众多、内涵丰富；而具体企业中质量管理小组的活动规划，内容细致、分工明确。对于大规模的规划，管理者应事先用系统理论和方法进行科学分解，派生出相互关联、相互支撑的诸多小规划，构建一个完整的规划体系。

**(8)预算**

预算是用数字表示预期结果的一种报告书，是一种"数字化"的计划。用数字表示的直观性更强，使计划更加精准，进而促使管理者制订更为详细的计划，以平衡其他计划。

## 6.2 计划的编制

### 6.2.1 计划编制原理

**（1）限定因素原理（木桶原理）**

在组织目标的实现过程中，存在众多的障碍因素，它们在不同程度上影响着组织目标实现的进度。根据影响程度的不同，管理者可把障碍因素分为起主要作用的和次要作用的障碍因素两类。所谓限定因素就是指起主要作用的障碍因素，当然随着环境的变化，限定因素不局限于某些具体因素，是动态的、变化的。因此，管理者就要针对限定因素来有效制订、完善计划。限定因素原理又被形象地称为"木桶原理"，这是由于木桶的水容量取决于桶壁上最短的木板。

**（2）许诺原理**

组织的任何一项计划都可以看作是组织所作的许诺。一般而言，计划包含的内容、目标越多，其许诺就越大，所需的实现时间就越长，实现的可能性就越小。由此可见，计划期限的选择非常重要。为了制订一个合理的计划期限，首先要根据实际情况来估计计划中各个步骤所需的时间；其次要考虑其他意外因素的影响，估计延迟时间；最后把各个步骤所需的时间和延迟时间加总以确定最终期限。

**（3）灵活性原理**

十全十美的计划在现实中几乎是不存在的。为了赢得更大的发展空间，制订计划时要留有余地，使其具有一定程度的灵活性。灵活性使计划保留了改变方向和调整内容的能力。当然，灵活性也有一定的限度，不能以收集更多信息、推迟决策时间来保持灵活性，否则会坐失良机；保持灵活性是需要付出代价的，需要权衡、判断对组织绩效的影响，否则会得不偿失；而派生计划彼此之间相互关联、相互支撑，否则会一招棋错、满盘皆输。

**（4）改变航道原理**

计划制订完成后，管理者要深刻认识、理解计划，按照计划整体推进各项工作。然而这些还不足以完全概括管理者的计划工作。管理者应该不仅能够"钻进去"制订、执行计划，还应"跳出来"审视、检查计划，根据实际情况做出必要的修改、完善。如同航海家一样，要经常核对航线，一旦遇到障碍可以绕行。所谓改变航道原理就是保持计划的总目标不变，但可随实际情况的变化而改变实现目标的进程（航道）。这与灵活性原理有所不同，灵活性原理要求计划本身具有灵活性，而改变航道原理则是要求计划执行具有应变能力。

## 6.2.2 计划编制过程

**（1）估量机会**

管理者在制订计划之前，通过对环境的观察和分析来寻找组织发展的机会。主要包括：外部环境的变化，组织自身条件的评价，组织未来的期望，组织面临的问题与机会，把握机会所需的资源。

**（2）确定目标**

在估量机会的基础上，针对机会为组织及各级单位确定目标。一般而言，包括 3 个方面：首先，要确定目标的内容和顺序；其次，要确定目标责任，把组织目标分解为各部门的分目标和个人的目标；最后，要确定适当的目标实现期限，以保证及时、有效地完成。

**（3）确定计划的前提条件**

确定计划的前提条件就是预想计划实施的未来环境。当然，并不是把未来所有的细节都描绘出来，这既是不现实的也是不经济的；而是把那些对计划具有关键性的、战略意义的条件进行假设并取得共识。

**（4）拟订方案**

针对组织的目标，立足组织自身的条件，管理者既可以充分发扬民主，把各级管理者、相关专家、基层作业人员会聚一堂，为制订具体行动方案出谋划策，也可以借助专业的管理咨询机构助自己一臂之力。

**（5）评价方案**

评价方案就是组织对拟订的方案进行利弊比较和分析。一般而言，不是某一个方面的对比，而是构建多个标准进行比较全面的评价。其结果取决于两个方面，一方面是评价标准的选取，另一方面是对各个标准赋予的权重。

**（6）选择方案**

选择方案不是从众多方案中选取某一项作为执行方案既可，而是按照各个方案的评分进行排序，形成一个从高到低的优先次序。一般把评分最高的作为首选方案，在余下的方案中至少再选取一个作为后备方案以备不时之需。

**（7）拟订派生计划**

选择、确定的方案一般都是组织的主体计划，为了使之具有更强的针对性与可操作性，还需要制订一系列的派生计划予以支持和保障。

**（8）编制预算**

编制预算就是把计划转化为数字化，实质上就是对组织的资源进行分配。编制预算一方面可以进一步平衡各类计划，更好地配置组织的资源；另一方面也是衡量计划执行的一种工具，是管理者重要的控制依据。

## 6.3　计划的技术与方法

### 6.3.1　目标管理

目标管理（management by objectives，MBO）是 20 世纪 50 年代在美国出现的一种管理制度，彼得·F·德鲁克对此作出了重大的贡献。1954 年，德鲁克在《管理的实践》一书中首先提出了"目标管理与自我控制"。

**（1）目标管理的含义**

①目标管理主张下级参与管理。由于各级管理者所处的位置不同，上级在制订计划时往往只在自己的角度审视而忽视了下级的感受与要求，容易造成计划与实际情况的脱节，难以保证有效实现组织目标。因此，上级需要在制订计划时邀请下级参与，将从上到下分派目标变为上下协商共同制订目标，实现组织总目标和部门、个人分目标的有机结合。

②目标管理提倡"自我控制"。德鲁克认为，依靠压力和危机进行管理不仅是无效的——当压力或危机消失后组织的状况就又回到了以前的状态，而且还会形成一种误导——它片面强调工作的一个方面而损害其他事情；而组织员工是愿意负责的，能够在工作中发挥自身的聪明才智和创造性；如果把控制对象——组织员工——当作一个社会组织中的"人"，则控制的不是其行为而是行为的动机；提倡通过对组织员工动机的控制来实现对其行为的控制，以"自我控制的管理"代替"靠压力和危机进行管理"。这种自我控制不是不需要控制，而是激发出员工更强烈的内在动力，使员工尽自己的最大可能完成工作，而不再是"差不多、过得去"就行了。

③目标管理强调正确使用报告和程序。德鲁克认为，企业应该把报告和程序保持在最低限度，只有当报告和程序能省时间和人力时，才运用这项工具，并且应该尽量简化。企业应该只采用达到关键领域的绩效所必需的报告和程序。意图"控制"每件事情，就等于控制不了任何事情。而试图控制不相干的事情，总会误导方向。报告和程序应该是填表者的工具，而不能用来衡量他们的绩效。

④目标管理注重从管理哲学的角度思考企业管理。德鲁克认为，目标管理与自我控制是基于有关管理工作概念以及针对管理者的特殊需要和面临的

障碍所做的分析，与有关人类行为和动机的概念相关。目标管理与自我控制能让追求共同福祉成为每位管理者的目标，以更严格、更精确和更有效的内部控制取代外部控制。管理者的动机不再是因为别人命令他或说服他去做某事，而是因为管理者的任务本身必须达到这样的目标。他不再只是听命行事，而是自己决定必须这么做。换句话说，他以自由人的身份采取行动。

**（2）目标管理的基本过程**

一般而言，目标管理在组织管理中分为以下 3 个步骤：

①建立一套完整的目标体系　一般此项工作由组织的高层开始，自上而下逐级确定目标。上下级的目标之间是一种"目的—手段"的关系，即上一级目标的实现需要借助一定的手段，而这些手段自然就成为了下一级的目标，从而构建了一种锁链式的目标体系。

②组织实施　明确了各级、各部门的目标之后，各级管理者的主要工作不再是像以前一样事必躬亲，而是在依靠执行者自我控制的基础上进行必要的指导、协调等。当然，对于一些重大的、非例行事务的决策权和处置权还是由上级管理者掌控。

③检查和评价　根据事先确定的目标完成进度，管理者要进行定期的检查。至于检查的方法，可以根据实际情况灵活掌握，采用自检、互检或责成专门机构检查等不同方式。对于检查的结果，应当根据事先确定的目标进行评价，并据此进行相应的奖惩，以促进目标管理良性循环。

**（3）目标管理需注意的问题**

①目标自身的特点　目标具有差异性，不仅不同组织、不同部门具有不同的目标，即使同一组织、同一部门在不同时期，其目标也是存在差异的。目标具有多元性，组织受到股东、员工、消费者、政府、所在社区等利益相关者的影响，需要在他们的诉求中取得平衡，因此组织的目标难以保持单一化。目标具有网络性，推进组织的工作不是某一个层次、某一个部门制订好目标就可以了，而是需要各个层次、各个部门相互协调、配合。

②目标确定的原则　一般为了易于认识、理解、接受、执行和考核，制订目标需遵循 SMART 原则，即目标必须是具体化的（specific）、可衡量的（measurable）、可达到的（attainable）、具有相关性的（relevant）和明确时间期限的（time-based）。

## 6.3.2　滚动计划法

滚动计划法是一种编制灵活、适应环境变化的长期计划方法。

滚动计划法的编制过程是：在已编制出的计划的基础上，每经过一段固定的时期(该固定的时期又被称为滚动期,时间期限不等,可能是一个月、一个季度或者一年),依据变化的环境条件和计划的实际执行情况,为确保有效实现预期目标,需要对原计划进行调整。每次调整,保持原有计划期限不变,将计划期限向后顺延一个滚动期。具体编制过程如图6-1所示。

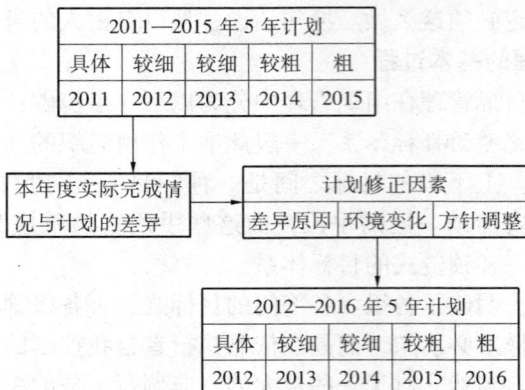

| 2011—2015 年 5 年计划 | | | | |
|---|---|---|---|---|
| 具体 | 较细 | 较细 | 较粗 | 粗 |
| 2011 | 2012 | 2013 | 2014 | 2015 |

| 本年度实际完成情况与计划的差异 | → | 计划修正因素 | | |
|---|---|---|---|---|
| | | 差异原因 | 环境变化 | 方针调整 |

| 2012—2016 年 5 年计划 | | | | |
|---|---|---|---|---|
| 具体 | 较细 | 较细 | 较粗 | 粗 |
| 2012 | 2013 | 2014 | 2015 | 2016 |

**图 6-1　滚动计划编制过程**

## 6.3.3　计划评审技术

计划评审技术(program evaluation and review technique,PERT)首先由美国军方于1958年1月发布,用于建造北极星导弹潜艇,该技术使得计划提前两年完成。此后,计划评审技术与关键路线法(critical path method,CPM)得到广泛的应用。二者的区别在于:PERT多用于缺少实践经验的项目,各种活动所需的作业时间不明确,一般应用统计方法确定,属于"随机型";而CPM则主要用于有实践经验的项目,各种活动所需的作业时间确定,属于"确定型"。最初,PERT以考虑工期为主,后来又注意到费用、资源的节约,以求得不断的优化。

计划评审技术的过程包括:

①确定项目的全部工作(表6-1)。其中的紧前作业是指该项作业开始之前必须完成的相邻作业,作业时间是通过采用一定的方法进行估算得出的,在估算时需要综合考虑到人员、设备等影响因素。

**表 6-1　工作明细表**

| 作业代号 | 紧前作业 | 作业时间(小时) |
|---|---|---|
| A | — | 15 |
| B | A | 15 |
| C | A | 14 |

（续）

| 作业代号 | 紧前作业 | 作业时间（小时） |
|---|---|---|
| D | B、C | 10 |
| E | B | 6 |
| F | D | 6 |
| G | D | 1 |
| H | E、G | 30 |
| I | F、H | 8 |

②绘制网络图。

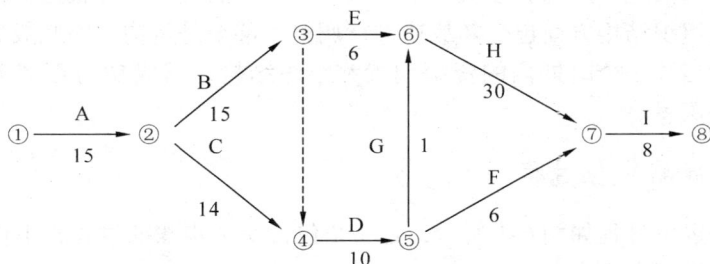

**图6-2 网络图**

③从网络图中识别关键路线。所谓关键路线就是由占用时间最长的关键工作活动所组成的活动序列。图 6-2 中的关键路线为 A—B—D—G—H—I，总时间为 79 小时。

# 6.4 战略性计划

战略性计划是指应用于整体组织的，为组织未来较长时期设立总体目标和寻求组织在环境中的地位的计划。战略性计划着眼于企业的未来，使组织选择合适的发展途径。

## 6.4.1 战略的含义

如前文所述，战略产生于军事，后来广泛应用于政治、经济、工商企业等新的领域。战略包括条件、目标和手段三方面要素，是指在一定的环境和资源条件下，确定组织的目标和实现该目标的手段。

制订战略需要组织从整体来考虑，对有限的资源进行配置；而在组织中，高层管理者不仅要全面、综合地了解组织的各个方面，而且还要掌握资源调度权。一般而言，组织的战略都是由高层主导的，至少是由其参与的。

对组织的日常运营而言，难免存在某些管理不善的方面或者相对薄弱的环节，如目前人力资源短缺、近期销售业绩欠佳等，通常不会危及生命，至少是暂时可以忍受的；而战略有别于此，是面向组织未来的，是关乎组织发展方向的，事关重大，一旦失误，恐怕难以择机东山再起。

战略的制订是基于现有信息对于未来的判断，而这些信息不是完全的，并且随着时间的演进而变化。因此欲获得成功，不仅取决于组织自身的行为，更取决于与己有利害关系的关联方，特别是竞争对手。战略具有对抗的含义，应针对现实或潜在的竞争对手制订。

战略的实施一般都会涉及大量的人、财、物的使用，并且为了保障实施顺利，在组织结构方面也会随战略进行调整，甚至是重构。因此战略将决定组织在相当长一个时期内的资源配置和组织结构，其成功与否都会影响深远、引人深思。

### 6.4.2　战略定位过程

战略定位过程如图6-3所示，是一个包含5个步骤的过程，下面逐一对每个步骤进行考察和分析。

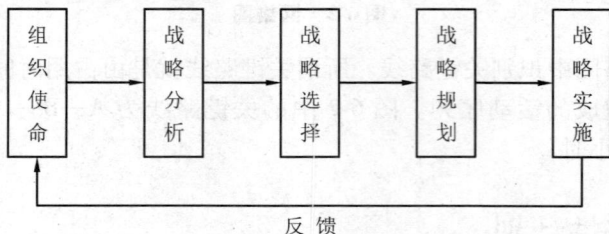

**图6-3　战略定位过程**

**（1）组织使命**

组织使命反映了组织的战略决策者创办该组织的指导思想和试图创立的组织形象，是决定该组织区别于其他组织的主要特征。组织使命仅是一种意向的说明，并没有做出明确的规定。组织使命的确定受到外部环境和内部实力的影响，使组织确定重点发展方向、增强实力，并在未来对外部环境产生新的影响。

**（2）战略分析**

按照战略分析的不同范围，可将战略分析分为一般环境分析、产业环境分析和竞争对手分析。

①一般环境分析　又称为外部环境分析或宏观环境分析，是对某一特定

社会所有组织都会发生影响的因素进行的分析。一般环境是某个组织无法控制的，但是组织可以通过自身的决策来调整以适应变化的环境，通常包括经济环境、政治环境、社会环境、技术环境和自然环境。一个组织所处的经济环境，一般包括其所在国家或地区的经济制度、经济发展水平、经济结构、国民的消费水平等。政治环境是指总的政治形势，涉及所在国家或地区的政治结构、政党关系、执政党的性质、政府政策倾向和当地人民的政治倾向等。社会环境所包含的因素十分广泛，主要有当地人民的受教育程度、文化水平、社会价值观、风俗习惯、宗教信仰等。任何组织均是依赖一定的技术来服务社会或创造价值的，技术既可以促进生产力的发展，反过来新技术的应用和创新又需要相应的管理方式，二者互相影响。自然环境主要是指地理位置、气候条件和自然资源状况。

②产业环境分析　根据迈克尔·波特的观点，可以把一个产业或行业内的影响因素（其中既包括机会也包括威胁）统一归纳为5种力量：行业内竞争对手、替代品生产商、潜在入侵者、供应商和用户。具体关系如图6-4所示。

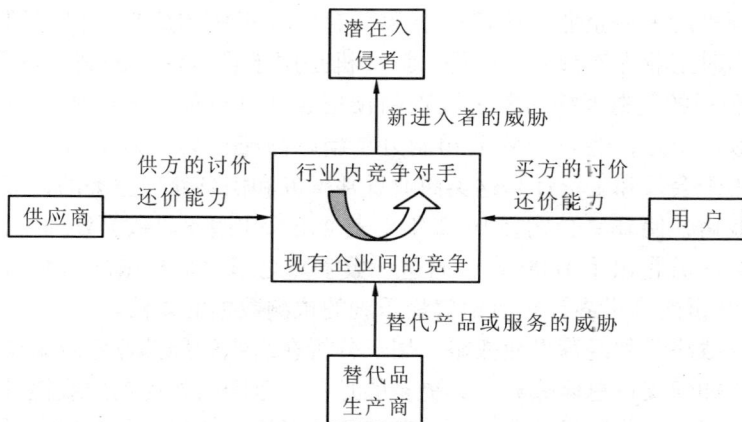

**图6-4　5种力量的关系**

③竞争对手分析　对于组织而言，对竞争对手进行分析就是一个不断收集竞争对手相关信息的过程。通过这一过程，组织应能够回答或者至少对这些问题有进一步的了解，即我们在与谁竞争，他们在做什么，他们所做的将会对我们产生什么样的影响？一般而言，人们已经习惯于在同行业内部寻找或锁定竞争对手，通过商业广告、商品展览会、新闻披露、组织的年度报告、政府的产业研究报告、市场销售人员的市场分析报告、购买产品进行逆向研究甚至借助于商业间谍来汇总信息。这些固然是非常重要的，但是我们

应该深层次的考虑问题，不仅仅局限于相似的产品或服务方面，更要站在顾客的角度来思考。例如，20世纪30年代的大萧条期间，成为凯迪拉克公司领导人的尼古拉斯·德雷斯塔特认为顾客购买的不是"交通工具"而是"地位"，凯迪拉克不是在与雪佛兰、福特、大众等汽车品牌在竞争，而是在同钻石和貂皮大衣竞争。正是这种对竞争对手的正确分析拯救了凯迪拉克公司。在经济大萧条时期，不到两年该公司就取得了强劲的增长。

**（3）战略选择**

根据战略分析的结果，组织采取何种范围的应对策略就是战略选择。在组织的战略选择方面，根据涉及的范围不同，可以分为总体战略和局部战略。

总体战略是指一个组织的全局性、整体性的战略，其主旨在于明确组织的经营方向。因此对总体战略来讲，要求其具有远见和创造性，如重点发展哪类业务、发展的优先次序是什么、如何构建竞争优势、如何筹集资金并合理配置等。在此方面，典型的例子是国际商用机器（IBM）公司在20世纪50年代的成长。在20世纪40年代，IBM公司只是一家名不见经传的制造商业数据处理机的中型企业。1947年，第一台计算机研制成功，仅应用于军事方面。当时工业界流行的看法是：计算机是用于科学计算的高速运算工具。而IBM公司的创造者托马斯·沃森则预见到计算机最主要的用途将是数据处理领域。于是，他为IBM公司制订了新的战略：集中力量研制高效和廉价的，用于会计和工资计算这类商业日常事务和信息处理业务的计算机。正是这一战略，使IBM公司在1953年率先推出650型商业数据处理用计算机，在五年之内就售出了1800台，而这一数字却是当时最权威的市场研究人员对整个20世纪全世界计算机销售最乐观的预测数据的2倍。

局部战略又称经营事业战略，用于分析在组织的局部业务或某个经营事业范围内如何支持总体战略，其更多的是在此范围内如何构建或提升竞争优势。一般而言，明确局部业务或经营事业的目标和策略，就是对产品或服务进行定位。在20世纪80年代，通用汽车公司对休斯电子公司的收购就是一个典型的例子。当时，休斯电子公司是一家专业的国防工业公司，规模庞大，但是几乎没有利润。当时的分析师大多认为该公司已经处于成熟期，并批评通用汽车公司出价太高。通用汽车公司抓住了国防工业放开的机会，在其管理下不仅在国防业务方面的利润有所增长，而且步入了大规模的民用业务领域，取得了惊人的业绩。

**（4）战略规划**

战略规划就是在战略分析和战略选择的基础上，进一步对产品组合、功能、资源配置进行调整或创新。

产品组合表现在 3 个方面：产品组合的广度，即产品种类的数量；产品组合的深度，即产品品种的数量；产品组合广度和深度的关联性，即产品种类间的相关性。产品功能是指在不同行业里，针对成功企业的关键因素而在生产、销售诸多环节中确定的关键环节。实践表明，不同企业成功的关键因素存在着差异。资源配置是指如何把组织有限的资源进行充分利用，制订优先次序的规则用于资源配置。

**（5）战略实施**

组织战略实施需要组织按照战略的要求构建相关的组织机构，提供组织保障。战略实施后还需要利用反馈机制进行战略评价，以明确组织在何种程度上实现了预期的设想。

## 6.4.3 组织战略的类型

划分标准不同，组织战略可分为多种类型。

根据专业化和经营范围，组织战略可以分为一体化战略、多角化战略和专业化的集中战略。一体化战略是指把多个单个分散的组织联合起来，构建成一个统一的组织。多角化战略是拓展组织原有的业务，超出一个行业或涉及多个行业，因此又称多元化战略。专业化的集中战略是指组织把资源集中运用于生产某种产品并推向某一细分市场。

根据组织对环境的适应性，组织战略可以分为进攻型战略、防守型战略和调整撤退型战略。进攻型战略试图在不断变化的环境中寻找迅速的发展机会，其重点在于开发新技术、发展新产品、开拓新市场，通过灵活管理来应对环境。防守型战略则是关于在稳定环境条件下组织如何谋求发展，组织主要关注本行业的变化，其管理重点在于如何提升效率，通常采用强有力的行政手段来实现有效的控制。调整撤退型战略包括调整和撤退两种策略，当组织出现经营困难时，通过自身努力，对原有的业务进行调整，如淘汰某些产品、放弃部分市场、缩减运营费用等。当组织经营非常困难，即使进行了调整也未能奏效时，就需要考虑采取调整撤退型战略了，把一些销售不畅的产品或步入成熟阶段的经营事业单位进行转让，把获得的资源投向稳定的或者新的经营领域。

根据应对市场竞争的反应，组织战略可以分为成本领先战略、特色经营战略和重点市场战略。成本领先战略就是在市场价格相仿的条件下，组织依靠成本领先地位来获得本行业平均水平以上的利润，从而在与同行业其他组织的竞争中处于有利地位。特色经营战略是要让组织所经营的产品或服务具有与众不同的特点，可能表现在设计、质量、性能、销售方式、售后服务、维修保养等某一方面或众多方面，从而吸引顾客，使组织在竞争中占据主导地位。重点市场战略就是借助市场细分为特定的对象提供产品与服务。

综上所述，任何一种战略都有一定的适用范围，即存在着优势的同时也存在着劣势。组织管理者在选择战略时应注意，没有哪一种战略是最佳的、标准的，这需要管理者根据组织自身的具体情况来审时度势地进行选择或组合。

▲ 思考题

1. 如何理解计划的含义？
2. 计划有哪些性质？在组织管理中有何作用？
3. 简述制订计划的原理。
4. 简述计划的编制过程。
5. 目标管理具有哪些特点？
6. 什么是战略？它具有哪些特点？
7. 简述组织战略定位的过程。
8. 组织战略有哪些类型？应如何评价？

▲ 案例

## 乔森家具公司五年目标

乔森家具公司是乔森先生在20世纪中期创建的，开始时主要经营卧室和会客室家具，取得了相当的成功。随着规模的扩大，自20世纪70年代开始，公司又进一步经营餐桌和儿童家具。1975年，乔森退休，他的儿子约翰继承父业，不断拓展卧室家具业务，扩大市场占有率，使得公司产品深受顾客欢迎。到1985年，公司卧室家具方面的销售量比1975年增长了近2倍。但公司在餐桌和儿童家具的经营方面一直不得法，面临着严重的困难。

一、董事长提出的5年发展目标

乔森家具公司自创建之日起便规定，每年12月召开一次公司中、高层管理人员会议，研究讨论战略和有关的政策。1985年12月14日，公司又召开了每年一次的例会，会议由董事长兼总经理约翰先生主持。约翰先生在会上首先指出了公司存在的员工思想懒散、生产效率不高的问题，并对此进行了严厉的批评，要求迅速扭转这种局面。与此同时，他还为公司制定了今后5年的发展目标。具体包括：

①卧室和会客室家具销售量增加20%；
②餐桌和儿童家具销售量增长100%；

③总生产费用降低10%；

④减少补缺职工人数3%；

⑤建立一条庭院金属桌椅生产线，争取5年内达到年销售额500万美元。

这些目标主要是想增加公司收入，降低成本，获取更大的利润。但公司副总经理托马斯跟随乔森先生工作多年，了解约翰董事长制定这些目标的真实意图。尽管约翰开始承接父业时，对家具经营还颇感兴趣，但后来，他的兴趣开始转移，试图经营房地产业。为此，他努力寻找机会想以一个好价钱将公司卖掉。为了能提高公司的声望和价值，他准备在近几年狠抓经营，改善公司的绩效。

托马斯副总经理意识到自己历来与约翰董事长的意见不一致，因此在会议上没有发表什么意见。会议很快就结束了，大部分与会者都带着反应冷淡的表情离开了会场。托马斯有些垂头丧气，但他仍想会后找董事长就公司发展目标问题谈谈自己的看法。

二、副总经理对公司发展目标的质疑

公司副总经理托马斯觉得，董事长根本就不了解公司的具体情况，不知道他所制定的目标意味着什么。这些目标听起来很好，但托马斯认为并不适合本公司的情况。他心里这样分析道：

第一项目标太容易了——这是本公司最强的业务，用不着花什么力气就可以使销售量增加20%；

第二项目标很不现实——在这个领域的市场上，本公司不如竞争对手，绝不可能实现100%的增长；

第三项目标亦难以实现——由于要扩大生产，又要降低成本，这无疑会对工人施加更大的压力，从而也就迫使更多的工人离开公司，这样空缺的岗位就越来越多，在这种情况下，怎么可能降低补缺职工人数3%呢？

第四项目标倒有些意义，可改变本公司现有产品线都是以木材为主的经营格局。但未经市场调查和预测，怎么能确定5年内年销售额达到500万美元呢？

经过这样的分析后，托马斯认为他有足够的理由对董事长所制定的目标提出质问。除此之外，还有另外一些问题使他困扰不解——近期以来，发现董事长似乎对公司已失去了兴趣；他已50多岁，快要退休了。他独身一人，也从未提起他家族将由谁来接替他的工作。如果他退休以后，那该怎么办呢？托马斯毫不怀疑，约翰先生似乎要把这家公司卖掉。董事长企图通过扩大销售量，开辟新的生产线，增加利润收入，使公司具有更大的吸引力，以便在出卖中捞个好价钱。"如董事长真是这样的话，我也无话可说了。他退休以后，公司将会变成什么样子，他是不会在乎的。他自己愿意在短期内葬送掉自己的公司，我有什么办法呢？"

（引自：http://wenku. baidu. com/view/c5835ced4afe04a1b071ded4. html）

**问题：**

（1）你认为约翰董事长为公司制定的发展目标合理吗？为什么？你能否从本案例中概括出制定目标需注意哪些基本要求？

（2）假如你是托马斯，如果董事长在听取了你的意见后同意重新考虑公司目标的制定，并责成你提出更合理的公司发展目标，你将怎么做？

▲ 阅读指引

　1. 管理的实践．彼得·德鲁克．机械工业出版社，2009.
　2. 竞争战略．迈克尔·波特．华夏出版社，1997.

# 第 7 章 组 织

**本章提要**

本章主要介绍了组织设计的内容和原则，组织设计模式的选择，组织职权、集权与分权、授权的基本内容，以及组织变革的动因，方式与过程等。

**学习目标**

了解组织设计的内容及原则，组织职权和授权及组织变革的过程；理解组织设计的影响因素，组织的集权与分权，组织变革的动因，克服组织变革的阻力；掌握组织设计的模式，组织生命周期理论，组织变革方式。

组织是人类社会最常见、最普遍的现象，组织理论是管理科学最重要的组成部分。从广义上说，组织是指由诸多要素按照一定方式相互联系起来的系统；从狭义上说，组织是指人们为实现一定的目标，互相协作而结合成的集体或团体。巴纳德认为，组织就是两个或两个以上的人有意识协调活动的系统；伊兹尼把组织描述为，组织是一个有机会的单位，是为完成特定的目标而设计起来的；穆尼强调，组织是一种在一个协调的整体里，把具体的任务或职能联系起来的技术。随着人类实践的不断发展，人们对组织的认识还会进一步演变和深化。

## 7.1 组织设计概述

组织设计是以组织结构安排为核心的组织系统的整体设计工作，是组织总体设计的重要组成部分，是有效管理的前提条件。

### 7.1.1 组织设计的内容

组织设计指设计清晰的组织结构，规划和设计组织中各部门的职能和职权，主要目的在于设置一种或几种合理的架构，从而使组织能够发挥效能、节约资源、抵御风险、创造良好文化、承担责任等。其内容主要包括以下几个方面。

**（1）职能与职务设计**

组织规模的扩大和生产经营活动的复杂性要求将总任务目标层层分解，分析并确定为完成组织任务所需要的基本职能与职务，设计和确定组织内从事具体管理工作所需的各类职能部门和各项管理职务的类别和数量，分析每个职务应具备的资格条件、应享有的权力范围和应负的职责。

在创建组织时，可以根据组织的宗旨、任务目标以及组织内外部环境的变化，自上而下地确定组织运行所需要的部门、职位及相应的权责。同时，组织设计也可以根据组织内部的资源条件，在组织目标层层分解的基础上自下而上地进行。

**（2）部门设计**

随着组织业务活动种类的增加和所涉及的专业领域的扩大，管理者为了提高工作效率，在劳动分工的基础上，把各项活动进行归类，使性质相同或相似的工作合并到一起，这样就形成了一个个专门化的部门。对同一组织而言，在不同时期和不同战略目标指导下，划分部门的标准可以根据需要进行动态调整。在企业实践中，部门化的形式多种多样，典型的有以下几种。

①职能部门化　是按照组织的各项主要业务工作和主要管理职能来划分，是设置组织的横向部门，其主要业务和管理职能包括计划、人事、生产、销售和财务等。按照职能部门化原则来设置组织的职能机构，是最常见的一种部门化组织形式。

②产品部门化　是按照产品的不同来划分和设置组织的横向部门。这种部门化组织形式适合于多样化生产经营的大型企业，属于分权化的组织形式。

③过程部门化　是将产品生产或制造过程分成几个工艺阶段，按照阶段来设置部门和机构，要求每个部门只负责整个过程中某一阶段的工作。如在机械制造企业中，生产过程经常被分为铸造、锻压、加工和装配等阶段，进而按照阶段来设立车间和部门。

④区域部门化　又称地域部门化，是根据地理因素来设立管理部门，把不同地区的经营业务和职责划分给不同部门的经理。其特点是把同一地区或区域内发生的各种业务活动划归为同一部门，然后再按照这一部门所管辖的范围进一步建立有关的职能部门，一个地区或区域的业务活动被集中起来，交给一个管理者负责，这样能够充分利用这一区域内的人力、物力和财力，以便获取区域经营的效益。这种方法较多用于地理位置较分散的组织，特别适合于规模大的公司。

⑤顾客部门化组织 又称用户部门化，是根据目标顾客的不同利益需求来划分组织的业务活动。在激烈的市场竞争中，顾客的需求导向越来越明显，应当在满足市场顾客需求的同时，努力创造顾客的未来需求，顾客部门化顺应了需求发展的这一趋势。

部门化组织形式多种多样，在现代企业中绝大部分采用混合的部门化形式，如在职能部门化的基础上加上其他部门化形式。

**(3) 管理幅度和管理层次**

在职能与职务设计以及部门划分基础上，要根据各项工作的性质和内容及人力资源现状，确定管理幅度和层次，通过规范化的制度安排，使各职能部门和各项职务形成一个严密、有序的活动网络。

①管理幅度 又称管理宽度，是指在一个组织结构中，管理人员所能直接管理或控制的下属的数量，这个数目是有限的。扩大管理幅度，可以减少管理人员，但会导致监督弱化、指导不力、无法集中精力处理重大事务等问题；缩小管理幅度，有利于监督、指导、控制，但管理人员增多，管理成本加大。因此，管理幅度有一个合理的界限。

对组织来说，确定管理幅度需考虑以下影响因素：

● 计划制订的完善程度。事先有良好、完整的计划，工作人员都明确各自的目标和任务，清楚自己应从事的业务活动，主管人员就不必花费过多的精力和时间从事指导和纠正偏差，那么主管人员的管理幅度就可以大一些，管理幅度大，管理层次就会相对少一些；反之，计划不明确不具体，就会限制管理人员的管辖范围，管理幅度就相对较小。

● 工作任务的复杂程度。若管理人员经常面临的任务较复杂，解决起来较困难，并对组织活动具有较大影响，则他直接管辖的人数不宜过多；反之，可增大管理幅度。

● 组织中员工的经验和知识水平。当管理人员的自身素质较强，管理经验丰富，在不降低效率的前提下，可适当增加其工作量，加大管理幅度；同样，下属人员训练有素，工作自觉性高，也可采用较大的管理幅度，让他们在更大程度上实行自主管理，发挥创造性。

● 完成工作任务需要的协调程度。如工作任务要求各部门或一个部门内部需要协调的程度高，则应减少管理幅度，以较为高耸的结构为宜。

● 组织信息沟通渠道的状况。若组织沟通渠道畅通，通信手段先进，信息传递及时，可加大管理幅度。

②管理层次 是指组织中按照统一指挥等原则划分的不同的管理等级。当组织规模相当有限时，一个管理者可以直接管理每一位作业人员的活动，

这时组织就只存在一个管理层次。而当规模的扩大导致管理工作量超出了一个人所能承担的范围时，为了保证组织的正常运转，管理者就必须委托他人来分担自己的一部分管理工作，这使管理层次增加到两个层次。随着组织规模的进一步扩大，受托者又不得不委托其他人来分担自己的工作，依此类推，而形成了组织的等级制或层次性管理结构。

当组织规模一定时，管理层次和管理幅度之间呈反比。管理幅度越大，管理层次就越少；反之，管理幅度越小，管理层次就越多。这两种情况相应地对应着两种类型的组织结构形态，前者称为扁平型结构，后者称为直式型结构。一般来说，传统的企业结构倾向于直式型，偏重于控制和效率，比较僵硬；扁平型结构则被认为比较灵活，容易适应环境，组织成员的参与程度也相对较高。近年来，企业组织结构出现了一种由高耸型结构向扁平型结构演化的趋势。

## 7.1.2 组织设计的原则

组织所处的环境、采用的技术、制订的战略、发展的规模等不同，所需的职务和部门及其相互关系也不同。但在进行组织机构和结构设计时，可以遵守一些共同原则。

**(1) 目标统一原则**

组织结构的设计和组织形式的选择必须有利于组织目标的实现。任何一个组织都与既定的组织目标有着密切关系，否则它就没有存在的意义。为此，组织目标层层分解，机构层层建立下去，直到每一个人都了解自己在总目标实现中应完成的任务，这样建立起来的组织机构才是一个有机整体，才能为保证组织目标的实现奠定基础。

**(2) 统一指挥原则**

统一指挥原则是指组织中每位下属都应该有一个并且只能有一个上级，下属只接受该上级的领导，只向该上级汇报并向他负责，从而在上下级之间形成一条清晰的指挥链。

**(3) 权责对等原则**

组织中每个部门和职务都必须完成规定的工作，而为了完成一定的工作，需要利用一定的人、财、物等资源。因此，在组织设计中，不仅要明确各部门的任务和责任，还要明确规定这些部门利用人、财、物以及信息等的权力。权责对等原则就是进行组织结构的设计时，既要明确规定每个管理层次和各个部门的职责范围，又要赋予完成其职责所必需的管理权限，职责与职权必须协调一致。只有职责，没有职权或权限太小，则职责承担者的积极性、主动性必然会受到束缚，实际上也不可能承担起应有的责任；相反，只有职权而无任何责任，或责任程度小于职权，将会导致滥用权力，产生官僚主义等。

**（4）动态适应原则**

组织是一个开放的社会子系统，其活动与外部环境密切相关并受其制约，因此组织要与外部环境保持一种动态平衡状态，才能避免出现结构僵化、效率低下的现象，为此组织需要进行调整和变革，以适应变化，增强组织的活力。

## 7.1.3　组织设计的影响因素

面对日趋激烈的外部竞争环境和不确定的市场需求变化，任何组织都会觉察到管理日趋复杂和能力的有限，这就要求以系统和动态的观点来设计组织。管理学家认为，不同的组织受到不同的组织环境、组织战略、组织规模以及组织技术等方面的影响。

**（1）组织环境**

任何组织都存在于人类社会开放的大系统，组织的生存和发展都受到组织环境因素的直接影响。经济、技术、社会文化、政治、法律等因素，是组织都必须面对的一般环境因素。组织环境对组织结构的影响，主要体现在以下3个方面：

①组织结构的复杂程度与其环境的不确定性是成负相关的，组织环境的不确定性越大，其组织结构的复杂程度就越低。

②组织环境越平稳，组织结构的规范化程度就越高，因为平稳的环境不需要组织对其作出快速的反应。

③组织面临的环境越复杂，其组织结构就越趋于分权，因为在复杂的环境中，只有实行分权，使决策部门化，才能对环境作出灵活的反应；相反，在平稳和简单环境中的组织多会采用集权化的形式。此外，在一些复杂和变化频繁的环境条件下，组织也会采用集权方式来控制。

**（2）组织战略**

战略是决定和影响组织活动性质和根本方向的总目标以及实现这一总目标的路径和方法。对于现代组织来说，组织的战略目标也是组织设计和发展的基本依据。为了实现组织的战略目标，就需要设计出相应的行动流程，建立组织可利用资源的分配和再分配制度，根据变化着的需求、动荡的环境、新技术的发展、竞争对手的实力和行为，采取相应的行动方针和政策。组织需要根据战略目标设计系统结构，而战略目标的任何调整和转移，都会对组织结构产生很大的影响。一般地说，单一的战略要求与之相适应的组织结构也就比较简单；战略范围小，执行战略的组织结构的复杂程度和规范化程度较低。

### (3) 组织规模

组织规模对组织结构的影响是显而易见的。所谓组织规模，是指一个组织所拥有的人员数量以及这些人员之间的相互作用的关系。人员的数量在某种意义上对组织结构的影响是决定性的，一个三人小店与一个万人企业相比，组织结构的差别是巨大的。组织规模影响着组织的结构，而且在组织发展的不同阶段，组织规模的影响又有所不同。在组织成立初期，组织的规模对组织结构的影响是决定性的；相比之下，在组织规模达到一定程度时，在进一步扩大过程中，其影响则会小一些。一般来说，组织的人员数量越多，即组织的规模越大，组织的标准化程度和规章制度的健全程度也就越高，专业化分工的程度也就应该越细，分权化的程度也就应该越大。组织的规模与组织的专业化、规范化正相关，而与集权负相关。

### (4) 组织技术

组织技术是指组织能够把输入资源转化为产出的整个过程中的信息决策和沟通系统、机器设备、工艺及流程的总和。简单地说，组织技术就是组织把输入转化为产出的整个过程中的技术。组织技术对组织结构的影响是巨大的，最为明显的表现是，组织技术的复杂性在一定程度上决定了组织结构的复杂性。组织技术的复杂程度高，组织结构的纵向差异程度（即纵向管理层次）也就会增加，管理人员与具体的作业人员之间的比例也就会随之增加。然而，从另一个方面来看，组织技术的进步性却促使组织结构简单化，使组织的纵向层次减少。

## 7.2　组织设计模式的选择

管理学家哈罗德·孔茨认为，为了使人们能为实现目标而有效地工作，就必须设计和维持一种职务结构，这就是组织管理职能的目的。合理的组织结构是组织效率的保证，而合理的组织结构来源于对组织结构的精心设计。所谓组织结构设计，就是通过对组织资源的整合和优化，确立组织某一阶段的最合理的管控模式，实现组织资源价值最大化和组织绩效最大化。组织结构随着社会的发展而发展，对于任何一个组织而言，它采用何种结构完全取决于组织的实际情况，只要能有效实现其目标，运行顺利，这个组织结构就是成功的。

组织结构的形式多种多样，如直线制组织结构、职能制组织结构、直线职能制组织结构、事业部制组织结构、团队结构、矩阵制组织结构和动态网络制组织结构等，这些组织形式没有绝对的优劣势之分，管理者应根据实际情况选用其中最合适的组织结构形式。

### 7.2.1 直线制组织结构

直线制组织结构是最古老、最简单的一种组织结构形式。其主要特点是组织中各种职务按垂直系统直线排列，各级主管人员对所属下级拥有直接的领导职权，组织中每一个人只能向一个直接上级报告；组织中不设专门的职能机构，至多有几名助手协助最高层管理者工作（图7-1）。

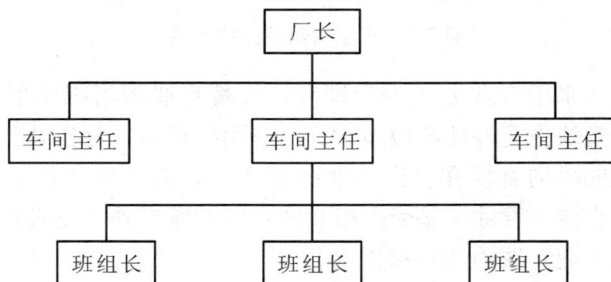

**图7-1 直线制组织结构示意**

直线制组织结构的优点是：结构比较简单、权力集中、权责分明、命令统一、沟通快捷、决策迅速、比较容易维护纪律和秩序。其缺点是：在组织规模较大的情况下，由于所有的管理职能都由一人承担，往往会因为个人的知识及能力有限而难以深入、细致、周到地考虑所有管理问题，因此管理就比较简单粗放；此外，组织中的成员只注意上情下达和下情上达，每个部门只关心本部门的工作，因而部门间的横向联系与协调比较差，难以在组织内部培养出全能型、熟悉组织情况的管理者。

一般地，这种组织结构形式只适用于没有必要按职能实行专业化管理的小型组织，或者是现场的作业管理。

### 7.2.2 职能制组织结构

职能制组织结构是一种通过对管理职能进行分类，根据不同的管理职能来设立一些相应的部门，共同承担管理工作的组织结构形式（图7-2）。

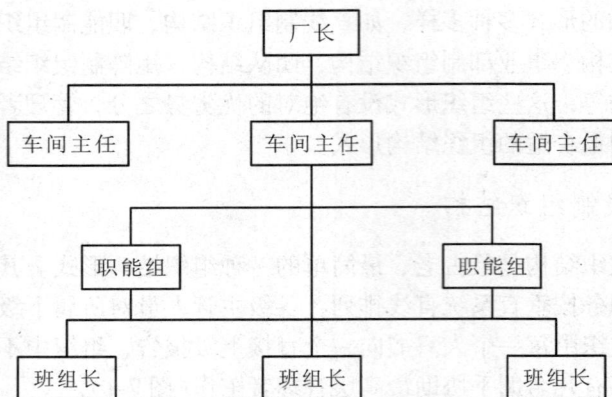

图 7-2　职能制组织结构示意

其特点是：采用专业分工的管理者，代替直线型组织中的全能型管理者。组织内除直线主管外还相应地设立一些组织机构，分担某些职能管理的业务。这些职能机构有权在自己的业务范围内，向下级单位下达命令和指示，因此下级直线主管除了接受上级直线主管的领导外，还必须接受上级各职能机构在其专业领域的领导和指示。

其优点是：能够适应现代组织技术比较复杂和管理分工较细的特点，能够发挥职能机构的专业管理作用，因而有可能发挥专家的作用，减轻上层主管人员的负担。其缺点比较明显，即这种结构形式妨碍了组织中必要的集中领导和统一指挥，形成了多头领导；各部门容易过分强调本部门的重要性而忽视与其他部门的配合，忽视组织的整体目标；不利于明确划分直线人员和职能科室的职责权限，容易造成管理混乱；加大了最高主管监督协调整个组织的要求。所以这种结构在现实中很少应用。

## 7.2.3　直线职能制组织结构

直线职能制组织结构是对职能制组织结构的改进，是以直线制组织为基础，在各级直线主管之下，设置相应的职能部门（图 7-3）。这种组织结构的最大特点是：直线部门和人员在自己的职责范围内有决定权，对其所属下级的工作进行指挥和命令，并负全部责任，而职能部门和人员仅是直线主管的参谋，只能对下级机构提供建议和业务指导，没有指挥和命令的权力。

这种组织形式的优点是：综合了直线制和职能制组织结构的优点，既保证了集中统一指挥，又能发挥各种专家业务管理的作用，其职能高度集中、职责清楚、秩序井然、工作效率较高，整个组织有较高的稳定性。其缺点是：下级部门主动性和积极性的发挥受到限制；各部门自成体系，不重视信息的横向沟通，工作容易重复；当职能参谋部门和直线部门之间目标不一致时，容易产生矛盾，致使上层主管的协调工作量增大；整个组织系统的适应性较差，缺乏弹性，对新情况不能及时作出反应；还会增加管理费用。

这种组织结构形式对中、小型组织比较适用，但对于规模较大、决策时需要考虑较多因素的组织，则不太适用。目前，我国很多企业采用这种组织结构。

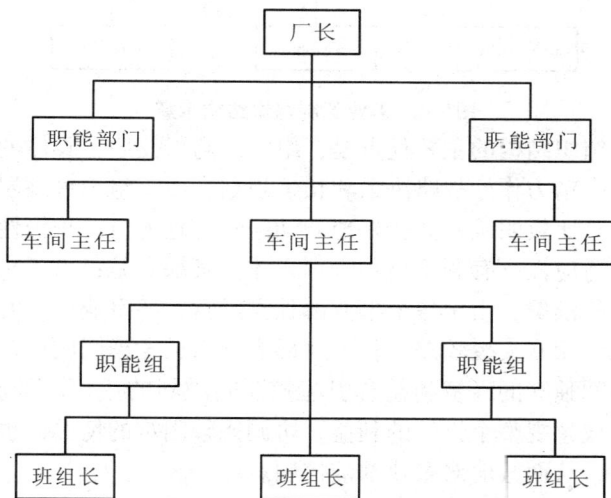

**图7-3 直线职能制组织结构示意**

## 7.2.4 事业部制组织结构

事业部制组织结构是20世纪20年代由美国通用汽车公司副总经理斯隆创立的，因此又称为"斯隆模型"，这是目前国内外大型企业普遍采用的一种组织形式。组织的最高层领导下设多个事业部，各事业部有各自独立的产品市场、独立责任和利益，实行独立核算的一种分权管理组织结构（图7-4）。同时，事关大政方针、长远目标以及一些全局性问题的重大决策集中在总部，以保证企业的统一性。这种组织结构形式最突出的特点是"集中决策，分散经营"，即组织最高层集中决策，事业部独立经营。这是在组织领导方式上由集权制向分权制转化的一种改革。

```
                    ┌─────────┐
                    │  董事会  │
                    └────┬────┘
                    ┌────┴────┐
                    │  总经理  │
                    └────┬────┘
        ┌───────────┬────┴──────┬───────────┐
   ┌────┴───┐  ┌────┴───┐  ┌────┴───┐  ┌────┴───┐
   │ 职能部门 │  │ 职能部门 │  │ 职能部门 │  │ 职能部门 │
   └────────┘  └───┬────┘  └────┬───┘  └────────┘
            ┌──────┴─────┬──────┴──────┐
       ┌────┴────┐  ┌────┴────┐  ┌─────┴────┐
       │ 事业部A  │  │ 事业部B  │  │ 事业部C   │
       └─────────┘  └─────────┘  └──────────┘
```

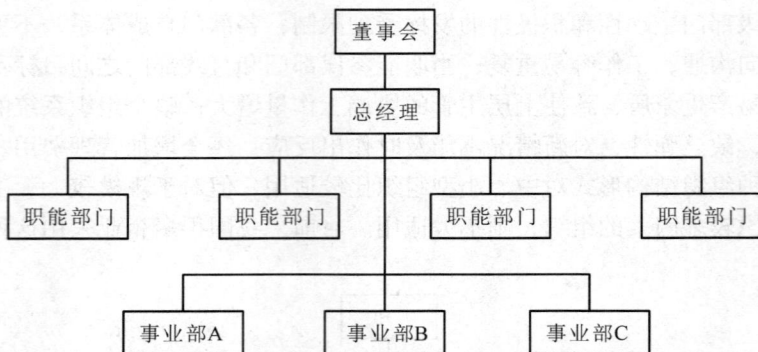

**图 7-4 事业部制组织结构示意**

事业部制组织结构的主要优点是：组织最高层摆脱了具体的日常管理事务，有利于集中精力作好战略决策和长远规划；由于组织最高层与事业部的责、权、利划分比较明确，能较好地调动经营管理人员的积极性，提高了管理的灵活性和适应性，有利于培养管理人才。其缺点是：由于机构重复，造成了管理人员的浪费；由于各个事业部独立经营，各事业部之间要进行人员互换比较困难，相互支援较差；各事业部主管人员考虑问题往往从本部门出发，各事业部间独立的经济利益会引起相互间激烈的竞争，可能发生内耗；由于分权易造成忽视整个组织的利益、协调比较困难的情况，也可能出现架空领导的现象，从而减弱对事业部的控制。

## 7.2.5 团队结构

团队是由不同背景、不同技能及不同知识的人员所组成的，他们来自组织中的不同部门，为某一特殊的任务组成团队工作。团队结构是指团队成员的组成成分，是团队协调、协作、协同工作的基础。其特点是打破部门界限，并把决策权下放到团队成员，要求成员既全又专，团队负责活动的全部责任。团队组织适合于组织中具有特定的期限和工作绩效标准的某些重要任务，或者任务是独特、不常见的，需要跨职能界限的专门技能；团队作为对官僚结构的补充，既提高了标准化的效率，又增强了灵活性，是一种自我管理的团队。

团队以特定的任务为使命，如产品开发等。团队组织可能是长期的，也可能是临时的，任务变了，团队的成员随之发生变动。

## 7.2.6 矩阵制组织结构

矩阵制组织结构是把按职能划分的部门和按产品划分的部门结合起来组成一个矩阵，使同一个员工既同原职能部门保持组织与业务的联系，又参加产品或项目小组的工作。矩阵制结构是在直线职能制的基础上，再增加一种横向的领导关系(图7-5)。为了保证完成一定的管理目标，每个项目小组都设负责人，在组织最高主管直接领导下进行工作。这种组织结构的特点是打破了传统的一个员工只有一个上司的命令统一原则，使一个员工属于两个甚至两个以上的部门。矩阵制组织结构又称为非长期固定性组织，它是为完成某一项目，由各职能部门抽调人员组成项目经理部，该项目经理部包括项目所必需的各类专业人员。当项目完成后，各类人员另派工作，此项目经理部即不复存在。一般适用于外部环境变化剧烈，组织需要处理大量信息，分享组织资源要求特别迫切的情况。

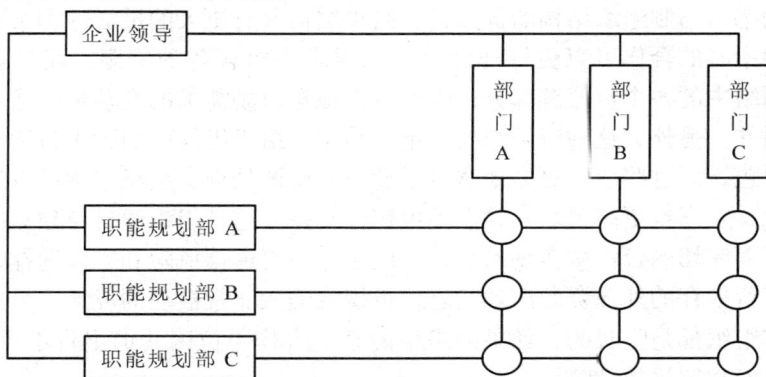

**图7-5 矩阵制组织结构示意**

矩阵制组织结构的优点是：机构设置和人员安排机动灵活，适应性强；能克服职能部门相互脱节、各自为政的现象；专业人员和专用设备能够得到充分利用；各行各业人员为了一个目标在一个组织内共同工作可以互相启发、相互帮助、相得益彰，有利于人才的培养，实现了集权与分权优势的结合。其缺点是：由于这种组织形式是实行纵向、横向联合的双重领导，如处理不当，会由于意见分歧而在工作中造成冲突和相互推委；组织关系较复杂，对项目负责人的要求较高。

### 7.2.7 动态网络制组织结构

动态网络制组织结构是组织基于信息技术的日新月异及激烈的市场竞争而发展起来的一种临时性组织，通过市场的组合方式替代了传统的纵向层级组织，实现了组织内核心优势与市场外部资源优势的动态结合。由于网络结构中的各个工作单元都是一个权力中心，因此可以及时进行应对市场变化的调整，并且由于每个工作单元都与其他单元保持广泛的联系，从而不仅促进了知识与经验的交流，也使得各单元的适应性调整有充分的知识和信息的基础(图7-6)。

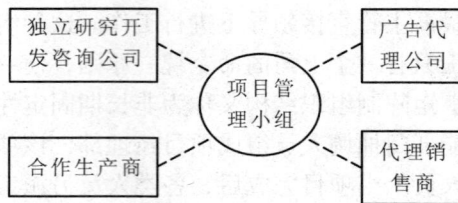

图7-6 动态网络制组织结构示意

动态网络制组织结构的优点是：组织结构具有更大的灵活性和柔性，以项目为中心的合作可以更好地结合市场需求来整合各种资源，而且容易操作，网络中的各个价值链部分也随时可以根据市场需求的变动情况增加、调整或撤并；另外，这种组织结构简单、精练。由于组织中的大多数活动都实行了外包，而这些活动更多地靠电子商务来协调处理，组织结构可以进一步扁平化，效率也更高了。其缺点是可控性较差。这种组织通过与独立的供应商广泛而密切的合作来实现的目标，由于存在着道德风险和逆向选择性，一旦组织所依存的外部资源出现问题，组织将陷入非常被动的境地。另外，外部合作组织都是临时的，如果网络中的某一合作单位因故退出且不可替代，组织将面临解体的危险。

## 7.3 职权分配与职权关系

### 7.3.1 组织职权

组织职权是组织各部门、各职位在职责范围内决定事务、支配和影响他人或集体行为的权力，是授予人们根据其判断做出决策和发布指示的一种自由处置权。职权从根本上是由管理职位来决定的。这就意味着职权并不是取决于管理者的个人因素或被管理者的因素，但职权行使的效果依赖管理者的素质、被管理者的态度和能力等。

组织职权的特点主要表现在：①组织职权是一种制度化了的权力，是建立在法律基础上的。②职权与相应的职责和义务是对等的。③职权具有强制性，赋予管理者通过他人来实现组织目标的权力。这些特征是职权有效行使的保证。

企业组织职权从层次上可以划分为直线职权、参谋职权、职能职权3种类型。

**（1）直线职权**

直线职权是直线人员所拥有的包括发布命令及执行决策等的权力，即常所说的指挥权。直线主管指导、监督、指挥、管理下属的人员。每个管理层的主管人员都具有这种职权，只不过每个管理层次的功能不同，其职权的大小及范围各有不同而已。如厂长对车间主任拥有直线职权，车间主任对班组长拥有直线权。这样，从组织的上层到下层的主管人员之间，便形成一条权力线；这条权力线被称为指挥链或指挥系统。在这条权力线中，职权的指向由上而下。由于在指挥链中存在着不同管理层次的直线职权，故指挥链又叫层次链，如图7-7所示。

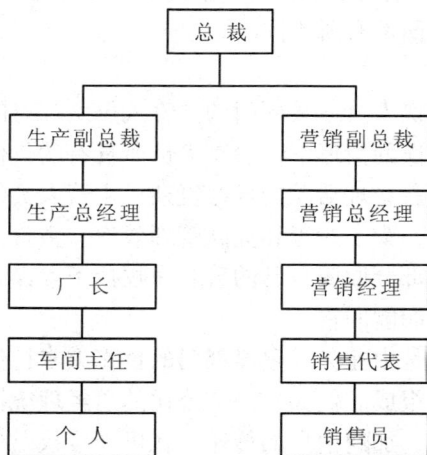

**图7-7 直线职权示意**

在这个指挥链的权力线中，职权管理必须遵循两条原则。

①分级原则 每一层次的直线职权应分明，这样才有利于执行决策和信息沟通。超越层次，下级人员就会失去积极性、主动性，不利于工作的执行。

②职权等级原则 作为下层管理人员来讲，应该在自己职权范围内作出决策，只有当问题的解决超越自身职权界限时，才可提给上级。相反，惧怕担当风险的主管人员或才能平庸的主管人员，常常把一切问题上交，仅仅起"交换台"的作用。这样，一方面会造成上级忙于处理具体事务；另一方面，自己则失去指挥功能。

**（2）参谋职权**

参谋职权是指向直线管理者提供建议和服务的个人或团体所拥有的职权，是某个职位或部门所拥有的辅助性权力，包括提供咨询、建议等。在现代企业管理中，顾问等是参谋职权。

专业参谋常作为一个独立的组织或者部门。专业参谋部门聚集了拥有专业知识的专家，运用集体智慧来协助管理人做出较优决策。

参谋和直线之间的界限是模糊的。作为一个主管人员，他既可以是直线人员，也可以是参谋人员，这取决于他所起的作用及行使的职权。当处在自己所领导的部门中时，他行使直线职权，是直线人员；而同上级打交道或同其他部门发生联系时，他又成为参谋人员。参谋是为直线主管提供信息、出谋划策、配合主管工作的。发挥参谋作用时，参谋应独立提出建议，直线主管不为参谋左右，即直线职权与参谋职权是主导—从属关系。

直线职权和参谋职权是正式组织中的不同的职权。在职位、职务、职责、权力、利益诸方面都有所不同。

**（3）职能职权**

职能职权是指参谋人员或某部门的主管人员所拥有的原属直线主管的那部分权力。在纯粹参谋的情形下，参谋人员所具有的仅仅是辅助性职权，并无指挥权。但是，随着管理活动的日益复杂，主管人员仅依靠参谋的建议还很难做出最后的决定，为了改善和提高管理效率，主管人员就可能将职权关系作某些变动，把一部分原属自己的直线职权授予参谋人员或某个部门的主管人员，这便产生了职能职权。

职能职权大部分是由业务或参谋部门的负责人来行使的，这些部门一般由一些职能管理专家组成。例如，一个公司的总经理统揽全局管理公司的职权，他为了节约时间，加速信息的传递，就可能授权财务部门直接向生产经营部门的负责人传达关于财务方面的信息和建议，也可能授予人事、采购、公共关系等顾问一定的职权，让其直接向直线组织发布指示等。由此可见，职能职权是组织职权的一个特例，可以认为它介于直线职权和参谋职权之间，如图7-8所示。

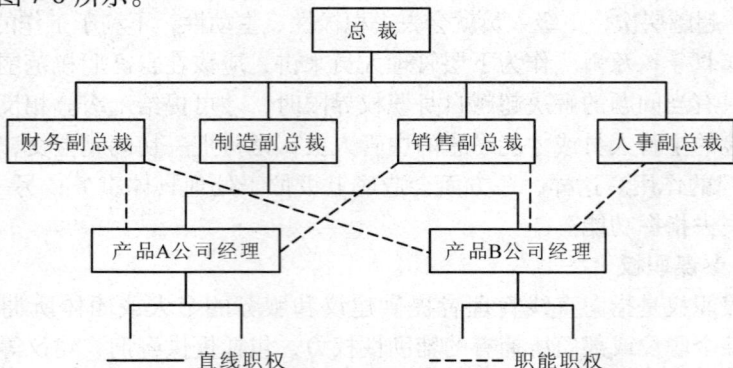

**图7-8　职能职权示意**

## 7.3.2 集权与分权

### (1)集权

集权是指决策权在组织中较高层次的一定程度的集中。绝对的集权意味着组织中的全部权力集中在一个主管手中，组织活动的所有决策均由主管作出，主管直接面对所有的实施执行者，没有任何中间管理人员，没有任何中层管理层。

组织中几乎普遍存在一种集权倾向。集权倾向主要与组织的历史和领导的个性有关，但有时也可能是为了追求行政上的效率。首先，如果组织是在自身较小规模的基础上逐渐发展起来的，发展过程中也无其他组织加入，那么集权倾向可能更为明显。因为组织的规模较小时，大部分决策都是由最高主管直接制订和组织实施的。决策权的使用可能成为习惯，一旦失去这些权力，主管便可能产生失去了对"自己的组织"的控制的感觉。因此，即使事业不断发展，规模不断扩大，最高主管或最高管理层仍然愿意保留着不应集中的大部分权力。其次，个性较强和自信的领导往往喜欢所辖部门完全按照自己的意志来运行，而集中控制权力则是保证个人意志绝对被服从的先决条件。集权体制下，决策的制订可能是一个缓慢的过程，但任何问题一经决策，便可借助高度集中的行政指挥体系，使各个层次迅速组织实施。

集权的优点主要包括：第一，它具有对组织的绝对控制权，确保坚持既定政策。第二，它方便管理，易于分辨每一职能的重点。第三，有可能在整个组织中拥有通用的标准，如薪水和工资级别可以标准化，顾客关系方面的政策、信用的提供以及其他类似的事情都可以在组织内保持一致。第四，有可能雇用一批十分称职的职能型专家。由于工作负担繁重，集权制能够使他们把注意力全部放在其专业领域上。第五，集权所产生的管理工作量使采用价格不菲的机器进行管理成为合理的事，降低了工资单处理、会计和存货控制等领域的成本。

其缺点主要包括：第一，控制可能会变为独裁式的，而且缺乏灵活性，降低组织的适应能力。第二，当员工，特别是管理者无法自行斟酌决定而必须按照僵硬的规定办事时，可能导致挫折感。第三，可能采用一些官僚性控制手段，降低组织的运行效率。第四，管理者可能不认为自己是独立的决策者而自视为接受命令的下级，从而降低组织成员的工作热情，使组织的发展失去基础。第五，大规模组织的主管远离基层，基层发生的问题经过层层请示汇报后再作决策，不仅影响决策的正确性，而且影响决策的及时性，降低决策的质量。

**（2）分权**

分权是指决策权在组织系统中较低管理层次的分散程度。其特点是：中下层有较多的决策权；上级的控制较少；在统一规划下可以自主经营；实行独立核算。

分权的影响因素主要表现在以下方面：

①决策的代价　一般来说，从经济标准和其他无形标准来衡量代价越高的决策，越不适宜交给下层决策者。重大决策也不宜分权。

②政策统一性的要求和现代控制手段的使用情况　组织内部执行同一政策，集权的程度就会较高；如果组织内部具备良好的控制手段，企业就可以进一步分权。

③组织的规模和空间分布广度　组织的规模大，决策数量多，协调、沟通及控制不易，则宜于分权；相反，组织规模小，决策数量少，分散程度较低，则宜于集权。

④组织的历史　若组织是由小到大扩展而来的，则集权程度较高；若组织是经联合或合并而来的，则分权程度较高。

⑤人员数量与素质　如果人员数量充足，经历丰富，训练有素，管理能力较强，则可较多地分权；反之则趋向于集权。

⑥组织所处的成长周期　在组织成长的初始阶段，为了有效地管理和控制组织的运行，会倾向于集权；随着组织的成长，组织规模的扩大，管理的复杂程度增加，组织分权的压力较大。

⑦外部环境的影响　客观地看，决定分权程度的因素大部分属于组织内部的，但影响分权程度的还包括政治、经济因素等，这些外部因素不确定时，常促使组织集权。另外，困难时期和竞争加剧，也会助长企业走向集权。

## 7.3.3　授权

授权是组织运作的关键，是以人为对象，将完成某项工作所必需的权力授给部属人员，即主管将处理用人、用钱、做事、交涉、协调等决策权移转给部属，不只授予权力，还托付完成该项工作的必要责任。

组织中的不同层级有不同的职权，权限会在不同的层级间流动，因而产生授权的问题。授权是管理者的重要任务之一。有效的授权是一项重要的管理技巧。

授权的必要性具体表现在以下方面：

**(1)授权的必要性**

①授权是完成目标责任的基础。权力跟随着责任者，用权是尽责的需要，权责对应或权责统一，才能保证责任者有效地实现目标。

②授权是调动部属积极性的需要。目标管理对人的激励，是通过激发人员的动机，将人们的行为引向目标来是实现的。目标是激发这种动机的诱因，而权力是条件。

③授权是提高部属能力的途径。目标管理是一种能力开发体制，主要是通过目标管理过程中的自我控制、自主管理实现的。为了实行自我控制与自我管理，目标责任者必须有一定的自主权，这将促使目标责任者对全盘工作进行总体规划，改变靠上级指令行事的局面，有利于能力发挥并不断提高。

④授权是增强应变能力的条件。现代管理环境多变，要求管理组织系统要有很强的适应性和应变能力。而实现这一点的重要条件就是各级管理者手中要有自主权。

**(2)授权的程序**

授权的程序包括：与部属事前讨论组织的目的、目标、工作标准及工作责任；明确制订部属及组织中其他经理人的工作责任，并不时地讨论及检查控制；规定部属向上级报告的次数；部属若遇不能处理的问题时，应请求上级给予协助；奖励与惩罚等。

**(3)授权的原则**

①相近原则　包括两层意思：给下级直接授权，不要越级授权。应把权力授予最接近做出目标决策和执行的人员，使其一旦发生问题，可立即做出反应。

②授要原则　指授给下级的权力应该是下级在实现目标中最需要的、比较重要的权力，能够解决实质性问题。

③明责授权　授权要以责任为前提，授权同时要明确其职责，使下级明确自己的责任范围和权限范围。

④动态原则　应该针对下级的不同环境条件、不同的目标责任及不同的时间，授予不同的权力。

授权是一种行使职权的艺术。对于管理者来讲，如果过分授权，就等于放弃权力；如果授权不足，管理者仍会被杂乱事物所困扰，下级就会事事谨慎，样样请示，事事报告。管理者要掌握和运用一些基本的授权技巧：明确权、责范围；授权的责任要适度；授权而不放任；只能对直接下属授权，绝对不能越级授权。

# 7.4 组织变革

组织变革(organizational change)是指运用行为科学和相关管理方法,对组织的权利结构、组织规模、沟通渠道、角色设定、组织与其他组织之间的关系,以及对组织成员的观念、态度和行为,成员之间的合作精神等进行有目的的、系统的调整和革新,以适应组织所处的内外环境、技术特征和组织任务等方面的变化,提高组织效能。组织的发展离不开组织变革,内外部环境的变化,组织资源的不断整合与变动,都给组织带来了机遇与挑战,这就要求组织关注组织变革。

## 7.4.1 组织变革的动因

组织变革的动因来自外部和内部环境的变化。

**(1)组织变革的外部动因**

①顾客  随着社会的发展,顾客变得逐渐成熟,进而对产品和服务的要求也不断提高,要在激烈的竞争环境下生存,企业就要研究顾客的变化,不断提高顾客的满意度,建立起以顾客为导向的组织结构和工作流程。

②资源供应者  任何企业都不是孤立存在的,企业的经营离不开资金资源、原材料资源、人力资源、信息资讯等基本资源要素,企业的生产经营活动必须得到资源供应者的有效协助才能顺利开展。

③竞争者  企业从创建就意味着必须要面对竞争,竞争环境的变化,主要竞争者的战略调整,竞争的举动等都要引起企业的重视。为了在竞争中求得胜利,企业很可能通过组织变革来应对挑战。

④技术  科学进步引起产品升级换代,技术革新导致产业结构变化,这就要求企业必须做出相应的组织调整。

⑤政府及其他社会利益代表  由政府、行业协会等组织出台的一些新法规、新政策,会直接导致企业进行组织调整。

**(2)组织变革的内部动因**

①员工素质和组织文化  如企业员工结构改变,员工素质及理念的改变,人员数量、规模的增减等都会是企业组织变革的内在动因。

②决策层的变化  如推行现代企业制度的法人治理结构,决策层的人事变动及企业股权结构的变更而导致的管理方式的改变,新的决策者为了实现自己的利益,势必会对组织进行调整。

③信息技术在管理中的应用和升级  为了适应信息技术在企业管理中的

应用和升级，企业必须调整组织结构，优化业务处理流程。

④战略需求　企业战略调整和新战略目标的实现，都需要有与之相适应的组织结构，即战略决定结构。

⑤企业自身成长的需要　根据企业生命周期理论，企业在创建后，由于外部及本身的原因，必然要争取成长壮大，企业成长的过程就是企业生命周期的变迁过程，企业处在不同的生命周期，需要不同的组织结构与之相适应。

## 7.4.2　组织生命周期理论

管理界普遍认为，组织像任何有机体一样存在生命周期。1972 年，格林纳（Greiner）提出了组织成长与发展的五阶段模型。他认为，一个组织的成长大致可以分为创业、聚合、规范化、成熟、再发展或衰退 5 个阶段。每个阶段的组织结构、领导方式、管理体制、员工心态都有其特点，必须有不同的组织战略和组织结构与之相适应。每一阶段最后都面临某种危机和管理问题，都要采用一定的管理策略解决这些危机以达到成长的目的。

**（1）创业阶段**

这是组织的诞生初期。此阶段其特点是：人员少、机构简单，业务量有限，认识统一；权力集中，组织的生存、发展取决于创业者的个人智慧和能力。这是组织的幼年期，规模小，人心齐，关系简单，一切由创业者决策指挥。创业者一般业务很熟练，能力很强，通过艰苦创业，组织规模得以扩大，业务量增加，组织关系趋于复杂。但到了这个阶段的后期，依靠领导者个人的智慧和能力越来越不能有效解决组织面临的问题。因此，创业阶段后期，组织内管理问题频发，领导者无能为力，组织陷于"领导危机"，将引发第一次组织变革。

**（2）聚合阶段**

这是组织的青年时期。此阶段具有 3 个明显的特点：一是组织发展迅速，成效显著。组织规模扩大，员工数量增加，且归属感强烈、生产积极性高，产值、利润提高，组织影响力扩大。二是创业者通过实践磨炼和经验积累成为了有效的管理者，或组织引进了专门的管理人才，管理水平得以提高。三是为适应组织规模扩大，公司确定新的组织目标和组织发展战略，以集权管理方式保证组织目标和组织发展战略的实现，组织规模继续扩大，集权的管理方式受到挑战。这时，中下层的管理人员因长期无决策权和自主权，产生不满情绪，而高层管理者已习惯于强制推行政令的集权管理方式，组织内上下之间的矛盾不可避免，组织陷于"自主性危机"。

**（3）规范化阶段**

这是组织的中年期。此阶段组织已经具有相当规模，基本形成了稳定格局。为了使组织继续成长，克服"自主性危机"，保持组织的稳定并持续发展，采取分权式的组织结构，使各级管理者拥有较大的决策权。但到了此阶段后期，由于管理权力过于分散，组织各层次、部门各自为政，本位主义盛行，损害了组织的完整性和统一性，危及组织目标及组织整体战略，使组织陷于"失控危机"。

**（4）成熟阶段**

此阶段组织为了防止控制性危机，保证政令统一、步调一致、有令必行、有禁必止、强化合作协调关系，将许多原属于中层和基层的管理决策权重新收归最高决策层，出现了新的集权趋势。该阶段后期，随着职能部门的增多，关系的复杂化，组织机构臃肿、人浮于事、教条主义、官僚主义盛行，在某种程度上降低了组织的运行效率和灵活性，由此便产生了"官僚主义危机"和"硬化危机"。

**（5）衰退阶段**

此阶段已处于中年后期并逐渐进入老年期。面对"官僚主义危机"和"硬化危机"，最高领导层的认识、态度以及由此采取的应对措施会决定组织的生死存亡。为克服教条主义，确保组织的活力与生机，一方面，必须强化组织成员的团队意识，培养他们的合作精神，探索形成有效的协作机制，为此，文化建设便成为组织面临的重要课题；另一方面，组织应采取系统的变革措施，如精简机构、分流人员、完善制度、明确责任、实施更有效的激励等。

组织生命周期理论的启示是：任何组织都有自身的发展阶段，每个阶段都面临着不同的矛盾或危机，只有采取有效的化解矛盾、克服危机的策略，才能获得进一步发展的机会，否则便会夭折、衰退。

## 7.4.3　组织变革方式与过程

**（1）组织变革的方式**

组织变革的方式主要包括组织结构变革、技术变革、人的变革、产品与服务的变革、文化变革。

①组织结构变革　每个组织都具有工作专门化、部门化、指挥链、管理幅度、集权与分权、正规化 6 个维度，管理者可以对这些结构要素的一个或多个进行变革。这种变革相对容易，效果也比较明显。

②技术变革　是指组织业务过程的变革，包括其保证差异化竞争的知识

库、技能库等的变革，其目的是提高业务的工作效率和质量。对于企业来说，技术变革涉及产品或服务的制造技术，包括工作方法、设备和工作过程等。

③人的变革　是指通过改变员工的态度、期望、认知和行为而进行改革。人是组织中最宝贵的资源，是实现组织所有变革的基础，此类变革侧重于改变人员以及人际关系、工作关系来进行变革。

④产品与服务的变革　是指变革一个组织输出的产品或服务。新产品包括对现有产品的小调整或全新的产品。开发新产品的目标通常是提高市场份额或开发新市场、新顾客等。

⑤文化变革　是指价值、态度、信念、能力、员工行为的改变。文化变革涉及员工思考方式的改变，这更是一种头脑中的变革，难度最大，但效果最好、最持久。

**（2）组织变革的目标**

总的来看，组织变革的目标应包括 3 个方面：使组织更具环境适应性；使管理者更具环境适应性；使员工更具环境适应性。

**（3）组织变革的模式**

一般认为，企业要么实施变革，要么灭亡。然而事实并非总是如此，有些企业进行了变革，反而加快了灭亡。这就涉及组织变革模式的选择问题。

①激进式变革　激进式变革力求在短时间内，对企业组织进行大幅度的全面调整，以求彻底打破初态组织模式并迅速建立目的态组织模式。

激进式变革能够以较快的速度达到目的态，因为这种变革模式对组织进行的调整是大幅度的、全面的，所以变革过程较快；与此同时，这种变革会导致组织的平稳性差，严重时会导致组织崩溃。此类变革如能成功，其成果具有彻底性。在这个过程中，关键是建立新的经营目标、新的市场定位、新的激励约束机制等。如果打破原有组织的稳定性后，不能尽快产生新的吸引力，那么组织将陷于混乱，甚至毁灭。而且应当意识到，变革只是手段，提高组织效能才是目的。如果为了变革而变革，那么会影响组织功能的正常发挥。

②渐进式变革　渐进式变革则是通过局部的修补和调整来实现。这种方式的变革对组织产生的震动较小，而且可以经常性地、局部地进行调整，直至达到目的态。这种变革方式的不利之处在于容易产生路径依赖，导致组织长期不能摆脱旧机制的束缚。

对于两种典型模式，企业在实践中应当加以综合利用。在企业内外部环境发生重大变化时，企业有必要采取激进式组织变革以适应环境的变化，但是激进式变革不宜过于频繁，否则会影响企业组织的稳定性，甚至导致组织的毁灭；因而在两次激进式变革之间，在更长的时间里，组织应当进行渐进式变革。

**（4）组织变革的过程**

为使组织变革顺利进行，并达到预期效果，必须对组织变革的过程有一个全面的认识，并按照科学程序组织实施。

组织变革过程包括解冻—变革—再冻结 3 个阶段：

①解冻阶段　这是变革过程中的心理准备阶段。组织在解冻期的主要任务是改变员工原有的观念和态度，通过积极的引导，激励员工更新观念，接受变革并参与其中。

②变革阶段　这是变革过程中的行为转换阶段。进入此阶段，组织已经对变革做好了充分准备，变革措施就此开始。要把激发起来的变革热情转换为变革行为，其关键是运用有效的策略和技巧减少对变革的抵制，进一步调动员工参与变革的积极性，使变革成为全体员工的共同目标。

③再冻结阶段　这是变革过程中的行为强化阶段。这一阶段的主要目的是通过对变革驱动力和约束力的平衡，使新的组织整体保持相对稳定。由于人们的传统习惯、价值观念、行为模式和心理特征等是在长期的社会生活中逐渐形成的，并非一次变革所能彻底改变的，在改革措施顺利实施后，还应对员工的心理状态、行为规范和行为方式等进行不断地巩固和强化，否则，会使改革效果荡然无存。

**（5）组织变革的步骤**

①通过组织诊断，发现变革征兆。在组织诊断过程中，要确定组织所处的生命周期阶段，大量搜集组织的外部环境、内部条件、发展趋势等方面的信息资料，通过对组织的现状与期望的状态进行对比分析，探明组织的问题，发现差距，明确变革的紧迫性。当问题确定后，组织可采取一些专门方法来进行诊断。

②分析变革因素，选择变革方法。依据组织诊断的结论，管理者应先制订变革目标，然后确定变革突破口和重点，选择合适的变革方法，根据组织的实际情况，寻求变革效果的迅速性和持久性的平衡。

③制订变革方案，实施变革计划。选择了变革方式和方法后，就要制订变革方案。变革方案包括变革目标、组织存在的问题及根源、变革方式、变革步骤、详细的实施时间表。在制订方案过程中，应先分析制约因素和前提条件，制订抵御风险和阻力的方法和步骤，同时，要考虑变革的必要性和成本，选择好变革的时机。

④评价变革效果，及时进行反馈。在实施变革方案的过程中和实施后，都必须及时对实施结果和效率进行反馈，如不能很好地与实际结合，则要酌情调整。

## 7.4.4 组织变革的阻力与克服措施

**(1)组织变革的阻力**

任何变革都会遇到来自各种变革对象的阻力和反抗，究其原因有传统价值观念和组织惯性，也有来自对变革不确定后果的担忧，但集中表现在以下两个方面：

①个人阻力 主要包括利益上的影响和心理上的影响。

②团体阻力 主要包括组织结构变动的影响、人际关系调整的影响等。

**(2)克服组织变革阻力的措施**

为确保组织变革顺利进行，要客观分析变革阻力的强弱，并采取一些具体管理措施。

①教育 注意在变革以前作好思想教育和宣传工作，经过充分的讨论和沟通，使干部、职工认识组织发展和变革的基本目标和需要，做好心理准备。

②参与 让职工群众有机会参与组织发展计划的制订和实施，使他们对变革有发言权。

③促进与支持 应该在变革的各个阶段，因人而异地给干部、工人以心理上的支持和技能上的培训。

④奖惩 要及时对先进单位和个人给予奖励，对阻碍变革的部门或个人做出批评和调整，形成积极向上、勇于变革的气氛。

⑤利用群体动力 组织发展和变革是整个群体和组织的共同任务，积极地利用群体动力，有利于克服组织发展和变革中可能出现的阻力。

◢ **思考题**

1. 如何理解组织的内涵？
2. 组织设计应遵循哪些原则？影响因素包括哪些？
3. 请结合企业实践，具体分析组织设计的各种模式。
4. 企业组织职权从层次上可以分为哪些类型？
5. 授权时应遵循哪些原则？
6. 组织变革的动因主要来自哪些方面？
7. 一个组织的成长主要经过哪几个阶段？
8. 克服组织变革阻力应采取哪些措施？

## ▲案例

# 碧锐公司组织行为管理变革

### 一、公司背景介绍

美国碧锐公司是世界上著名的高科技电子信息公司之一，成立于 1990 年，迄今为止已在世界上 54 个国家设有 200 家子公司，全球共有员工 117 000 多名，产品和服务畅销全球 178 个国家。碧锐公司是世界 500 强企业之一，2002 年被《财富》杂志评为全美最受称赞公司第五名。

作为一家跨国企业，碧锐的组织结构从公司成立至今一直随着业务和环境的变化而不断调整着。在美国经济大萧条时期，碧锐公司就因为及时削减部门及一系列组织变革而成功度过了当时的困难时期。而今，在全球知识经济化的趋势下，信息技术日新月异，信息成了各大公司生存的重要资源，信息的管理也因而变得至关重要。因此，1992 年，碧锐公司在美国的总公司设立了数据库管理部门，之后扩展到下属的各个分公司。至 1995 年，碧锐公司在亚太地区中，每家分公司都有各自的数据库管理部门，同时，设有负责整个亚太区信息管理的数据库管理部门。

### 二、公司的第一次组织变革

碧锐公司在亚太地区的 17 个国家设有分公司或办事处，每个分公司都有自己的数据库管理部，负责各个分公司的数据库系统的建设与维护，数据库管理部人员隶属于各个分公司。各分公司的数据库管理部经理或总监向各自分公司的总经理汇报工作情况，同时向亚太地区数据库管理副总裁汇报。数据库系统的发展策略则由亚太地区数据库管理部制订，平时日常事务由各个分公司自行决定，这样的组织结构使得亚太地区数据库管理部对分公司的数据库管理部约束力不大，会导致如下问题：①数据库管理成本高；②随着业务的扩张，数据库管理人员忙于开发自己的系统，企业资源规划系统各不相同。由此导致各个分公司数据定义和格式不一致，在报表整合上费时费力，且准确率低。

为解决这些问题，碧锐公司亚太地区在 2001 年年初界定实行统一的企业资源规划系统，取得明显的成效。原来需要一个星期才能完成的每月财务月结算工作现在只需要三天，管理层可随时查看到各种报表，准确性也大大提高。但是，各数据库管理部由原来的系统管理管理员变为如今的普通用户，业务部门的问题直接提交给亚太地区的项目实施小组处理解决，各个分公司的数据部员工都产生了边缘化的感觉，造成了骨干人员流失的现象。同时，由于各个分公司的业务情况复杂，亚太地区项目实施小组每天需面对各个分公司的用户提交上来的十几个甚至上百个问题而疲于应付，问题解决效率越来越低，客户满意度大为下降。

### 三、公司的第二次组织变革

为解决以上问题，碧锐公司亚太地区在 2003 年 4 月，成立了统一管理数据的亚太地区数据库管理部，各个分公司的数据库管理部从原来隶属的分公司剥离出来，各个分公司的数据库管理部经理或总监向亚太地区数据库管理副总裁汇报，成为其垂直管理的一个部门。同时还采取了以下措施：①对现有的人员按工作范围和特长分成几个跨国家或地区的小组；②加强对各个分公司信息管理人员的培训，帮助他们对新系统的了解，在最终用户与亚太地区项目实施小组间充当桥梁；③加强对各个分公司的数据库系统的统一管理；④根据每个数据库管理人员的兴趣特长制订个人发展计划，定期回顾分析，使每个员工有一个看得见的职业发展目标，以留住人才。

通过以上措施，整合亚太地区的数据管理部取得了很好的成绩。需要改进的地方还有：①管理成本高；②提高服务质量，随着系统的稳定开发与应用，在数据库管理部产生了变革动力不足、墨守成规、人浮于事的问题；③还存在技术创新不足等问题。

四、公司的第三次组织变革

面对这些问题，碧锐公司亚太地区的数据库管理部于 2003 年年底作出了一个大胆的决定，将数据库管理部的部分业务外包。

整个亚太地区的管理岗位可分为 3 类：系统日常维护，项目开发与管理，业务系统专家。亚太地区数据库管理部管理层经过仔细分析和充分考虑，决定把系统日常维护业务外包给一家 IT 公司——帕克森公司，这是一家以集成外包业务而著名的公司。

但是，业务外包使得碧锐公司面临这样一个困境：碧锐公司的企业文化清楚地表明了碧锐公司的经营哲学，即企业不只是为自身的利益而存在，公司要承担对客户、员工、社会及股东的责任。碧锐公司的信条得到了公众的广泛关注和赞扬。碧锐公司的企业文化是基于公司信条发展而来的。它要对客户、员工、社会、股东负责。而外包必然会有部分员工失去工作岗位，特别是系统日常维护人员。并且，企业文化在交接方面出现了一些问题。

2001—2004 年的四年中，碧锐公司亚太地区数据库管理部作为在信息时代日益重要的部门进行了三次重大组织变革，并取得了良好的效益。而变革仍在继续，现在，碧锐公司全球的数据库管理部又在酝酿新一轮的系统整合和组织变革，期待能带来更高的效率和更低的成本，取得更大的成功。

（引自刘燕，组织行为学案例集，2006）

问题：

（1）在不同的环境下，组织的目标和业务也会随之改变，对此会产生各种力量推动组织变革。在本案例中，组织变革的动力因素有哪些？

（2）组织变革并不是一蹴而就的，期间必然会遇到各种各样的阻力，碧锐公司在组织变革中遇到了哪些阻力？它是如何克服各种阻力推动组织变革的？

▲ 阅读指引

1. 组织理论与设计．理查德·L·达夫特．清华大学出版社，2008.

2. 组织设计与职位管理．朱勇国．首都经济贸易大学出版社，2010.

3. 管理学通论．张中华．北京大学出版社，2008.

# 第 8 章 人力资源管理

**本章提要**

本章主要介绍了人力资源的概念和特征，人力资源管理的概念、特点、内容和意义，以及我国人力资源管理的发展阶段及面临的挑战。

**学习目标**

了解人力资源管理及中国企业人力资源管理的发展过程；理解人力资源管理的意义，人力资源管理与传统人事管理的区别；掌握人力资源和人力资源管理的概念与特点，人力资源管理的基本功能。

人力资源管理是管理理论的重要组成部分，是一门广泛吸收多学科知识的边缘科学，具有很强的实践性和应用性。自 20 世纪 80 年代传入中国以来，逐步受到人们的重视。

## 8.1 人力资源与人力资源管理

### 8.1.1 人力资源概述

#### (1) 人力资源的概念

不同学者从不同角度对人力资源的概念进行界定，往往呈现出较大的差异：

● 彼得·德鲁克于 1954 年在其《管理的实践》一书中引入了"人力资源"这一概念。他指出，和其他所有资源相比较而言，唯一的区别就是这种资源是人，并且是经理们必须考虑的具有"特殊资产"的资源。

● 美国学者伊万·伯格认为，人力资源是人类可用于生产产品或提供各种服务的活力、技能和知识。

● 内贝尔·埃利斯提出，人力资源是企业内部成员及外部的企业相关人，即总经理、雇员、合作伙伴和顾客等可提供潜在合作与服务及有利于企业预期经营活动的人力的总和。

• 雷西斯·列科提出，人力资源是企业人力结构的生产和顾客商誉的价值。

• 国内学者郑绍濂（1995）主要从整个社会经济发展的宏观角度来对人力资源进行界定，他认为，人力资源是指能够推动整个经济和社会发展的具有智力劳动和体力劳动的人们的总和，它应包括数量和质量两方面。

本书认为，人力资源是与自然资源或物质资源相对的概念，是指能够推动特定社会系统或组织发展进步并达成其目标的人员数量和能力的总和。

**（2）与人力资源相关的概念**

人力资源不能脱离特定的社会系统，从宏观意义上来看，人力资源是一个地区具有劳动能力、能够创造价值、推动社会进步的人员数量与质量的总和。因此，人力资源不能脱离一个地区的人口资源、劳动力资源和人才资源而独立出来，它们的关系如图 8-1 所示。

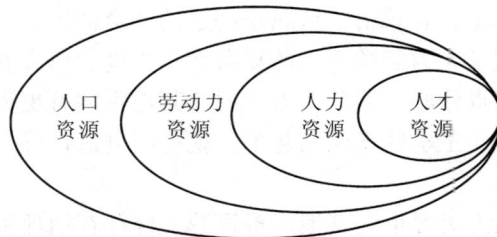

**图8-1 4种资源的关系**

人口资源是指一个国家或地区的人口总和。它主要表明数量概念，是一个重要的实数，因为一切人才皆产生于这个最基本的资源中。

劳动力资源是指一个国家或地区所有具有劳动能力的人口总和，包含于人口资源中，通常是指 18～60 岁具备从事体力劳动或脑力劳动能力的人口群体。它仍然偏重于数量概念。

人才资源是指一个国家或地区具有较强的管理能力、研究能力、创造能力和专门技术能力的人们的总和。它重点强调质量方面，是人力资源中较突出、较优质的那部分人。它表明的是一个国家或地区所拥有的人才质量，能较客观地反映一个民族的素质。

**（3）人力资源的特征**

基于人力资源和其他资源的比较，从其自身形成和发展的角度，不同学者对人力资源具备的特点作了不同的概括，下面介绍人力资源的 5 个突出特点。

①能动性 人力资源的能动性是人力资源与其他资源相区别的主要特征，包括以下要点：人具有意识；人在生产活动中处于主体地位；人力资源具有自我开发性；人力资源在活动过程中具有可激励性。

②双重性 人力资源同时具有生产性和消费性。人力资源的生产性是指人力资源是物质财富的创造者。人力资源的消费性是指人力资源的保持与维持需要消耗一定的物质财富。

③时效性 人力资源存在于人的自然生命体中，随着人的体力和脑力的变化而变化。其时效性一方面是指人力资源的形成、开发和利用会受到人的自然生命规律的限制，另一方面是指人力资源如果长期不用，便会荒废和退化。

④社会性 社会性是人力资源区别于其他资源的重要特征。人是社会人，不可避免要受社会文化的影响，形成特有的价值观念和行为方式，可能会与所在企业的文化价值观一致，也可能不一致，发生冲突。同时，人的社会性体现在人有思想、有感情，从属于一定的社会群体，有复杂的心理和感情活动，这就增加了人力资源管理的复杂性和难度；而人有思想、有感情的同时，也有爱心和责任心，因此人力资源比其他资源有更大的潜力，一旦人的责任心、积极性、主动性被调动起来，就可以创造奇迹，创造难以估量的价值。

⑤再生性 人力资源也同其他许多资源一样存在消耗和磨损问题，但不同之处在于：自然资源在消耗后就失去了再利用的价值，物质资源在形成最终产品后也无法继续开发，而人力资源在使用后通过体力恢复和培训投入可以继续发挥作用。

## 8.1.2 人力资源管理概述

### (1)人力资源管理的概念

人力资源管理最早源于工业关系，出现在社会学家怀特·巴克于1958年发表的《人力资源功能》中。随着人力资源管理理论和实践的不断发展，当代人力资源管理的各种流派不断产生，对人力资源管理的定义也各不相同。

· 美国著名的人力资源管理专家雷蒙德·A·诺伊等在其《人力资源管理：赢得竞争优势》一书中认为，人力资源管理是指影响雇员行为、态度和绩效的各种政策、管理实践及制度。

· 美国的舒勒等在《管理人力资源》一书中提出，人力资源管理是采用一系列管理活动来保证对人力资源进行有效的管理，其目的是为了实现个人、社会和企业的利益。

● 加里·德斯勒在其所著的《人力资源管理》一书中指出，人力资源管理是为了完成管理工作中涉及人或人事方面的任务所需要掌握的各种概念和技术。

● 迈克·比尔认为，人力资源管理包括要影响到公司和雇员之间关系的（人力资源）性质的所有管理决策和行为。

● 中国台湾的著名人力资源管理专家黄英忠认为，人力资源管理是将组织所有人力资源进行最适当的确保、开发、维持和使用，为此进行规划、执行和统治的过程。

● 国内学者赵曙明将人力资源管理界定为，对人力这一特殊资源进行有效开发、合理利用和科学管理。

综合国内外学者对人力资源管理概念的界定，本书认为，人力资源管理是指运用科学的方法，在企业战略的指导下，对人力资源进行获取与配置、培训与开发、考核与激励、安全与保障、凝聚与整合等，最终实现企业目标和员工价值的过程。

**（2）人力资源管理的特点**

①人力资源管理是综合性的科学。人力资源管理的主要目的是指导管理实践活动。人力资源管理活动的影响因素多样，内容复杂。人力资源管理综合了经济学、社会学、人类学、心理学、统计学、管理学等多种学科，涉及经济、政治、文化、组织、心理、生理、民族、地缘等多种因素。

②人力资源管理是一门实践性很强的科学。人力资源管理的实践性是指其理论直接来源于管理的实践活动，并且直接为管理实践活动提供指导。人力资源管理是通过对众多的管理实践活动进行深入地分析、总结，并在此基础上形成理论的科学，而其理论反过来要指导实践，并且接受实践的检验。不能用于指导实践的理论是没有生命力的，不可能长久存在。

③人力资源管理是具有社会性的科学。人力资源管理的内容和特点受到特定社会环境的影响。人是具有社会性的，他们的行动受到特定文化传统的影响；社会制度会影响生产关系和意识形态；经济发展程度会影响劳动分工和工作效率等。因此，对人力资源管理的研究绝不能闭门造车、形而上学，也不能盲目照抄照搬他国、他人的理论。因为不同社会环境中的人力资源管理活动有着不同的规律，形成的管理理论也有着自身的特殊性。我们应该从我国实际出发，借鉴发达国家人力资源管理的研究成果，解决我国人力资源管理中的实际问题。

④人力资源管理是具有发展性的科学。人力资源管理是处于不断发展完

善的过程当中的。因为受到各方面条件的限制，人力资源管理不可能达到尽善尽美的程度，需要一个不断深入认识的过程。它要在发展中不断充实、完善，有些内容还要进行修正，使之能够更有效地去指导实践。人力资源管理的发展到目前为止经历了手工业制造、科学管理理论、人际关系运动、行为科学和学习型组织这5个阶段。

**（3）人力资源管理与传统人事管理的区别**

人力资源管理是由传统的人事管理发展进化而来的，但前者较后者的范围更广、内容更多、层次更高，其具体区别如下：

①对人的认识不同 传统人事管理将人视为等同于物质资源的成本，认为人的劳动是组织生产过程中的消耗，把人当作一种工具，注重对人力投入成本的控制。即人事管理主要关注如何降低人力成本，正确地选拔人，提高人员的使用效率和生产效率，避免人力成本的增加。

人力资源管理把人视为组织的第一资源，将人看作"资本"。这种资本通过有效地管理和开发可以创造更高的价值，能够为组织带来长期的利益。即人力资本是能够增值的资本，是价值创造的源泉。因此，人力资源管理更注重对人力的保护和开发，因而更具有主动性。

②工作内容不同 传统人事管理主要包括雇用关系从开始到结束的全过程，即人事管理开始于招聘，录用、考核、奖惩、职务升降、工资福利等构成了管理阶段，结束于辞退、辞职、退休，其内容侧重于对人的管理。

人力资源管理不仅关注对人的管理，还关注对人的开发。除了对雇用关系全过程的管理，组织对人力资源的培训与继续教育越来越重视，投资也在不断增大，从一般管理的基本理论与方法到人力资源规划。组织中参加培训与教育的人员越来越多，从高层到基层员工，从新员工到即将退休的老员工，每一个层次与年龄段的员工均参加培训与教育。人力资源开发的方式也有较大的改变，除了传统的院校培训、企业使用或者企业自己培养、自己使用的方式，工作内容的丰富化、岗位轮换、提供的更多机会、员工职业生涯的规划均成为新型的人力资源开发方法。

③工作性质不同 传统人事管理基本上属于行政事务性的工作，活动范围有限，短期导向，主要由人事部门的职工执行，很少涉及企业高层战略决策。

现代人力资源管理不仅具有上述功能，还要担负工作设计、规范工作流程、协调工作关系的任务。为实现组织的目标，需建立一个人力资源规划、开发、利用与管理的系统，以提高组织的竞争能力。因此，现代人力资源管理与传统人事管理的最根本区别在于现代人力资源管理具有战略性、整体性和未来性。它被看作是一种单纯的业务管理，从技术性管理活动的架构中分离出来，根据组织的战略目标制订相应的人力资源战略，成为组织战略的重要组成部分。

## 8.1.3 人力资源管理的意义

**(1) 有利于组织竞争能力的提高**

人是创造价值的源泉，知识、技能、才智等都蕴涵于人这一载体中而不能独立存在，因此人力资源是组织拥有的特殊资源。知识经济的时代，竞争力来自于不能被仿制的、具有创新性的能力，而这恰恰是人力资源的重要特点。而组织管理层的决策越来越多受到人力资源的影响，从而使人力资源管理纳入到组织战略规划中，成为组织竞争力至关重要的因素。

**(2) 有利于吸引人才、调动员工的积极性**

任何人都想掌握自己的命运，自己适合做什么，企业组织的目标、价值观念、岗位职责是什么，自己如何有效地融入组织中，结合企业组织目标如何开发自己的潜能、发挥自己的能力，如何设计自己的职业人生等，是每个员工十分关心而又深感困惑的问题。有效的人力资源管理，能够发现员工的特点，给予员工尊重，满足员工发展的需要，充分发挥自己的专长，为员工提供职业发展的服务。这既能吸引外部人才加入到组织中来，又能够通过对现有员工不同层次需要的满足，使员工安于工作，忠诚于自己的组织，充分调动员工的积极性，主动地实现组织目标。

**(3) 有利于组织目标的实现**

组织目标是由人制订、实施和控制的，而组织的管理者是通过他人或同他人一起实现工作目标的。只有合理组织人力资源，不断协调人与人之间、人与物之间的关系，才能充分利用现有的人、才、物等资源，使其在生产经营过程中最大限度地发挥作用，并在空间和时间上达到最佳配置，保证生产经营活动有条不紊地进行。但人与物的关系最终表现为人与人的关系，任何资源的分配、协调实际上都是以人为中心的。因此，人力资源的合理利用对组织整体业绩的改善、目标的实现有重要意义。

**(4) 有利于科学规范的组织制度的制订与执行**

科学而规范的组织制度是现代企业良性运转的重要保证，而人是制度的制订者和执行者。缺乏优秀的管理者和员工，难以制订出合理的组织制度或保证组织制度的有效执行。因此，通过有效的人力资源管理，加强对企业人力资源的开发和利用，搞好员工的培训教育工作，是科学规范组织制度制订和执行的保证，是现代企业由传统管理向科学管理转变的不可缺少的组成部分。

### 8.1.4 人力资源管理的内容

人力资源管理主要包括人力资源规划、工作分析与评价、招聘与选拔、员工培训与开发、职业生涯管理、绩效管理、薪酬管理和劳动关系管理等方面。

**(1)人力资源规划**

人力资源规划，有时也称人力资源计划，是指在企业发展战略和经营规划的指导下进行人员的供需平衡，以满足企业在不同发展时期对人员的需求，为企业的发展提供符合质量和数量要求的人力资源。

人力资源规划的程序包含环境分析、供给预测分析、需求预测分析、供需平衡、编制规划以及规划的评价与调整。

人力资源供给预测的方法主要有技能清单、现状核查法、人员替换、人力资源"水池"模型和马尔科夫模型等。人力资源需求预测的方法主要有现状规划法、经验预测法、德尔菲法、趋势预测法、趋势外推法、回归预测法和比率预测法等。

企业人力资源供给与需求预测的比较，一般有4种结果：供给和需求在数量、质量和结构方面都基本相等；供给和需求总量平衡，结构不匹配；供给大于需求；供给小于需求。

一般来说，企业编制人力资源规划要经历5个过程：编写人员配置计划；配置人员需求；制订培训计划；编写人力资源费用的预算；编写人力政策调整计划。

**(2)工作分析与评价**

工作分析是对组织中所有为实现组织目标所做的工作进行分析，以确定每一项工作的任务和职责，以及完成工作所需的技能、能力、知识和其他要求的过程。工作评价又称职务评价，即依据工作分析的结果，按照一定标准，对职务的性质、强度、责任、复杂性及所需资格条件等因素的程度差异，进行综合评估的活动。

工作分析是对工作进行全面的描述、分析和评价的过程，这个过程可以分为4个阶段：

①准备阶段　这是工作分析的第一个阶段，主要任务是了解情况，确定样本，组成工作小组。

②调查阶段　调查阶段的主要任务是对整个工作过程、工作环境、工作内容和上述人员等方面作全面的调查，是一个工作量大、耗时长的阶段。

③分析阶段　分析阶段的主要任务是对有关工作的特征和工作人员的特

征的调查结果进行深入、全面的总结分析。

④应用阶段  这是工作分析的最后阶段。前三个阶段的工作都以此阶段为工作目标，此阶段的任务就是根据工作分析和信息编制"职务说明书"。

**(3) 招聘与选拔**

招聘员工是指选择符合标准要求的相应数量的人员来填补企业的岗位空缺。根据职务分析所得结论，准备工作说明(书)和职务要求细则(这两项都是在招聘中所需使用的材料)。具体过程如下：

①招募  是组织发布招聘信息，吸引求职者并建立求职者"蓄水池"的过程。主要包括招聘计划的制订与审批，招聘渠道的选取，招聘信息的设计与发布，以及组织应聘申请者。

②选拔  是从职位申请者中筛选符合组织需要人员的过程，也就是组织对申请者做出分析考察的过程。包括资格审查、初选、测试(笔试、面试、心理测试以及其他测试)、体检、背景调查等内容。

③录用  主要包括上岗引导、新员工访查等工作内容。目的在于促进员工了解组织的文化和价值观，培养员工的态度；满足他们进入群体过程的需要；打消新员工不切实际的期望；提供新员工需要的专门信息；降低文化冲击的影响，提高新入职员工的稳定性。

④评估  是招聘过程中必不可少的一个环节。包括两个方面的内容：一是对招聘结果的成效进行评估，如成本与效益评估、录用员工数量与质量评估；二是对招聘方法的成效进行评估，如对所采用的选拔方法的信度与效度加以评估。

**(4) 员工培训与开发**

培训是指向员工传授完成本职工作所必需的相关知识、技能、价值观念、行为规范的过程，是由企业安排的对员工所进行的有计划、有步骤的培养和训练。培训的内容包括职业品质和职业技能。

培训按不同标准来划分，有不同的分类：按培训地点可分为内部培训和外部培训；按培训与工作的关系可分为在职培训、岗前培训和非在职培训(又有全脱产培训、半脱产培训和挂职培训等类型)；按培训的目的可分为过渡性教育培训、知识更新或转岗培训、提高业务能力的培训和人员晋升的培训；按培训对象可分为一般员工培训、班组长培训、中层管理人员培训、高层管理人员培训、专业知识人员培训、培训人员的培训等；按培训中是否使用新技术传递信息可分为传统培训和新技术培训。

培训活动的实施包括3个阶段：

①需求分析阶段  培训需求分析是指在规划和设计每一项培训目标、培

训计划和培训活动之前，由培训部门、经理人员、主管人员、工作人员等采用个案分析法、全面分析法、绩效差距分析法等方法与技术，对战略层次、组织层次、工作层次和员工个人层次的现有状况与应有状况及存在问题进行系统的调查分析，以确定是否有培训的需要，以及需要哪些方面培训的活动或过程。培训需求分析既是开展现代培训活动的第一步，也是进行培训评估的基础。

②培训实施阶段　本阶段包括制订培训计划、组织与实施、选择适当的培训方法和培训控制 4 个方面。培训方法的类型多种多样，讲授与研究型的培训方式有课堂讲授法、讲座法、研讨法、互动学习法和计划性指导法；模拟和程序性的培训方法有情景模拟法、角色扮演法、行为示范法、案例研究法和游戏法；应用与调研式的培训方法有实习法、考察法、工作轮换法、户外培训法和实验室实验法；应用现代科技手段的培训方法有远程学习、计算机学习方式、多媒体培训法、虚拟现实和智能指导系统；其他培训方法还有师带徒法、心理能力的培训技术、行为能力的培训技术等。

③培训评估阶段　培训效果评估的主要内容是调查收集培训对象和有关人员对培训项目的看法，检验培训对象学习之后态度行为的变化是否达到了培训的预期目标，以及培训项目的实施是否提高了企业的整体绩效和满足了培训需求。美国培训界普遍接受的评估模式称为柯克帕模式，它将培训效果评估的内容划分为 4 个层次：第一，反映，即培训对象对培训的印象如何；第二，习得，即培训对象对培训内容的掌握程度；第三，行为，即培训对象接受培训后在工作行为上的变化；第四，效果，即培训给组织带来的相关产出的变化。

### （5）职业生涯管理

职业生涯管理是建立在有组织的员工职业生涯规划和发展基础上的，一方面，它正确识别员工的能力和技能，引导员工的职业发展，加强和提高企业进行人力资源管理和开发活动的准确性，增加员工在工作场所的适应能力和竞争能力；另一方面，有效的员工职业生涯开发活动能通过员工的努力提高企业的获利能力和水平，最终的结果是达到组织与员工的双赢。

个人职业生涯发展规划一般通过职业自我综合评估与职业定位、职业生涯发展机会评估、职业生涯发展目标设定、职业生涯发展策略制订、职业生涯发展规划调整 5 个步骤来完成。

组织职业生涯发展规划的内容非常丰富，它不仅包含组织职业生涯发展规划的方法与程序，而且还包含组织人力资源招聘计划，职业生涯阶梯设置，组织继任规划、顾问计划、退休计划，以及组织职业生涯发展规划落实措施等内容。

**(6)绩效管理**

绩效管理是指通过有效的体系，综合地管理组织绩效和员工绩效。绩效管理的中心目标是发挥员工的积极性和创造力，挖掘员工的潜力，并将组织战略目标的实现与员工个体职业生涯发展有机结合起来，提高组织绩效的同时实现员工的个人发展和价值。

在实践中，绩效管理是按照一定的步骤来实施的，这些步骤可以归纳为4个阶段：

①准备阶段　是整个绩效管理过程的开始，主要完成绩效计划的任务，即通过上级和员工的共同讨论，确定员工的绩效考核目标与绩效考核周期。绩效考核目标又称绩效目标，是对员工在绩效考核期间的工作任务和工作要求所作的界定，是对员工进行绩效考核时的参照系，由绩效内容和绩效标准组成。绩效考核周期是指多长时间对员工进行一次绩效考核。

②实施阶段　主要完成绩效沟通和绩效考核两项任务。绩效沟通是指在整个绩效考核周期内，上级就绩效问题持续不断地与员工进行交流和沟通，给予员工必要的指导和建议，帮助员工实现确定的绩效目标。绩效考核就是指在考核周期结束时，选择相应的考核主体和考核方法，收集相关信息，对员工完成绩效目标的情况做出考核。考核主体是指对员工的绩效进行考核的人员，一般包括五类：上级、同事、下级、员工本人和客户。

③反馈阶段　主要是完成绩效反馈的任务，即上级就绩效考核结果和员工进行面对面的沟通，指出员工在绩效考核期间存在的问题，并一起制订出绩效改进的计划；为了保证绩效的改进，还要对绩效改进计划的执行效果进行跟踪；在绩效反馈结束以后，管理者还必须对反馈的效果加以衡量，提高以后的反馈效果。

④运用阶段　就是将绩效考核的结果运用到人力资源管理的其他职能中去，从而真正发挥绩效管理的作用，保证绩效管理目的的实现。绩效考核结果的运用包括两个层次的内容：一是直接根据绩效考核结果做出相应的奖惩决策；二是对绩效考核的结果进行分析，从而为人力资源管理其他职能的实施提供指导或依据。

**(7)薪酬管理**

薪酬管理是指企业对其薪酬战略、薪酬政策、薪酬制度及薪酬功效的确定、控制和调整的过程。薪酬管理是企业人力资源管理的一项重要职能活动，是影响企业经营目标实现程度的战略管理活动。

一套合理的薪酬体系，可以让企业在不增加成本的情况下提高员工对薪酬的满意度。一般来说，要设计一个科学合理的薪酬体系，应经历以下7个步骤：

①制订薪酬原则和策略，遵循合法性、公平性、及时性和经济性的原则。

②工作分析。

③职位评价。职位评价是指借助一定的方法，确定企业内部各职位相对价值大小的过程。

④薪酬调查。薪酬调查是指收集同地区或同行业其他企业的信息，从而确定市场薪酬水平的过程。根据薪酬调查的结果、结合职位评价的结果和企业自身的薪酬策略，就可以确定出各职位具体的薪酬水平。

⑤薪酬定位。

⑥薪酬结构设计。在设计薪酬结构时，要综合考虑5个方面的因素：职位等级，个人的技能和资历，工作时间，个人绩效，福利待遇。在工资结构上，分别设为基本工资、绩效工资、加班工资和薪酬福利。

⑦薪酬实施与调整。薪酬方案一经建立，就应严格执行，发挥其保障、激励功能。在实施过程中，薪酬设计者还有一项重要的职责，就是对制订出来的薪酬制度进行修正和调整，这是薪酬设计的最终环节。

**(8) 劳动关系管理**

劳动关系是指现代社会中产生的劳动关系，是劳动者与用人单位，包括各类企业、个体工商户、事业单位等，在实现劳动过程中建立的社会经济关系。任何劳动者与任何性质的用人单位之间因从事劳动而结成的社会关系都属于劳动关系的范围。

中国台湾学者黄越钦(2000)在其《劳动法新论》中，根据劳动关系主体的力量对比，将劳动关系的主要调整模式归纳为4类：

①斗争模式 这一模式以某种特定的意识形态为指导，认为劳资关系的本质是剥削与被剥削的关系，在劳资之间存在着不可调和的阶级矛盾，无产阶级夺取政权后，要以斗争模式解决劳动问题。

②多元放任模式 这一模式秉承新古典主义学派劳动关系理论，认为市场是决定就业状况的至关重要的因素，工会或工会运动对市场机制的运行和发展具有副作用或负面影响，主张减少政府对劳动关系的干预。

③协约自治模式 协约自治模式具体分为两种形式：劳资抗衡模式和劳资制衡模式。劳资抗衡模式以劳资对立抗衡为主轴，完全排除国家干预。劳资双方通过行使争议权，进行周期性的抗争，缔结集体协议，在抗争中取得均衡与和谐。劳资制衡模式是对劳资抗衡模式的修正与超越，是劳动者以劳

工的身份参与企业经营，其形式包括从"参与决定"到"共同经营"，也就是所谓的"工业民主化"。其基本思想是从消极保护劳工，转为积极的由劳资双方共同参与决定企业经营活动。

④统合模式　具体分为国家统合、社会统合和经营者统合3类。国家统合模式是指企业和劳工组织在一个社会结构中所扮演的角色由国家决定，国家通过立法对企业的功能和活动范围予以界定、限制、命令或禁止。国家对劳资双方采取强有力的控制手段，工会和雇主团体的自主性都非常有限。社会统合模式的特征是劳资双方的关系以整个社会为背景，工会在跨企业的团结权方面具有很强大的力量，集体意识与阶级认同存在于社会阶层，劳工对其他劳动阶层的忠诚高于对本身的产业。经营者统合模式中的劳资关系主要发生在企业层级，工会在跨企业的团结权方面不具有强大的力量，集体意识与阶级认同只存在于产业阶层，劳动者对本产业的忠诚高于对其他劳动阶层。这一模式主张由经营者在企业层面统合各方力量，再通过政府将其决策表达在劳动基准法之中。

## 8.2　人力资源管理的发展

### 8.2.1　人力资源管理的形成与发展阶段

关于人力资源管理的发展阶段，代表性的观点有4类：六阶段论、五阶段论、四阶段论和三阶段论。需要强调指出的是，对人力资源管理的发展阶段进行划分，其目的并不在于这些阶段本身，而是要借助这些阶段来把握整个人力资源管理的发展脉络，从而可以更加深入地理解它。因此，对于阶段的划分并没有绝对的标准，下面仅介绍以科罗拉多大学的韦恩·F·卡肖（Wayne F. Cascio，1995）为代表的学者从功能角度将人力资源管理的发展历程划分的四个阶段。

**（1）第一阶段，档案保管阶段（人事管理出现至 20 世纪 60 年代）**

这一阶段，人事管理的主要工作就是招聘录用、培训和管理人事档案。

**（2）第二阶段，政府职责阶段（20 世纪 60 ~ 70 年代）**

这一阶段的特点是政府介入和法律规定开始在各个方面影响雇佣关系，但企业的高层领导人仍将人力资源管理的成本视为非生产性消耗。

**（3）第三阶段，组织职责阶段（20 世纪 70 年代末至 80 年代）**

进入 20 世纪 80 年代以后，企业领导人不再认为人事管理是"政府的职责"，而把它真正视为自己的"组织的职责"，人力资源的管理和开发成为企业人事部门的职责。

**（4）第四阶段，战略伙伴阶段（20 世纪 80 年代至今）**

把人力资源战略作为公司重要的竞争战略，或者从战略的角度考虑人力资源管理问题，把人力资源管理与公司的总体经营战略联系在一起，是 20 世纪 90 年代后企业人力资源管理的重要发展趋势。

### 8.2.2 中国企业人力资源管理的发展阶段

新中国成立以来，企业人事管理制度的演进可以分成 3 个阶段：

**（1）计划经济体制下的人事管理制度**

从建国到 20 世纪 70 年代末，我国实行高度集中统一的计划经济体制，企业的人事管理工作是创立、运行和发展一套与之相适应的，以计划为核心、行政管理为手段的企业人事行政管理制度和模式。在这一时期，没有劳动力市场，国家对劳动力进行统一的分配调动。企业在用工程序、人力资源数量、职能部门设置、管理人员的任命等方面完全由上级部门决定，员工之间缺乏竞争，没有危机意识。企业没有选择员工和解雇员工的权利。员工进入企业后，按学历高低、工龄长短确定相应的级别。大多数员工的劳动报酬取决于工作时间长短和每一个工龄应计的报酬额，基于员工所积累的劳动贡献随着年龄的增长而上升。企业办社会的特点突出，为员工提供子女入托、住房、医疗等全部社会福利和退休、养老、丧葬及未成年子女的抚养、就业等终身的社会保障。人事管理带有计划经济体制的"统得过死、条块分割、计划调节"的明显特点。

**（2）传统人事制度的改革与创新时期**

从 20 世纪 70 年代末到 90 年代中期，随着我国经济体制逐渐从计划经济向市场经济过渡，传统的人事制度发生了改变。为了改变生产效率低、人浮于事的弊端，国家允许企业在招工方法等措施上更加灵活。20 世纪 80 年代中后期，国家逐渐放权，推进企业自主用工，采用劳动合同制，改革工资、福利、劳动就业等。90 年代中后期，在现代企业制度的建设中，企业成为自负盈亏的独立经济实体，实行全员劳动合同制等。传统的人事管理制度的内容和框架被逐渐打破，与市场经济体制相对应的新型人事管理制度框架和内容开始建立。

这一阶段的具体特点表现为：劳动力市场从无到有，招聘、选拔上由分配、任命向制度化、规范化转变。在用工制度上，由原来管理部门统一安排员工，转变为企业自主选择员工，企业也有了更大的选择范围和更多的选择渠道；在晋升方面，企业可以通过招聘、考试等方式择优录用，改变了原来由领导考核指定的局面。报酬结构趋于多元化，主要以职工的实际技能水平和劳动贡献的大小为参考来增、减工资，出现以按劳分配为主的多种分配形式，分配上增加了员工收入的弹性。由于绩效考核的缺乏，平均主义依然存在，奖金、津贴人人有份，缺乏针对性与个体性。

**（3）传统人事管理向现代人力资源管理过渡时期**

从 20 世纪 90 年代末至今，市场经济体制逐渐形成，企业改制、股份制改造、企业重组及抓大放小等改革逐步进行，企业人事管理制度在体制、机制、结构等方面进行全方位的彻底改革。符合市场经济发展规律的人事管理制度在企业制度中逐渐完善，人事管理工作也开始从传统人事管理层次向现代人力资源管理层面提升。以工作分析为基础的人力资源规划、招聘与甄选、培训与开发、绩效考核、薪酬设计越来越受到企业的重视。但是，企业中的人员总量过剩与结构短缺依然并存，人力资源管理的功能未能建立和完善，很多企业缺乏人力资源管理规划与相关政策，培训与开发、绩效与薪酬方面还有待完善。

## 8.2.3 人力资源管理面临的挑战

**（1）全球化的挑战**

随着世界经济一体化的步伐加快，管理已经成为企业在世界范围的活动，越来越多的企业从事国际化经营，通过对世界各地的子公司和代理机构的资源协调配置，打开外国市场，促进国际贸易和投资，谋求全球范围的竞争优势。

国际经营给予企业更多的机会，但也带来更多的挑战。在人力资源管理方面，企业需要去平衡出现的各种复杂问题，这些问题涉及不同的政治、文化和经营实务。

在政治环境方面，企业必须对当地所处的政治环境进行全面的考察。调查当地劳工组织的角色和特点，充分认识当地的就业法律和政策，否则，企业可能会背上劳动力市场歧视或者侵犯雇员利益的罪名，而劳资纠纷和争议不仅带来高额的诉讼费用，也可能严重损害公司的劳动力市场形象。

在文化环境方面，企业要充分认识所处地区的人文历史环境，做好跨文化管理工作。不同国家与地区，由于自然历史条件不同，形成了各自不同的文化特点、生活习惯、人文观念等，从而导致员工的价值观、工作生活需求存在文化差异。企业对员工的激励受到社会文化的影响，如在西方强调个人主义和东方强调集体主义之间，就应该采取不同的激励措施。

在经营实务方面，跨国公司的获利常常取决于劳动力价格、货币波动情况以及政府在收入转移方面采取的政策。如何获取"物美价廉"的劳动力是跨国公司人力资源管理的重要方面。例如，公司必须权衡是招聘本国人、当地人还是第三国人来从事公司的工作，以求在公司的收益及劳动力成本之间取得合理的均衡。

总之，全球化使人力资源管理出现了量与质的变化。需要鉴别哪些是具有海外生活和工作能力的管理人员，应增加培训和发展的投入，增强经理们对外国文化和工作实践的了解；需要调整薪酬计划以保证支付构成是公平的，而且与不同地区的不同生活费用相适应。

**（2）技术进步的挑战**

技术进步可以使企业更具有竞争力，同时也改变了工作的性质；网络技术的发展改变了人们的工作和生活方式。这些都对人力资源管理提出了新的挑战。

先进技术的引入会引起只要求少量技巧的工作岗位减少，要求综合性技巧的工作岗位增加，即从体力劳动者转换成知识工人。信息技术的发展改变了人们的工作方式，美国一家销售生活品的公司经理说，20 世纪 70 年代，公司的客户订单是靠员工每天到邮局取回来；80 年代后期靠传真机；90 年代初开始使用电子数据交换技术；两年后公司一半以上的订单是通过计算机网络取得的。同时，网络技术的发展使人们的工作方式和工作地点发生了变化，改变了原来的办公室工作方式，可以随时随地通过网络传输完成工作任务，工作地点更为灵活。信息技术的发展促进了人力资源管理信息系统的使用。人力资源管理信息系统是能提供现实和准确数据的计算机系统，用于控制和决策的目的。公司的人力资源信息系统不仅提供现实和准确的数据，还可以达到控制沟通和决策的目的，实现报表的编制、人力资源需求预测、战略规划、职业生涯和晋级计划以及人力资源政策评估等功能。

技术进步和先进技术的引入，对工作岗位及员工提出了新的要求，人力资源需要数量、结构与质量发生变化。对员工的技术水平要求越来越高，人力资源管理的政策需要重新修订；工作分析需要更新，工作岗位和组织机构需要重新设计；对人员的激励措施需要调整，不仅要关注报酬的设计，还要注重员工的工作生活质量；员工招聘甄选和培训计划需要进行相应的调整。

**（3）变化管理的挑战**

全球竞争使企业具有快速反应的能力成为必然，技术进步的速度加快缩短了产品的生命周期，企业的新陈代谢加快。韦尔奇曾经说过，你站在变化的风口浪尖，不可能无动于衷。因为有些人总是带着其他产品从其他国家来，或者消费者的偏好发生变化，或者成本结构发生变化，或者他们的技术有突破性的重大变化。如果你不能很快地适应种种变化，就会被淘汰。

有些变化是反应性的，即组织的绩效受到外部因素的影响而产生的结果；有些变化是主动的，即管理者主动做出改变，抓住优势目标机会，这在快速变化的行业中尤为重要。成功的变化不是自然生成的，变化失败的主要原因从根本上可归结为人力资源问题。主要表现为：缺乏紧迫感，没有创立强有力的联盟去指导这种努力，领导缺乏明鉴、沟通的眼光，没有消除新视野的障碍，没有系统化的计划和创造短期"胜利"，高兴太早，企业文化没有瞄准变化。

为了应对变化，直线经理和人事经理必须放眼未来，与员工沟通，对绩效提出明确的期望，通过重新组合人员和重新配置资产来引导员工改变自己以适应变化。

**(4) 组织重新设计的挑战**

传统的层级化、组织化结构是以直线制为代表的纵向一体化模式，强调命令与控制，员工清楚自己的工作在整个组织中的作用和地位，晋升路线明显，组织中的报告关系清楚，有利于协调员工的工作以实现组织的目标。但是，公司越大就会造成越多的职能层级，过多的层级把不同阶层的雇员分割开来，并造成如机构臃肿、官僚作风、效率低下等弊端；明确的层级划分阻碍了员工的创造性和积极性，决策过程的烦琐阻碍了竞争优势的发挥。

随着信息技术的发展，组织结构逐渐扁平化，通过网络来实现的办公自动化，使任何阶层和部门的雇员都可以直接联系，有效地减少中间的环节与层级。如今，一种无边界组织的观念正在形成。无边界组织是消除横向的部门之间的界限和纵向的组织层次或等级之间的界限，打破割裂组织与供应商、客户和其他利益相关者的边界，重新按照流程进行价值链体系的设计，按照价值系统进行供应链的设计等，从而使组织对动荡的和快速变化的市场环境做出快速的反应。

这些变化相应地对人力资源管理提出了新的要求，管理者需要从战略高度重视人力资源的开发与管理，以确保员工拥有知识、技能和经验的优势，人员配置实现优化组合。人力资源管理部门需要建立起更加良好的信息沟通渠道，更加公平与透明的有效激励措施，将专业技能与合作能力的培训放于同等重要的地位。

**(5) 成本抑制的挑战**

现代组织的人力资源管理中，员工招聘甄选、绩效评估、培训开发等费用在不断增加，降低劳动力成本面临着严峻的挑战。劳动力成本的降低可以通过裁员、外包、人才租赁以及提高生产效率来实现。

组织裁员虽然可以控制劳动力成本，但是对企业是一种浪费，因为损耗已培养过的人才，无论对企业现有员工还是对被解雇的员工都是很大的打击，裁员过程中的员工补偿开支还会增加一定的劳动力成本。

外包，简单地说，就是租用公司外部员工来执行原本由内部员工来完成的任务，从而降低成本，提高效率，充分发挥自身核心竞争力，增强企业对环境的应变能力。例如，公司经常雇用会计公司提供财务服务。但这样会使士气和生产率迅速下降。

人才租赁，是通过人才租赁专业公司以服务合同或劳务合同来实现的服务交易。人才租赁公司分别与用人单位和派遣人员签订人才租赁协议、人才派遣合同，以规范三方面在租赁期间的权利和义务。在租赁期间，用人单位与被租赁人员不发生人事隶属关系。这可以降低人力资源成本，增强用人单位的应变能力，规避用人风险。但是与培养员工的归属感存在着一定的矛盾。

此外，降低成本还可以通过提高劳动生产率、增加工作人员的产出来实现。这同样需要在人力资源管理方面做好员工的招聘、培训、开发、激励等工作。

▲ 思考题

1. 人力资源与人力资源管理的定义及特点是什么？
2. 如何正确认识现代人力资源管理与传统人事管理的关系？
3. 人力资源管理的基本职能有哪些？请举例说明它们是如何发挥作用的。
4. 人力资源管理的目的是什么？
5. 中国企业人力资源管理中存在的问题是什么？请举例说明。
6. 结合中国发展现状，分析我国人力资源管理所面临的具体挑战是什么？

▲ 案例

## 广州牙膏厂销售员的选拔

广州牙膏厂是广州市轻工业局所属的一家历史悠久的国有企业，创办于1896年，现有职工550人。1986年以来，该厂根据市场需要，开发出"国际香型、内含口洁素"的"黑妹"牙膏，在国内竞争激烈的牙膏市场上独辟蹊径，找准自己的位置。从此企业的产品购销两旺，生产经营规模日益扩大，经济效益也越来越好。1990年，该厂年产牙膏数量达1.6亿支，比1986年增长了3倍；产品销售额为1.4亿元人民币，比1986年增长了5.7倍；利税总额达3300万人民币，比1986年增长了4.7倍；企业劳动生产率高达25万元/人。这些指标都在全国同行业中名列第一。与此同时，以"黑妹"品牌为主的系列产品走俏全国，逐步形成良好的产品形象，成为深受消费者欢迎的名牌产品，在市场上长盛不衰。

广州牙膏厂销售科负责产品在全国各地区的促销工作，包括产品销售合同的签订、产品的广告工作、售后服务工作和营业推广活动的策划工作等。为了提高销售额，销售科与厂部订立了承包合同，厂部依据销售额和销售货款回收率这两大指标的完成状况对销售科进行考核；相应地，销售科也以这两个指标为主来考核销售员的工作实绩。

随着产品销售量的不断增加和营销策略的不断深化，销售科感到人手紧缺，工作十分紧张，急需充实销售员队伍。为此，厂部改变以前行政任命销售员的办法。1990 年 7 月，该厂经过本人申请和文化考试，录用了赵明、钱达、孙青和李强四名职工到销售科，进行为期半年的实习试用，作为正式销售员的候选人。目前，他们的实习期将满，销售科长老萧正考虑从他们中选拔合适人员作为正式销售员，从事牙膏产品的销售工作。根据平时对他们的观察和领导、同事及用户对他们的评价，对上述四人的个人素质和工作状况进行了初步的总结，以作为选拔销售员的依据。

一、个人素质方面

赵明，是个刚进厂的小伙子，今年刚满 20 岁，高中毕业。精力旺盛，工作肯吃苦。但平时大大咧咧、做事粗心大意，说话总是带有一股"火药味"。

钱达，是为了照顾夫妻两地分居而从外地调进厂里的，今年 34 岁。他为人热情，善于交往，本人强烈要求做销售工作。

孙青，是市轻工电视大学经济管理专业毕业生，今年 25 岁。她工作认真，稳重文静，平时少言寡语，特别是在生人面前，话就更少了。

李强，今年 29 岁，大学公共关系专业学生。他为人热情，善于交际，头脑灵活。但对销售工作缺乏经验。

二、工作实绩方面

赵明，工作很主动大胆，能打开局面，但好几次将用户订购的牙膏规格搞错，用户要大号，他往往发给小号的，尽管科长曾多次指出，他仍然时常出差错，用户有意见找他，他还冲人家发火。

钱达，工作效率很高，经常超额完成自己的推销任务，并在推销过程中与用户建立了熟悉的关系。但他常常利用工作关系办私事，如要求用户帮助自己购买物品等。而且，他平时工作纪律性较差，上班晚来早走，并经常在上班时间回家做饭，销售科的同事们对此颇有微词，他曾找领导说情，希望能留在销售科工作。

孙青，负责广东省内的产品推销工作，她师傅曾带她接触过所有的主要用户，并与用户建立了一定的联系，但她自己很少主动独立地联系业务。有一次，她师傅不在，恰巧有个用户要增加订货量，她因师傅没有交代而拒绝了这笔业务。

李强，负责河北省的产品推销工作，他经常超额完成推销任务，并在推销过程中注意向用户介绍产品的性能、特色，而且十分重视售后服务工作。有一次，一个用户来信提出产品有质量问题，他专程登门调换了产品，用户为此非常感动。尽管如此，他却时常难以完成货款回收率指标，致使有些货款一时收不回来，影响了企业经济效益指标的实现。

（引自 http://www.docin.com/p-212665567.html）

**问题：**

（1）你认为谁是合格的人选？

（2）你该如何做出录用决定并让人感觉合情合理？

（3）有没有一种综合或折中的方案，做到人尽其才，皆大欢喜？

▲ **阅读指引**

1．人力资源管理．陈维政．2 版．高等教育出版社，2010．

2．人力资源开发．王晓晖．清华大学出版社，2008．

3．人力资源管理．约翰·M·伊万切维奇，赵曙明，程德俊．11 版．机械工业出版社，2010．

# 第9章 领　导

**本章提要**

　　本章主要介绍了领导的含义、作用及其与管理的关系，"经济人"假设、"社会人"假设、麦格雷戈的 X&Y 理论、"复杂人"假设四种人性假设理论和领导特质理论、领导行为理论、领导权变理论三种领导理论。

**学习目标**

　　了解领导与管理的关系，领导特质理论；理解领导的含义和作用，领导权力的构成；掌握人性假设理论、领导行为理论和领导权变理论的内容。

　　人类社会的群体性是领导产生的首要原因。领导作为一项管理职能，是连接管理工作各个环节的纽带。有效领导能形成一种积极互动、团结、融洽、目的明确的人际环境，给员工以引领、帮助、推动和启发，使员工的个人目标与组织目标一致，确立员工与组织的共同愿景。发挥领导职能，需要学习借鉴西方的领导理论和经验，更需要与时俱进，在管理现实中探索科学和艺术的融通、理论和实践的结合、理性和悟性的互补，从而提高领导的影响力和管理水平。

## 9.1　领导概述

### 9.1.1　领导的含义

　　领导一词，既是名词，也是动词，做名词时指领导人或领导者，是实行领导行为的人，即在组织活动中带领、引导组织中成员为实现一定目标而努力的人；做动词时领导是指领导活动，有"率领"、"引导"之意，是领导者在一定条件下影响组织中的成员，使之竭尽全力，努力实现组织目标的活动过程。此处的领导指的是领导活动。

　　现代管理理论认为领导的本质是影响力，强调的是一种引领，而不是驱赶、强迫下属。为了加强对领导的理解，应从以下几方面加以认识：

①领导是群体活动的过程，包括领导者，被领导者，客观环境等要素。

②领导是一个影响的过程。要通过有效激励、合理组织、有效沟通与协调、个人才能及一定的领导艺术的使用，引导员工为实现组织目标而努力。

③领导的基础是领导者的影响力。领导者必须有追随者，领导者必须有影响其追随者的力量。

④领导的目的是通过影响群体的行为来实现组织目标。

## 9.1.2　领导与管理的关系

领导与管理具有很多相似之处，二者既有联系，又有区别。

领导与管理的共同之处在于：从行为方式上看，领导和管理都是一种在组织内部通过影响他人的协调活动来实现组织目标的过程；从权力的构成看，二者都与组织层级的岗位设置有关。

领导与管理的区别在于：从范畴和内容大小来看，领导只是管理工作的一个部分，领导职能也只是管理的基本职能之一。管理是建立在合法的职务权力基础上对下属的行为进行指挥的过程，下属必须服从管理者的命令，但下属在工作过程中可能会尽自己的最大努力，也可能会出工不出力；而领导则更多的是通过领导者的个人魅力与专长来影响其追随者的行为。因此，从本质上说，领导是一种影响力，或者说是对下属员工施加影响的过程，这个影响过程可以使员工自觉地为实现组织目标而努力工作。

同样，作为管理及领导的主体，即领导者与管理者也存在着一定的区别，具体表现为：从产生看，管理者是被正式组织任命的，并且拥有合法的权力，对其下属的影响主要来自于职位赋予他们的正式权力；而领导者可以是正式组织任命的，也可以是在群体中自发地产生出来的（如非正式组织的核心成员）。从作用看，管理者的作用在于通过管理在组织中建立良好的秩序，使无序管理变为有序管理，更多地强调制度与规则；而领导者的作用在于引导组织不断地进行创新和变革，使组织能够长期生存和发展。从工作重点看，管理者的工作偏重于计划的制订与实施、组织结构的构建和控制系统的建立等方面；而领导者的工作则偏重于"人"的工作，更多关注人的因素以及人与人之间的相互作用。从期望看，在理想情况下，所有的管理者都应该是领导者，但没有追随者的管理者不能称为领导者；领导者不一定是管理者，如非正式组织中的领导者，组织并没有赋予他们职位和职权，但他们却能引导和激励非正式组织中的成员。

### 9.1.3 领导的作用

领导的作用就是引导下属竭尽全力地去实现企业的目标，具体表现在以下 3 个方面。

**(1) 指挥作用**

在人类的群体活动中，由于内在和外在环境的影响，难免会出现"一叶障目，不见泰山"的情况，这就需要有头脑清晰、志存高远，能高瞻远瞩、运筹帷幄的领导者帮助人们认清组织所处的环境和形势，指明组织活动的目标和实现组织目标的方法与途径。因此，领导是指引途径、进行指挥、督导处理和起带头作用。

**(2) 协调作用**

在人类的群体活动中，即使有了明确的目标，但因每个人的才能、理解能力、工作态度、进取精神、性格、价值观和信念等的不同以及外部各种因素的干扰，组织成员在思想上出现分歧、行动上不一致的情况是不可避免的。因此，需要领导者来协调组织成员之间的关系和活动，把大家团结起来，朝着共同的目标前进，人们常说的"心往一处想，力往一处使"就是这个意思。

**(3) 激励作用**

在实际工作中，员工工作的积极性是影响工作效率的关键。当遇到困难和问题时，或某种物质的、精神的需要得不到满足时，员工会缺乏干劲和工作热情。怎样才能使每一个员工都保持旺盛的工作热情，最大限度地调动他们的工作积极性呢？这就需要领导者为他们排忧解难，激发和鼓舞他们的斗志，发掘、充实和加强他们积极进取、努力工作的动力和激情。

### 9.1.4 领导的权力构成

领导是一种影响力，哪些影响力使得下属遵循领导者的想法和指令，为何下属愿意接受领导者的影响呢？这就涉及到权力构成的问题了。

领导权力是指领导者有目的地影响和改变下属心理和行为的能力，可分为职位权力和非职位权力两大类。能否成为优秀的领导者，与领导者的职位权力有关，更与领导者的个人能力有关。

**(1) 职位权力**

职位权力是由组织正式授予的一种法定权力。这种权力与领导者个人没有必然的联系，而是与职务相联系，包括法定权、奖励权和惩罚权。

① 法定权　是指组织内各管理职位所固有的法定的、正式的权力。这种

权力是为组织规章、法律甚至常识所认可的，是因职位而产生的，随着领导者职位高低的不同而不同。

②奖赏权　是基于被影响者执行命令或达到工作要求而获得上级奖励的一种权力，包括赞扬、加薪、升职、发奖金、给予培训的机会和提供其他任何令人愉悦的权力。奖赏权源于被影响者期望奖励的心理，下属感到服从领导者的命令、接受其影响，会有某种物质或精神上的好处，从而愿意接受领导者的影响。

③惩罚权　是指通过精神、感情或物质上的威胁，强迫下属服从的一种权力，包括批评、降职、扣发工资奖金，给予行政处分或其他令人感到有压力、不悦的权力。惩罚权源于下属的恐惧和担忧，下属担心不服从领导者而遭受到某种不利的后果，从而接受领导者的影响。

**（2）非职位权力**

非职位权力是个人权力，是由领导者自身的某些特殊条件而产生的，与领导者的职位无关。这类权力不随领导者职位的变化而变化，也不具有强制性，是以领导者的良好素质和优秀作风形成的。非职位权力吸引感化下属，从而激发员工内在的工作动力，进而对员工的行为产生影响。非职位权力对下属的影响是长远的、发自内心的。这类权力包括专长权和个人影响权。

①专长权　是指由领导者个人拥有的某些特殊技能或专业知识高于下属而产生的权力。在生活中人们更愿意听从在某一领域拥有专业知识和丰富经验的专业人士的意见和建议。同理，一个有着丰富知识和经验，处理问题能力突出的领导者，会使下属由衷地敬佩、信服和尊重，其指令就很容易得到贯彻和实施。

②个人影响权　这是与领导者个人的品质、魅力、经历、背景和行为作风等相关的权力，也被称为个人的影响力。领导者的人格魅力会折射出太阳般的光芒，将周围人紧紧吸引，愿意追随其左右，从而接受他的影响。

由品质、知识、经验和才干等因素构成的非职位权力，在领导者从事领导工作时，能增强领导者的影响力，即使不再担任领导职务时，这些因素仍然会对下属产生较大的影响。

# 9.2　人性假设理论

管理学中的人性假设理论，是研究者对管理活动中的"人"的本质特征所做的理论假定，是对影响人的工作积极性的最根本的人性方面的因素进行研究和探索时所形成的理论成果。这些理论假定，是进一步决定人们的管理思想、管理制度、管理方式和管理方法的依据和前提。

### 9.2.1 "经济人"假设

经济学中的"经济人"假设指出人是自利的理性人。在管理早期，人们普遍认同"经济人"的观念，认为人的一切行为都是为了最大限度满足自己的经济利益。在管理学的发展过程中，泰罗把人看作是纯粹的"经济人"，认为人的行为仅仅出于个人经济动机，工人都在追求自身利益的最大化。

在这一认识的基础上，泰罗认为资本家和工人双方用友好合作和相互帮助代替以往的对抗斗争，就能生产出更多的产品，资本家获得更多的利润，工人也获得更多的经济收入，从而解决劳资双方的矛盾。基于上述假设，管理者必须采取"命令与统一"、"权威与服从"的管理方式，把被管理者看成物件一样，只满足他们的生理需要和安全需要，把金钱作为主要的激励手段，把惩罚作为有效的管理方式，采用软硬兼施的管理办法。

事实表明，科学管理的应用并没有产生泰罗所设想的那种友谊，反而使劳资双方的矛盾加剧，工人罢工，抵触组织对他们的非人道待遇。这也是该假设的局限性所在，即忽视人的自身特征和精神需要，忽视组织成员之间的交往及工人的情感、态度等社会因素对生产效率的影响。

### 9.2.2 "社会人"假设

"社会人"的概念来自霍桑试验，认为影响人的劳动积极性的因素，除了物质利益之外，还有社会的心理的因素。梅奥指出人们在劳动中进行交往，紧密地结合在一起，管理者如果忽视人际关系的调整，必然会造成生产中不断出现问题。

**(1)"社会人"假设的管理方法**

"社会人"假设的管理方法主要有以下 4 点：

①管理者不能只注意完成工作和任务，而应把关注的重点放在关心人、满足人的需要上。

② 管理者不能只注意指挥、监督、计划、控制和组织，而应该更重视职工之间的关系，培养和形成职工的归属感和整体感。

③在实行奖励时，提倡集体奖励，而不主张个人奖励制度。

④ 管理者的职能也应有所改变，他们不应只限于制订计划、组织工序、检查工作等，而应在职工与上级之间起联络人的作用。一方面，要倾听职工的需求和了解职工的思想感情，另一方面要向上级反映职工的呼声。

在"社会人"假设的影响下，西方管理心理学提出了"参与管理"的新型管理方式。"参与管理"是指在不同程度上让职工或下级参加到决策中来。美国的马洛在哈乌德公司的一项著名实验——"参与管理"的典型——"斯凯计划"的巨大成功表明，"参与管理"是一种符合管理活动中职工心理规律的管理方式，其效果显著优于传统的"任务管理"。

**(2)对"社会人"假设的评析**

"社会人"假设较之"经济人"假设有了明显进步。它不仅指出了人具有自然性的需要，更重要的是它指出了人还有尊重、社交等需要。这种认识在管理界很快被人们所接受，并产生了较大的影响。

"社会人"假设及由此产生的管理思想和管理方式在西方受到了普遍重视，也在一定程度上缓和了紧张的劳资关系，促进了劳动生产率的提高。日本的企业管理界更重视"社会人"的人性理论及"参与管理"。例如，丰田汽车公司组织工人俱乐部，鼓励工人提合理化建议，即使公司不采用这些建议，也给予象征性的鼓励。日本的一些企业，把工人的生日储存在计算机内，每逢工人生日，就由公司送一份礼物。一些企业接受心理学家为解决工人与车间主任、厂长、经理之间的感情冲突所提出的建议，在厂里专门设有"心理健康管理室"。

### 9.2.3 麦格雷戈的 X&Y 理论

美国行为科学家道格拉斯·麦格雷戈于 1957 年在其《企业中的人性面》一文中提出了著名的 X&Y 理论，对当时西方社会人性的两种主要认识进行了分析和研究。

**(1)X 理论的基本内容**

麦格雷戈把传统的"经济人"观点称为 X 理论。由于对人性的消极认识，管理方式是胡萝卜加大棒的方法，通过金钱的刺激和严密的控制、监督和惩罚迫使员工为组织目标努力工作。X 理论内容的要点有：

① 懒惰是人的天性，人们都尽量逃避工作。

②大多数人是没有雄心大志的，不愿意承担任何责任，因此，甘愿受他人指挥。

③大多数人的个人目标与组织目标是相互矛盾的，必须采取强制的、惩罚的办法，才能迫使他们为实现组织目标而工作。

④ 大多数人工作是为了满足自己的生理和安全的需要，因此，只有金钱和其他物质利益才能激励他们努力工作。

⑤ 人大致可分为两类，大多数人具有上述特性，属被管理者；少数人能够自己鼓励自己，克制感情冲动而成为管理者。

基于 X 理论的假设，领导者对下属采取的领导方式表现为：领导者的主要职能是计划、组织、经营、指引、监督，关心劳动生产率的提高和任务的完成；领导者主要利用职权发号施令，让员工服从和适应工作的要求，不考虑员工的需要以及对他们的尊重；强调严密的组织和制订具体的规范和工作制度，如工时定额、技术规程等；应以金钱报酬来收买员工的效力和服从。

**(2) Y 理论的基本内容**

Y 理论提供了一种积极的人性假设。麦格雷戈认为这种假设更好地抓住了人性的特点，对领导方式的指导更具有意义。具体内容表现为：

① 一般人都是勤奋的，如果环境条件有利，人们工作起来就像游戏和休息一样自然。

② 控制和处罚不是实现组织目标的唯一方法，人们在执行工作任务中能够自我指导和自我控制。

③ 在正常情况下，一般人不仅乐于接受任务，而且会主动地寻求责任。

④ 人群中存在着广泛的、高度的想象力、智谋和解决组织问题的创造性。

⑤ 在现代工业条件下，一般人的潜力只利用了一部分，人还蕴藏着极大的潜力。

在这种人性假设下，对应的领导方式为：改变管理职能的重点，管理者的重要任务是创造使人发挥才能的工作环境，充分挖掘职工潜力，此时的管理者已不是指挥者、调节者或监督者，而是辅助者，从旁给职工以支持和帮助；采用新型的激励方式，通过给予来自工作本身的内在激励，让他担当具有挑战性的工作，担负更多的责任，促使其做出成绩，满足其自我实现的需要；在管理制度上给予工人更多的自主权，实行自我控制，让工人参与管理和决策，并共同分享权力。

## 9.2.4 "复杂人"假设

人是复杂的，不同的人或同一个人在不同的年龄和情境中会有不同的表现。所有的人性假设都具有一定的合理性，但也不能适用于所有的人，甚至同一个人的不同时期。美国行为科学家埃德加·沙因在 1965 年提出了"复杂人"的假设，内容主要有：

① 人的需要是多种多样的，而且会根据不同的时期、不同的生活条件和环境而改变。人在同一个时间内会有多种需要和动机。这些需要和动机相互作用、相互结合，形成了一种错综复杂的动机模式。

②人在组织中生活可以产生新的需要和动机。在人生活的某一特定阶段和时期，其动机是内部的需要和外部环境相互作用而形成的。

③一个人在不同的组织或同一组织的不同部门工作时会形成不同的动机。一个人在正式组织中郁郁寡欢，而在非正式组织中有可能非常活跃。

④一个人是否感到满足或是否表现出献身精神，取决于自身的动机及其与组织的关系、工作的性质、本人的工作能力和技术水平，动机的强弱以及与同事相处的状况都可能对其产生影响。

⑤人的需要和能力是有差异的，对于不同的管理方式反应是不一样的，没有一套适合任何情况、任何人的普遍的管理方法。

沙因基本上将人性的各种情况进行了归纳，给领导者提供了一个较好的坐标，这也是对管理思想的一个重要发展。事实上没有一种适合于任何时代、任何人的万能领导方式，因此以"复杂人"假设为依据产生了权变理论。

## 9.3 领导理论

领导者对于组织的作用非常重要，人们常说"千军易得，一将难求"，就是这个道理。从 20 世纪 30 年代开始，关于领导问题的研究就在美国就出现了，发展到今天，形成了领导特质理论、领导行为理论和领导权变理论等学派。

### 9.3.1 领导特质理论

为了满足选拔领导者的需要，人们期望能确定作为一个领导者所具备的特质，以解决什么样的人当领导最为合适的问题，这也是领导理论早期研究的思路。特质理论主要是通过研究领导者的各种个性特征，寻求区分领导者与非领导者的方法，预测具有怎样性格特征的人才能成为有效的领导者。领导特质理论代表性的成果有：

**(1) 包莫尔的关于有效领导者 10 大条件的理论**

美国普林斯顿大学的包莫尔提出了有效领导者的 10 大条件：合作精神，决策能力，组织能力，精于授权，善于应变，勇于负责，敢于求新，敢担风险，尊重他人，品德高尚。

**(2) 吉赛利的领导特征**

美国管理学家吉赛利调查了 90 个企业的 300 名经理人员之后，在其《管理才能探索》一书中，研究了有效领导者的 8 种个性特征和 5 种激励特征。8 种个性特征见表 9-1。

表 9-1 有效领导者的 8 种个性特征

| 特 征 | 具体表现 |
|---|---|
| 才智 | 语言与文辞方面的才能 |
| 首创精神 | 开拓新方向、创新的愿望 |
| 督察能力 | 指导别人的能力 |
| 自信心 | 对自己的评价 |
| 适应性 | 为下属接受程度 |
| 决断能力 | 判断决策能力 |
| 性 别 | 男性或女性 |
| 成熟程度 | 处事老练程度 |

5 种激励特征指对工作稳定的需求，对金钱奖励的需求，对指挥别人的权力需求，对自我实现的需求和对事业成就的需求。

**(3) 日本企业界要求领导者具有的 10 种品德和 10 种能力**

表 9-2 领导者的 10 种品德和 10 种能力

| 10 种品德 | 10 种能力 |
|---|---|
| 勇 气 | 洞察能力 |
| 热 情 | 思维决策能力 |
| 果 断 | 判断能力 |
| 公 平 | 规划能力 |
| 利润欲望 | 创造能力 |
| 公私分明 | 解决问题能力 |
| 责任感 | 调动积极性能力 |
| 使命感 | 培养下级能力 |
| 进取心 | 劝说能力 |
| 忍耐性 | 对人的理解能力 |

总之，自信、远见、创新、敏锐、勇于冒风险、敢于承担责任等成为领导者应该具备的特质。但具备这些特质并不意味着一定成为成功的领导者。情境因素、环境的变化对领导者的行为与方式有不同的要求，单纯从性格特质角度去强调成功的领导是片面的。具备这些特质是领导者基本的和必要的条件，此外，还要根据组织复杂的因素变化去选择恰当的方法，远见与高效地制订与完成组织目标。

## 9.3.2 领导行为理论

20 世纪 40 年代末至 60 年代初，研究者开始具体研究领导者表现出的领导行为，试图发现有效的领导者的行为是否有其独特之处。

**(1) 勒温理论**

艾奥瓦大学的科特·勒温等力图识别出最有效的领导行为。他们着眼于

3 种领导风格：专制型、民主型和放任型。勒温认为，这 3 种不同的领导风格会形成 3 种不同的团体氛围和工作效率。

专制型的领导者注重工作的目标，仅关心工作任务和工作效率。他们对组织成员不够关心，被领导者与领导者之间的社会心理距离比较大，被领导者对领导者存在戒心和敌意，组织成员容易产生挫折感和机械化的行为倾向。

民主型的领导者注重对组织成员的工作加以鼓励和协助，关心并满足组织成员的需要，试图营造一种民主与平等的氛围，领导者与被领导者之间的社会心理距离比较近。在民主型的领导风格下，组织成员自己决定工作的方式和进度，工作效率比较高，成员满意度也较高。

放任型的领导者采取的是无政府主义的领导方式，对工作任务和组织成员的需要都不重视，无规章、无要求、无评估，工作效率低，人际关系淡薄。

勒温通过研究发现：在民主型领导风格下，组织的工作效率最高，成员满意度也较高；在专制型领导风格下，组织的工作效率比较高，但成员间的人际关系很差；在放任型领导风格下，人际关系固然不错，但工作效率最低，数量与质量都非常差，而且对领导者并不满意。

勒温能够注意到领导者的风格对组织氛围和工作绩效的影响，区分出领导者的不同风格和特性并以实验的方式加以验证，这对实际管理工作和有关研究非常有意义。许多后续的理论都是从勒温的理论发展而来的。但是勒温的理论也存在一定的局限，这一理论仅仅注重了领导者本身的风格，没有充分考虑到领导者实际所处的环境因素。因为领导者的行为是否有效不仅取决于其自身的领导风格，还受到被领导者和周边环境因素的影响。

**（2）领导四分图理论**

领导四分图是 1945 年美国俄亥俄州立大学的研究者提出的，他们定义了领导行为的两类关键因素：定规维度和关怀维度。定规维度是指领导者为了实现目标，对自己与下属是否进行严格工作规划、目标设置和任务界定。高定规特点的领导者强调运用组织框架形成强制力和约束力，在工作中强调规章制度、强制命令等约束力量。关怀维度是指领导者在工作中对下属的尊重、信任、关心的程度。高关怀特点的领导者平易近人，关心下属的需要、健康、满意、职业发展，平等地对待每一个下属。

每一个领导者的领导行为都表现为这两种维度高低的不同组合，这就形成了 4 种典型的领导风格，如图 9-1 所示。

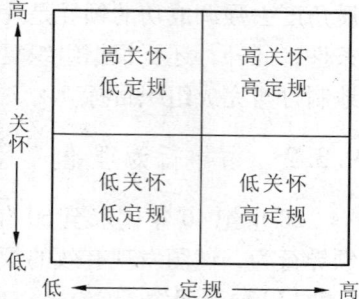

图 9-1　领导行为四分图

经过研究发现，高定规高关怀特点的领导者与其他 3 种类型的领导者相比，下属的满意度更高，从而产生较高的绩效。因此，该理论认为高—高型领导者一般能够达到较好的领导效果，是最佳的领导模式。但是，由于领导行为与环境具有高度的相关性，这种类型的领导者未必在所有的情况下都能够起到积极作用。在实际领导活动中，领导者需要对各种要素进行综合分析，选择适合的领导方式和风格。

**（3）管理方格理论**

美国管理学家布莱克和穆顿于 1964 年设计了一个巧妙的管理方格图，直观地表示出领导者对生产的关心程度和对人的关心程度，如图 9-2 所示。管理方格图的横轴表示领导对工作的关心程度，纵轴表示对人的关心程度，同时，将纵、横轴九等分，离原点越近表示关心程度越低，越远表示关心程度越高，这样，整个方格图就形成了 81 个方格。每个方格都表示"关心生产"和"关心人"这两个基本因素以不同程度相结合的一种领导方式。评价一位领导者的领导方式，只要在该图中按照两种行为寻找交叉点即可，交叉点便是其领导行为的类型。领导者纵轴的积分越高，表示他越重视人的因素；领导者横轴的积分越高，表示他越重视生产。

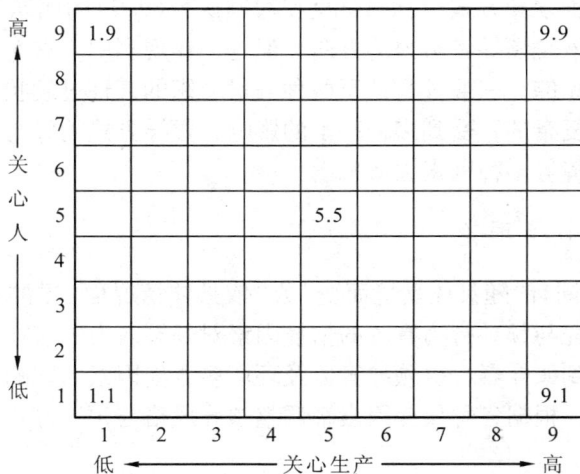

图 9-2　管理方格图

莱克和穆顿在管理方格图中列出了 5 种典型的领导行为，并对其进行了分析：

①贫乏型（1.1）　在这种领导方式中，领导者对工作和员工都漠不关心，表现为领导者只做一些维持自己职务的最低限度的工作，即只要不出差

错，多一事不如少一事。这是一种不称职的管理，因而被称为贫乏型管理。

②任务型(9.1)　这种领导方式集中注意对生产任务和作业效率要求，关心工作计划和目标、指导和控制下属的工作，但不重视人的因素。这种领导是专制型领导，强调有效地控制下属，下属只能按命令行事。

③俱乐部型(1.9)　这种领导方式下的领导非常关注下属的需要，努力创造一种融洽的工作氛围。这种领导者认为，只有下属心情愉快，才会有较高的生产效率。这种不管工作情况如何，都要重视职工的情绪的领导方式被称为乡村俱乐部型管理。

④中间型(5.5)　这种领导方式既不过于重视人的因素，也不过于重视生产因素，努力保持两者的和谐和妥协。但这种领导方式缺乏创新精神，只乐意维持现状，因而被称为中庸之道型管理。

⑤团队型(9.9)　这种领导方式对工作任务和人的关心都达到最高点。领导者处处关心下属，努力使下属在完成组织目标的同时，满足个人需要。这种领导方式能使组织的目标和下属个人的需要最有效地结合起来，既高度重视组织的各项工作，又能通过沟通和激励，使群体合作，从而获得较高工作效率，因而被称为战斗集体型管理。

在以上 5 种领导方式中，布莱克和穆顿认为(9.9)的团队型管理的工作效果最佳，应该是领导者努力的方向。但是，在现实中，这 5 种极端的领导方式都是很少见的，一般都是处于两种因素交织的某种过渡状态。此外，领导活动是非常复杂的，受到多种因素的影响，领导方式的好与不好还应该结合其员工、环境等多种因素去考虑。

### 9.3.3　领导权变理论

"权变"一词有"随具体情境而变"或"依具体情况而定"的意思。领导权变理论主要研究与领导行为有关的情境因素对领导效力的潜在影响。成功的领导方式要受到领导者、被领导者以及环境多方面因素的影响，由此提出了权变领导理论，根据各种权变因素来调整领导风格与领导方式，取得领导活动的成功。

**(1)菲德勒权变模型**

最早对权变理论作出理论性评价的人是美国心理学家菲德勒。他于 1962 年提出了有效领导的权变模式，即菲德勒模式。在这个理论中，菲德勒通过调查确定了不同领导者的风格。领导风格是影响领导活动成功与否的关键因素之一，为了确定个体的领导风格，菲德勒开发了"最难共事者问卷"(least – preferred coworker questionnaire，LPC)。

问卷由 16 组相对的形容词构成，每组形容词给予 8 个等级的分值(1 表示最消极的一端，8 表示最积极的一端)，让被试者回忆自己的工作经历，找出最难共事的同事，在这 16 组形容词中按照 1~8 的等级对其进行打分评估。菲德勒认为，将最难共事的同事用积极的词汇来描述的被试者，其 LPC 得分较高，说明他乐意与同事形成良好的人际关系，菲德勒将这类领导者定义为关系取向型。相反，如果被试者的 LPC 得分较低，他对最难共事的同事都用较为消极的词汇来形容，说明他对工作更感兴趣，菲德勒将这类领导者定义为任务取向型。在调查过程中，有少量被试者的 LPC 得分处于中间水平，菲德勒承认，很难确定他们的个性特征。

在评估了个体的领导风格之后，菲德勒揭示了确定情境的 3 个因素：上下级关系，任务结构和职位权力。

①上下级关系  领导者对下属信任、信赖和尊重的程度。下属对领导者追随程度越强，说明上下级的关系越好，越有利于发挥领导的作用。

②任务结构  是指组织工作任务的程序化程度和明确程度。当工作任务本身十分明确，组织成员对工作任务的职责明确时，领导者对工作过程易于控制，整个组织完成工作任务的方向就更加明确。

③职位权力  是指与领导者职位相关联的正式职权和从上级和整个组织各个方面所得到的支持程度。这一职位权力由领导者对下属所拥有的实有权力所决定。领导者拥有这种明确的职位权力时，组织成员将会更顺从他的领导，有利于提高工作效率。

菲德勒将 3 种情境因素进行组合，形成了 8 种情境，将这 8 种情境与两种领导风格匹配起来，最终得出结论，认为任务取向型领导者在最有利的情境中(1、2、3)和最不利的情境中(7、8)可以取得好的绩效，而关系取向型的领导者在中等水平的情境中(4、5、6)可以取得好的绩效(见表 9-3)。

**表 9-3  领导环境与领导方式匹配表**

| 领导的环境状况<br>影响因素 | 有利 | | | 中等 | | | 不利 | |
|---|---|---|---|---|---|---|---|---|
| | 1 | 2 | 3 | 4 | 5 | 6 | 7 | 8 |
| 上下级关系 | 好 | 好 | 好 | 好 | 差 | 差 | 差 | 差 |
| 任务结构 | 明确 | 明确 | 不明确 | 不明确 | 明确 | 明确 | 不明确 | 不明确 |
| 职位权力 | 强 | 弱 | 强 | 弱 | 强 | 弱 | 强 | 弱 |
| 领导方式 | 任务取向型 | | | 关系取向型 | | | 任务取向型 | |

菲德勒认为个体的领导风格是稳定不变的，根据领导风格与情境匹配的规律，要提高领导者的有效性有两种方法：一是选择具有恰当领导风格的领

导者适应情境的要求；二是设法改变情境，以适应领导者的风格与方式。

**（2）领导生命周期理论**

1969年，保罗·赫塞和肯·布兰查德提出了领导生命周期理论，该理论也称为"赫塞－布兰查德模型"。该理论认为成功的领导者要根据下属的成熟度来选择恰当的领导方式。由于被领导者是否接受领导者会最终影响领导的效果，因此，研究领导者的有效形式必须重视被领导者的成熟度。

成熟度是指个体对自己的直接行为负责的能力和意愿，包括工作成熟度和心理成熟度。工作成熟度是下属完成任务时具有的相关技能和技术知识水平。心理成熟度是下属的自信心和自尊心。高成熟度的下属既有能力又有信心做好某件工作。根据员工能力与意愿的高低程度不同组合，可以形成以下4种不同的成熟度水平：成熟度水平低（M1），下属对于执行某任务既无能力又不情愿，他们既不胜任工作又不能被信任；成熟度水平较低（M2），下属缺乏能力，但愿意执行必要的工作任务，他们有积极性，但目前尚缺足够的技能；成熟度水平较高（M3），下属有能力，但不愿意承担领导所交予的任务；成熟度水平高（M4），下属既具有能力又愿意做领导者希望他们做的工作。

随着下属成熟程度的由低到高，领导风格与其相匹配，形成4种领导类型：高任务—低关系、高任务—高关系、低任务—高关系、低任务—低关系（图9-3）。

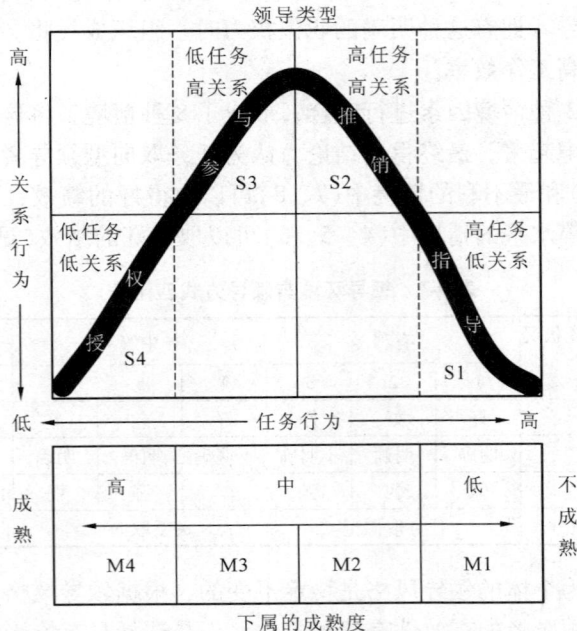

图9-3　领导生命周期理论

4 种领导类型要与下属特点相匹配，具体表现为：指导型领导（S1），领导者界定工作任务和角色，通过发号施令，明确告知下属完成任务的详细规则与程序，重视任务的完成情况，不过多地考虑下属的满意度，对应的是 M1 型的下属；推销型领导（S2），领导者的指导行为与支持行为并重，既关注员工的满意度，保持并提高员工的工作热情，又在指导和支持的过程中锻炼下属的能力，提高他们的工作技能，对应的是 M2 型的下属；参与型领导（S3），领导者鼓励下属共同决策，为下属提供良好的工作条件和沟通渠道，从而提高下属的工作满意度，培养下属的工作热情，对应的是 M3 型的下属；授权型领导（S4），领导者给下属充分的自由，提供极少的指导与支持行为，确信下属能够依靠自己的能力明确任务的目标并出色地完成任务，对应的是 M4 型的下属。

该理论只考虑了下属的特征，没有包括领导行为的其他情境特征，如职位权力、任务结构、上下级关系、组织特征、社会状况、文化影响、心理因素等。但它对于深化领导者和下属之间的研究，具有重要的基础作用。

**（3）路径—目标理论**

该理论由加拿大多伦多大学教授罗伯特·豪斯提出，他认为，领导者可以而且应该根据不同的环境因素来调整自己的领导方式和作风。领导方式是由环境因素决定的，环境因素包括两个方面：一是下属的特点；二是工作环境的特点。领导者的基本职能在于制订合理的、员工所期待的报酬，同时为下属实现组织目标扫清道路，创造条件。根据该理论，领导方式可以分为4 种：

①指导型领导方式　领导者应该对下属提出要求，指明方向，给下属提供他们应该得到的指导和帮助，使下属能够按照工作程序去完成自己的任务，实现自己的目标。

②支持型领导方式　领导者对下属友好，平易近人，平等待人，关系融洽，关心下属的生活福利。

③参与型领导方式　领导者经常与下属沟通信息，商量工作，虚心听取下属的意见，让下属参与决策、参与管理。

④成就指向型领导方式　领导者做的一项重要工作就是树立具有挑战性的组织目标，激励下属想方设法去实现目标，迎接挑战。

如果下属认为领导者的行为能够使其当前或未来的某种需要获得满足，这种行为就是具有激励性的，是被下属所接受的，这种领导则具有效果。领导者的行为要具有激励作用需要从两方面考虑：使下属需要的满足取决于有效的工作绩效；提供获得有效绩效所必需的辅导、指导、支持与奖励。工作绩效的实现以及下属满意度的提高需要考虑下属的个性特征和下属可以控制的环境因素。其中环境因素包括任务结构、正式权力系统和工作群体；下属的个人特征包括控制点、经验、知觉能力。控制点是指个体对环境变化影响自身行为的认识程度。根据认识程度的大小，可以将个体分为内控型和外控型两类。内控型的个体充分相信自我行为主导未来；外控型的个体则认为环境影响行为的结果，环境主导未来。

如图9-4所示，领导者要根据下属和环境这两类情境因素，确定恰当的领导方式，指明下属的工作目标，为下属的工作清除各种干扰因素和障碍，帮助下属找出实现目标的路径，从而提高工作绩效、实现组织目标，并提高员工的满意度。

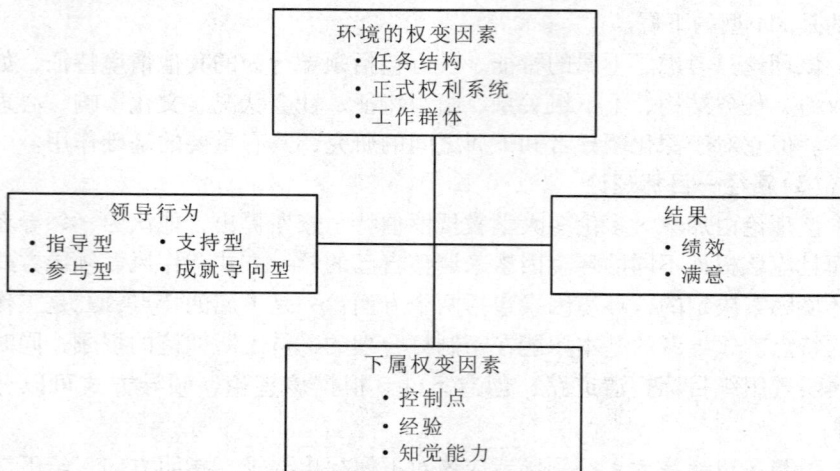

**图9-4　路径－目标理论**

利用路径—目标理论进行分析，可以得出以下结论：下属是外控型的，或者任务不明确、压力过大，或者组织内部存在实质性的冲突，在这些类型的情境中，指导型领导更为适合；组织中的正式权力关系明确，官僚化程度高，或者下属从事的任务结构化程度高，在这些类型的情境中，支持型领导会取得更好的效果；参与型领导会使内控型的下属取得较高的满意度；对于知觉能力强或者经验丰富的下属，参与型和成就导向型的领导能够取得较好的效果。

▲ **思考题**

1. 什么是领导？领导的作用有哪些？
2. 领导权力的构成有哪些？使用不同权力应该注意什么？
3. 人性假设理论的内容是什么？
4. 领导特质理论、领导行为理论、领导权变理论研究的侧重点有何不同？各举一种代表性理论加以说明。

▲ **案例**

# 柳传志的传奇

柳传志是一个创业的传奇。他用 14 年时间使联想集团由 11 个人 20 万元资金的小公司成长为中国最大的计算机公司。柳传志的成功除了他个人的能力外，主要得益于拥有一大批像杨元庆、郭为这样高素质的追随者。柳传志的能力在于始终有办法让下属相信，联想一定能成功。这个"信"字很重要。"信"了，才会一呼百应，团结进取；"信"了，才会百折不挠，勇往直前；"信"了，才会令行禁止，服从大局。柳传志争取追随者靠的是立意高远、身先士卒、培养和起用能人。振臂一呼，应者云集的领导能力决不是一个领导职位就能赋予的，没有追随者的领导剩下的只是职权威慑的空壳。是追随者成就了领导者，领导的过程就是争取追随者的过程。而领导者的个人魅力和感召力，领导者所营造的组织氛围在此过程起着重要作用。

柳传志争取追随者的第一步是"人行得正"。"在公司里面，我对他们要求挺严格，大家还都信我。甚至离开公司的人，想自己发展的人，也不会出去说联想不好。这其中，我觉得有一点很重要，就是决不搞宗派，决不给自己谋私利。不仅是不谋私利，对人处事还要公正。今天我把 A 训了一通，明天当他发现，其他人犯了错误也一样挨训的时候，他就不会感到委屈。"

争取追随者以身作则、身先士卒很重要，"创业的时候，我没高报酬，我吸引谁？就凭着我多干，能力强，拿得少，来吸引更多的志同道合的老同志。"

"要部下信你，还要有具体办法，通过实践证明你的办法是对的。我跟下级交往，事情怎么决定有 3 个原则：同事提出的想法，我自己想不清楚，在这种情况下，肯定按照人家的想法做；当我和同事都有看法，分不清谁对谁错，发生争执的时候，我采取的办法是，按你说的做，但是，我要把我的忠告告诉你，最后要找后账，成功与否要有个总结。你做对了，表扬你，承认你对，我再反思我当初为什么要那么做；你做错了，你得给我说明白，当初为什么不按我说的做，我的话，你为什么不认真考虑；第三种情况是，当我把事想清楚了，我就坚决地按照我想的做。"

"第二种情形很重要，不独断专行，尊重人家意见，但是要找后账。这样做会大大增加自己的势能。""其次，是取信于领导，取信于用户和合作者，取信于员工。说到的事情一定要做到，要不然，你就别说。联想集团定的指标全都不冒，联想定的指标肯定是超额完成，谁也不敢说大话。另外，公司立的规矩一定要不管不顾地坚持。例如公司开会迟到罚站的规矩传了十几年了，传下来不容易，因为不断地来新人，谁信这个。"在领导方式方面，柳传志认为，当企业小的时候，或者刚开始做一件全新的事的时候，一定要身先士卒，那个时候，领导是演员，要上窜下跳自己去演。但是当公司上了一定规模以后，一定要退下来。"要做大事，非得退下来，用人去做。如果我一直身先士卒，就没有今天的联想了，我现在已经退到了制片人的角色。现在包括主持策划，都是由年青人自己搞，杨元庆他们自己的事，由他主持策划，我只是谈谈未来的方向。"

（引自盈锟，《柳传志：创业成功必需的要素并不多》，2006）

**问题：**

（1）柳传志是个成功的领导者吗？为什么？

（2）从领导理论的角度分析柳传志的成功之道。

### ▶ 阅读指引

1. 基业常青．吉姆·柯林斯，杰里·波勒斯．中信出版社，2006.

2. 领导力．库泽斯，波斯纳．机械工业出版社，2009.

3. 领导学：沟通的视角．米歇尔·海克曼，克雷格·约翰逊．3 版．上海人民出版社，2004.

# 第10章 激 励

**本章提要**

　　本章主要介绍了激励的概念、作用和要素，内容型激励理论、过程型激励理论和综合型激励理论3种激励理论，以及目标激励、制度激励、榜样激励等激励方法。

**学习目标**

　　了解激励的含义、过程、作用等基本知识；理解激励的本质、激励因素、激励的基本理论；掌握激励的原则与方法。

　　现代企业管理的核心是对人的管理，企业组织的发展需要每一个成员长期的协作努力。然而，员工与组织目标可能不尽一致，工作的努力程度也经常与企业的预期要求有差异。因此，管理者需要激发、调动组织员工的工作积极性，引导员工把企业的目标任务变成自己的目标任务，促使员工为实现企业的目标作出最大的努力。

## 10.1 激励概述

### 10.1.1 激励的概念

　　激励原意为促动、驱使人们行动的各种动力组合。从心理学的角度看，激励是指人类的一种心理状态，具有加强和激发动机，推动并引导行为指向目标的作用。从管理学的角度讲，激励是组织中使组织成员产生和增强实现组织目标的工作动力的管理活动，是指针对员工行为产生变化的内在规律，创设满足组织成员各种需要的条件，激发成员的工作动机，使其产生实现组织目标的特定行为的过程。从这个意义上讲，激励的本质是指管理活动中激发或诱导他人的动机，为某一既定目标而努力。

### 10.1.2　激励的作用

激励作为一种激发或诱导他人动机来达到目的的活动，作用于人的心理活动过程，对人的行为具有驱动和导向作用，因而通过行为的表现及效果可以对激励的程度加以推断和测定。有学者对有无激励的行为进行对比研究后，发现人的行为表现和行为效果很大程度上取决于他所受到的激励程度或水平。激励水平越高，行为表现越积极，行为效果也越大，二者成正相关关系。大量的管理实践已经证实，激励在企业管理中具有多方面的重要作用。

①正确的激励有助于激发和调动员工的工作积极性、主动性和创造性。积极性是员工在完成工作任务时一种能动的自觉的心理和行为状态。这种状态可以促进员工的智力和体力能量的充分释放，并产生一系列积极的行为后果，如劳动生产率的提高、任务的超额完成、精湛的工作技能、良好的服务态度等。

②正确的激励有助于将员工的个人目标导向实现组织目标的轨道。个人目标及个人利益是员工行动的基本动力，它们与企业的组织目标和总体利益之间既有一致性，也存在许多差异。激励的功能就在于以个人利益和需要的满足为基本动力，诱导员工把个人目标统一于企业的整体目标，推动员工为完成工作任务作出贡献，促进个人目标与企业目标的共同实现。

③正确的激励有助于增强企业凝聚力，促进组织内部各组成部分的协调统一。为保证企业整体协调运转，除了用严密的组织结构和严格的规章制度加以规范外，还需要运用激励的方法，满足员工尊重、社交等多方面的心理需要，鼓舞员工士气，协调人际关系，促进各个部门、群体、人员之间的密切协作。

### 10.1.3　激励的要素

人的行为是由动机支配的，动机又是由人的需要引起的，需要产生动机，动机驱使人们去寻找目标。找到目标后，就进行满足需要的行为。需要满足后，紧张和不安消除，但接着又会产生新的需要，并引发新的动机和行为，如此不停地反复进行下去(图 10-1)。激励所利用的正是这一过程，它在分析人们需要的基础上，不断激发、引导人们沿着组织所希望的方向去行动，以取得预期的效果。由需要引起动机，动机支配行为并指向预定的目标，是人类行为的一般模式，也是激励发生作用的要素。

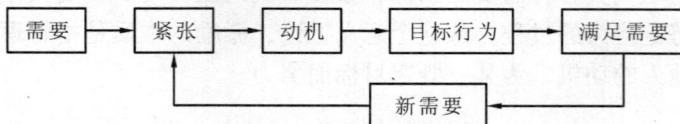

需要 → 紧张 → 动机 → 目标行为 → 满足需要 → 新需要

**图 10-1　行为过程**

**（1）需要**

需要是指人对某种事物的渴求或欲望。当人们缺乏所需事物而引起生理或心理紧张时，就会产生需要，并为满足需要而采取行动。因此，需要是一切行为的最初原动力。在管理中运用激励方法，正是利用需要对行为的原动力作用，通过提供外部诱因，满足员工的需要，进而引发员工的积极行动。

一般而言，人的需要具有以下基本特性：

①多样性　由于人类社会实践活动的范围极其广泛，在此基础上形成的需要也是多种多样的，除了衣食住行等基本物质生活需要外，人们还有知识、交往、尊重、成就等社会和精神方面的需要。许多学者对人的需要进行多种分类，如美国心理学家马斯洛的需要层次说，麦克利兰认为人有权力、归属、成就三方面的需要。

②结构性　人的多种需要之间相互关联，相互制约，由此构成复杂的结构体系。在需求结构体系中，各种需要处于不同的层次地位，从而对行为产生不同程度的影响。其中占据主导地位的需要对人的行为具有决定性支配作用，称为优势需要。不同人在不同时期或环境条件下有着不同的优势需要，而优势需要与其他需要的不同组合结构又决定了人们行为方式的差异。

③社会制约性　需要是人的主观感受与客观环境共同作用的结果，因而必然受到所处环境条件的制约。尽管不同人因主观感受的区别而存在需求差异，但任何人都无法超越所处历史阶段形成某种不存在客观可能性的需要。

④发展性　社会的进步引起需要的内容范围以及满足方式的变化，某些旧的需要消失，新的需要产生，从而推动社会的发展和需要的发展。

**（2）动机**

激励总是与动机联系在一起，因为人的一切行为都是某种动机引起的。动机是人的一种精神状态，它对人的行为起激发、推动和强化作用。但激励与动机又有区别，激励指向于动机，没有动机，激励就失去了直接作用的对象；反之，所有动机的形成和持续都是某种激励的结果。

动机是引发行为的更为直接的原因和现实动力，体现着客观事物对行为的激励作用，并把行为引向能满足需要的具体对象。动机的产生依赖于两个条件：一是个体的生理或心理需要；二是能满足需要的客观事物，又称外部诱因。一般情况下，前者处于既定状态，后者则能够人为地予以改变，引起期望的行为。

在企业中，员工的各种积极或消极行为同样受到各种动机的支配。运用激励手段调动员工积极性，就是利用动机对行为的这种驱动和支配作用，通过外部诱因激发动机，直接引导员工产生积极行为。

**(3)目标**

目标是行为所要实现的结果。人们采取的一切行为，总是指向特定的目标。目标在行为过程中具有双重意义：一方面，目标表现为行为的结果。另一方面，目标又表现为行为的诱因。在管理实践中利用目标对行为的诱导作用，通过合理选择和设置目标，可以有效地激励和改善员工的行为。

# 10.2 激励理论

自20世纪二三十年代以来，国外许多管理学家、心理学家和社会学家从不同的角度对怎样激励人的问题进行了大量的研究，并提出了许多激励理论。主要包括内容型激励理论、过程型激励理论和综合型激励理论。

## 10.2.1 内容型激励理论

内容型激励理论，是针对激励的原因与起激励作用的因素的具体内容进行研究的理论。这种理论着眼于研究满足人们需要的内容，即人们需要什么就满足什么，以此激起人们的动机。其中具有代表性的有马斯洛的需要层次理论、赫茨伯格的双因素理论和麦克利兰的成就激励理论。

**(1)需要层次理论**

需要层次理论是美国著名人本主义心理学的创始人亚伯拉罕·马斯洛提出的，他认为人的价值体系存在不同层次的需要，当某一层次的需要得到相对满足时，其激发动机的作用随之减弱或消失，更高一层的需要就成为新的激励因素。

需要层次理论的基本假设认为，个体的某种需要一旦得到满足，就不再具有激励作用；个体的需要结构很复杂，并且需要对行为的影响也不尽相同；只有在较低层次的需要得到一定满足后，较高层次的需要才会起到激励作用；满足较高层次需要的途径要多于满足较低层次需要的途径。

马斯洛认为，人的需要可以分为5种，需要层次由低向高依次为生理需要、安全需要、社交需要、尊重需要和自我实现需要(图10-2)。

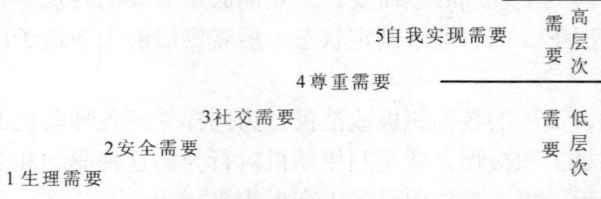

图 10-2 马斯洛的需要构成层次

①**生理需要** 是人最低层次的需要，包括对食物、水、空气和住房等的需要。当这种需要得不到满足时，就成为人类行为最强大的动力。马斯洛认为，当这些需要还未达到足以维持人们的生命时，其他需要将不会起到激励的作用。

②**安全需要** 当一个人的生理需要得到了一定满足以后，就会产生满足安全的需要。所谓安全需要，就是在维持现状的同时，还需要确保自己的身体免遭危险，确保已经获得的基本生理需要不再被剥夺。安全需要可以分为两类：一是现在的安全的需要；二是希望未来生活能够有所保障。安全需要主要包括职业安全(希望不要失业)、经济安全(希望经济收入有保障，医疗、养老有保障)、工作安全(希望不出工伤事故，并免除职业病的危害)及心理安全(希望摆脱严酷的监督，免于不平等的待遇)等。

③**社交需要** 当生理需要和安全需要得到一定程度满足后，社交需要便占据了主导地位。社交需要是建立在"社会人"假设基础上的，包括友谊、爱情、归属及接纳方面的需要。例如，希望得到别人的安慰；希望与同事和睦相处，关系融洽；希望得到别人的认同、接受和支持，并成为该群体中的一员。当人们的社交需要不能得到满足时，其行为就倾向于与组织目标对立，形成抗拒、不合作的局面。社交需要与人们的个性、经历、教育、家庭、国家、民族、宗教和文化等方面有关。

④**尊重需要** 当人们有了归属感以后，就不再满足仅做群体中的普通一员，进而产生尊重需要。尊重需要包括个体对成就或自我价值的个人感觉以及他人对自己的认可和尊重，希望别人尊重自己的人格和劳动，以满足自己的自尊心；希望别人对自己的工作、人品、能力和才干给予承认，以满足荣誉感；希望自己在同事之间有较高的地位和威望，以满足优越感。

⑤**自我实现需要** 是人类最高层次的需要，这种需要要求最充分地发挥人的潜力，实现个人的理想、抱负和目标。这是一种追求个人能力极限的内驱力，主要体现在两个方面：一是胜任感，表现为追求卓越，并出色地完成任务，喜欢承担具有挑战性的工作，在工作中彻底地发挥创造力；二是成就感，主要表现为进行创造性活动并取得圆满成功。

马斯洛的需要层次理论认为，这五种需要就像阶梯一样从低到高，按层次逐级递升，这意味着低层次的需要得到相对满足之后，就会向更高层次的需要发展，但这种次序并不是完全固定的，在一定条件下可以发生变化。值得注意的是，同一时期内，或是人们在不同的年龄段和不同的社会生活条件下，可能同时存在几种需要，但总有一种需要处于优势地位，成为主导需要。低层次需要满足以后，并不会因为产生了高层次需要而消失，这些需要依然存在，只是对行为的影响力减弱了。马斯洛将这五种需要又分为高、低两级：生理需要、安全需要和社交需要为较低层次需要，主要是从外部使人得到满足；而尊重需要和自我实现需要为较高层次需要，主要是从内部使人得到满足。

**（2）双因素理论**

双因素理论也称激励—保健理论，由心理学家弗雷德里克·赫茨伯格提出。

20 世纪 50 年代，赫茨伯格及其同事在企业调查中，将使员工在工作中感到快乐和满足的因素与造成员工不愉快和不满足的因素进行分类研究发现，使员工感到满意的因素主要与工作内容或工作成果有关，员工感到不满意的因素大多与工作环境或工作关系有关。因此，赫茨伯格提出，影响人们行为的因素主要有两类：保健因素和激励因素。

①保健因素　又称维持因素，是与人们的不满情绪有关的因素，这些因素的改善可以预防或消除员工的不满，如公司的政策、管理监督方式、工资水平、人际关系、工资条件等。保健因素处理不好，将直接引起员工强烈的不满；处理好了，可以预防和消除员工的不满。但这类因素不能直接起到激励的作用，只能起到保持人的积极性，维持工作现状的作用。例如，不合理的工作报酬让员工觉得强烈不满；工作报酬合理，会使这种不满意的感觉消失。

②激励因素　是指与人们的满意情绪有关的因素。与激励因素有关的工作处理好了，能够使人们产生满意情绪；如果处理不当，其不利效果最多只是没有满意情绪，而不会导致不满。激励因素主要是影响人们工作的内在因素，其本质是注重工作本身的内容。这些因素主要是成就、赞赏、工作本身的吸引力、责任和发展等。激励因素使员工对工作满意，能激发人们在工作中的积极性、创造性，产生满意的效果，给员工带来极大的满足。

双因素理论的研究表明，不同的激励因素具有不同的激励作用，只有激励因素才能真正激发出人们的工作积极性，保健因素只是起到一个防止或消除人们不满情绪的作用。同时对传统的满意—不满意的观点进行了拆解，认为满意的对立面不是"不满意"，而是没有满意；"不满意"的对立面也不是满意，而是"没有不满意"。激励因素程度高，员工满意；激励因素程度低，员工没有满意。保健因素程度低，员工不满意，保健因素程度高，员工没有不满意。

双因素理论对管理者实施激励工作的启示是：应确保员工享受到足够的保健因素，即为员工提供适当的工资和收入保障，创造一个安全舒适的工作环境，改善工作条件，改革监督方式等，以此来消除员工的不满。但更重要的是应该尽可能地为员工提供使其满意的激励因素，如提高工作趣味性和挑战性、更多的授权、更多的表扬和认可、更大的工作成就感、个人更广阔的成长空间等，让员工内心深处产生满意的感觉，这样激励的效果就达到了。

双因素理论在实际工作中得到了广泛应用，但也有一定局限性：第一，调查对象和数量的局限性。赫茨伯格的调查对象主要是从事良好工作的白领，他们在工资、安全、工作环境等方面都比较好，不具有代表性和普遍性。第二，忽视了人和人之间的差异性。对一个人来说是激励因素的也许在另一个人眼中不过是保健因素，反之亦然。第三，该理论只是强调研究员工的满意性，但满意性和工作绩效之间的关系却没有明确指出，而实际上满意不等于劳动生产率的提高。

**（3）成就激励理论**

美国著名心理学家戴维·麦克利兰在 20 世纪 50 年代初对马斯洛需求理论的普遍性提出了挑战，他认为人的许多需要都不是生理性的，而是社会性的。而且人的社会性需要不是先天的，而是后天的，来自于环境、经历和培养教育等。

麦克利兰通过试验研究，归纳出三大类社会性需要，提出了成就激励理论，也称为三种需要理论或后天需要理论。该理论认为，除了基本的生理需要之外，人在工作中还有三种基本的需要，分别是社交需要、权力需要、成就需要。这三种需要通过后天的培养、训练获得，并且在个体上的平衡也是因人而异，不同的人表现出来的主导需要是有差别的。

①社交需要  是一种渴望参与社会交往，并与他人建立亲近和睦的关系，回避冲突，为他人所接受和喜爱的需要。有高度社交需要的人在行动上主要表现为：需要和保留与他人的亲密友谊，乐于参加各种社交活动以寻找新朋友，乐于助人，希望获得他人对自己的好感。这类人员在企业中是成功的整合者和"黏合剂"，能够协调各部门的工作，通过其高超的人际关系技巧，建立起积极的工作关系。

②权力需要  是指渴望影响或控制他人、为他人负责，以及拥有高于他人职权的权威，不喜欢被他人所控制的需要。有强烈权力需要的人的行为特征主要有：喜欢掌控别人、教训别人，总是企图用自己的思维去影响他人，乐于处在竞争环境中，以上升到组织中某个高于他人的权力层次作为自己的追求目标。

③成就需要  是指渴望完成困难的事情、获得某种高标准的成功、掌握复杂的工作及超过别人、追求卓越的需要。具有高度成就需要的人总是企图

去超越别人，对追求成功有强烈渴望，希望做得最好，不惧怕挑战，趋向于寻找有一定难度的工作目标去完成，喜欢独立解决问题，勇于承担个人的成败责任，希望阶段性的工作成果能够得到及时反馈，以便调整自己下一步的行动策略，比较自觉主动。

麦克利兰通过对英国等工业发达国家的大量研究，得到以下结论：组织中拥有越多的高成就需要者，组织发展得越快。高成就需要者可以通过后天的教育获得。这对管理工作有以下几点启示：由于成就需要可以后天培养，因此组织应当为员工创造良好的工作环境，培养员工的成就需要，提供能够发挥个人能力的工作环境；尽可能为高成就需要者提供具有挑战性的工作环境，且对其工作成果进行及时反馈。

由于高成就需要者的注意力主要放在工作本身，他们未必会成为优秀的管理者。优秀的管理者应当是高权力需要和高成就需要并重的人。

## 10.2.2 过程型激励理论

过程型激励理论主要是研究行为如何被引发、怎样向着一定的方向发展、如何保持以及怎样结束这种行为的全过程。其中具有代表性的是期望理论、公平理论和强化理论。

### (1) 期望理论

期望理论是美国著名心理学家和行为科学家维克托·弗鲁姆在 1964 年出版的《工作与激励》一书中提出的。该理论认为，人之所以能够从事某项工作并达成组织目标，是因为这些工作和组织目标会帮助他们实现个人目标、满足自己某方面的需要。具体而言，当员工认为努力会带来良好的绩效评价时，就会受到激励，进而付出更大的努力；同时良好的绩效评价会带来如奖金、加薪或晋升等组织奖励，这些组织奖励会实现员工的个人目标，满足个人需要，从而产生激励。

弗鲁姆认为，一种激励因素(或目标)，其激励作用的大小，受到个人从组织中获得的报酬(或诱因)的价值判断以及对获得该报酬可能性的预期的双重因素的影响。前者称为效价，后者称为期望值(期望概率)，用公式表示为：

$$M = V \times E$$

式中 $M$——激励力量，是直接推动或使人们采取某一行动的内驱力；

　　　　$V$——效价，是达到目标后对于满足个人需要的价值的大小，反映个人对某一成果或奖酬的重视与渴望程度；

　　　　$E$——期望值，是指根据以往经验进行的主观判断，是达到目标并能导致某种结果的概率，是个人对某一行为导致特定结果的可能性或概率的估计与判断。

显然，只有当人们对某一行动成果的效价和期望值同时处于较高水平时，才有可能产生强大的激励力量。

期望理论认为，只有当人们的心理预期认为采取某个行动将会给自己带来最想要的结果，或者有助于实现某个目标的情况下，才会被激励起来去采取特定的行动。有效的激励取决于个人对完成工作任务以及接受预期奖赏的能力的动态关系的判断。

①努力与绩效的联系　指员工感觉通过一定程度的努力而达到工作绩效的可能性。如果个人主观认为通过自己的努力达到预期目标的概率较高，就会有信心，就可能会激发出很强的工作动力。但是如果目标太高，通过努力也不可能会有很好的绩效时，就失去内在的动力，导致工作消极。

②绩效与奖赏的联系　指员工对于达到一定工作绩效后即可获得理想的奖赏结果的信任程度。这种奖赏是广义的，既包括提高工资、多发奖金等物质方面的奖励，也包括表扬、自我成就感、得到同事或领导的认可和信赖等精神方面的奖励。如果他认为取得绩效后能够获得合理的奖赏，就有可能产生工作热情，否则就没有积极性。

③奖赏与满足个人目标需要的联系　指获得的奖赏对员工个人目标需求的重要程度。由于人们在年龄、性别、资历、社会地位和经济条件等方面存在差异，他们对各种需要得到满足的程度也是不同的。因而对不同的人，采用同一种奖励办法能满足的需要程度不同，能激发出来的工作动力也不同。

期望理论为管理工作提供了一些有益的启示。例如，为员工设置的目标要具体可行，目标太低会缺乏挑战性，目标太高超出能力范围会挫伤人的积极性，并且要注意及时兑现奖赏，做到言行一致；同时，为了提高员工奖励的效价，要针对每个人最迫切渴望得到满足的需要提供奖酬，奖酬要因人而异，不搞"一刀切"。领导者只有同时满足员工激励的期望值和效价两方面的要求，才能从根本上提高激励的有效性。

**(2) 公平理论**

公平理论是美国著名心理学家斯塔西·亚当斯于20世纪60年代提出来的，也称社会比较理论。该理论侧重于研究工资报酬分配的合理性、公平性及其对员工工作积极性的影响。

公平理论的基础是：人们处在一定的社会工作环境中，常常进行着来自不同方面的比较，而比较的结果会直接影响他们的工作态度和热情。当一个人做出成绩并取得报酬后，他不仅关心自己所得报酬的绝对值，而且关心自己所得报酬的相对值。也就是说，一个人的工作动机除了受到所得报酬奖励的绝对值的影响之外，还在很大程度上受到报酬相对值（即公平性）的影响。如果一个人的内心感受是公平的，其工作积极性即激励水平就高；反之，激励水平就低。

人们在比较时，总要选择一定的参照物作为衡量的尺度，这个参照物可称为参考对象，其类型主要有三种：第一是"他人"，这是人们在进行比较时的首选对象。他人的范围很广，既包括组织内从事相同或相似工作的其他人，也包括其他组织中与自己能力相当或职位相当的其他人，具体来说，可以是同事、朋友、同学、老师、学生、配偶等人。第二是"制度"，主要是指组织中的工资政策与程序及这种制度的运作系统。第三是"自我"，主要是反映个人过去经验的相关标准与现实的比较。人们也经常会把自己过去的投入产出比作为现实比较的一个参照标准来判断现行状况是否公平。

亚当斯提出"贡献率"的公式，来描述员工在横向和纵向两方面对所获报酬的公平性以其对工作态度的影响。

①横向比较　就是把自己所获得的报酬与投入的比值和组织内其他成员的这一比值做比较，只有相等时，他才认为是公平的。这里的报酬主要是指金钱、工作安排以及获得的赏识等；而投入是指教育程度、所作努力、用于工作的时间、精力和其他无形损耗等。用 $O_p$ 表示自己对所获报酬的感觉；$O_c$ 表示自己对他人所获报酬的感觉；$I_p$ 表示自己对个人所作投入的感觉；$I_c$ 表示自己对他人所作投入的感觉，横向比较会产生以下三种结果：

$O_p/I_p = O_c/I_c$，人们会认为自己所获得的报酬是公平的。

$O_p/I_p > O_c/I_c$，认为自己获得了比别人多的报酬。为减少不平衡感觉，可能会在开始时主动多做一些工作，但久而久之，他会重新估计自己的技术和工作情况，终于觉得他确实应当得到那么高的待遇，于是工作积极性又恢复到原先的水平。

$O_p/I_p < O_c/I_c$，认为自己获得了比别人少的报酬。心理上产生不公平的感觉，工作积极性会受到影响。他可能会要求增加自己的收入，或者减少自己今后的努力程度，甚至会出现离职的现象。

②纵向比较　除了横向比较外，人们也经常做纵向比较。所谓纵向比较，就是把自己目前投入的努力与目前所获得报酬的比值，同自己过去投入的努力与过去所获得报酬的比值进行比较，同样也是只有相等时，他才会认为公平。用 $O_{pp}$ 表示自己对现在所获报酬的感觉；$O_{pl}$ 表示自己对过去所获报酬的感觉；$I_{pp}$ 表示自己对个人现在所作投入的感觉；$I_{pl}$ 表示自己对个人过去所作投入的感觉，纵向比较也会产生以下三种结果：

$O_{pp}/I_{pp} = O_{pl}/I_{pl}$，人们会认为自己所获得的报酬是公平的。

$O_{pp}/I_{pp} > O_{pl}/I_{pl}$，人们不会因此产生不公平的感觉，但也不会感觉自己多拿了报酬从而主动多做些工作。

$O_{pp}/I_{pp} < O_{pl}/I_{pl}$，人们会有不公平的感觉，这可能导致工作积极性下降。

员工评价自己是否受到了公平的待遇，往往通过以上比较进行评价，并根据比较的结果来确定自己今后的工作态度和行为。公平理论正是从这个角度进行研究的，对领导者有效激励员工起到了良好的指导作用。如领导者用报酬或奖赏来激励员工时，一定要注意使员工感到公平与合理。个人的内部或外部报酬若与其绩效相称，且他也认为这些报酬是公平的，就会导致满意的结果。作为领导者应注意与其他组织做横向比较。

但在实际运用中，由于公平与否源于个人的感觉，如对于自己的付出和别人的努力程度的判断完全依赖于员工自己的主观判断。报酬是相对的事物，职工当然会关注工资的绝对数，但是否满意还部分取决于他们比较的参照群体。而一般人都有高估自己的付出和别人的所得，低估自己的所得和别人的付出的主观倾向，会产生心态不平衡，这种心态对组织和个人都很不利。所以管理者在运用该理论时应当更多地注意实际工作绩效与报酬之间的合理性，同时应帮助当事人正确认识自己与别人的投入与报酬，如确有不公，则应尽快解决；如纯属个人主观上的认识偏差，有必要进行说明解释，做好思想工作。

**(3) 强化理论**

强化理论是美国心理学家伯尔霍斯·斯金纳在动物行为条件反射实验的基础上，提出人类的行为同样也是一种由于受到外界刺激而使行为反应不断被强化或弱化的过程。如果这种刺激对他有利，这种行为就会重复出现和进一步加强；若对他不利，则这种行为就会减弱直至消失。此方法原来是在训练动物时采用的，但是以斯金纳为代表的一些学者发现，这也同样适用于人类。据此，领导者可以通过改变下属所受到的刺激状态来保持和加强组织所期望的积极行为，减少和消除消极行为，并努力促使其消极行为转化为积极行为。这种情形在心理学中称为强化，该理论也因此被称为强化理论。强化可以分为正强化和负强化两种。

①正强化　是一种增强行为的方法，是在一个组织所鼓励的行为出现后，随即加以奖励来促使此种行为反复发生，从而有利于组织目标更好地实现。正强化的刺激，既可以是奖金、奖品等物质奖励，也可以是表扬、晋升、改善工作条件、给予进修机会等精神奖励。

②负强化　是惩罚不符合组织目标的行为，以使这些行为消弱甚至消

失，从而保证组织目标的实现不受干扰。其外在表现为由组织规定的制度而形成的约束力。这类强化能够防止产生个人所不希望的刺激。例如，组织内的规章制度都有对于员工渎职行为的惩罚，如果违反就有可能遭受扣奖金或降级处分等惩罚，为了避免出现这些不愉快的后果，员工就会按照组织的要求履行自己的工作职责。

自然消退是不进行正强化，其实也是一种负强化。它是指通过不提供个人所希望的结果来减弱一个人的行为，对某种行为进行"冷处理"。例如，对员工的某种无聊行为不予理睬，既不奖励也不惩罚，由于一定时期内连续不强化，致使这种行为在组织内没有市场，从而降低这种行为的出现频率直至自然消退。

## 10.2.3 综合型激励理论

综合型激励理论是对已有的激励理论进行概括与综合，试图全面揭示人在激励中的心理过程，克服各个激励理论的片面性，从系统的角度解释人的行为的激励过程。这种理论是由美国心理学家莱曼·伯特和心理学家爱德华·劳勒于 1968 年提出的。他们在"需要层次理论"、"双因素理论"和"期望理论"、"公平理论"的基础上，把激励的心理过程依次排列，并标明努力与绩效、报酬之间的联系，同时也考虑到行为结果对后继行为的反馈作用，如图 10-3 所示。

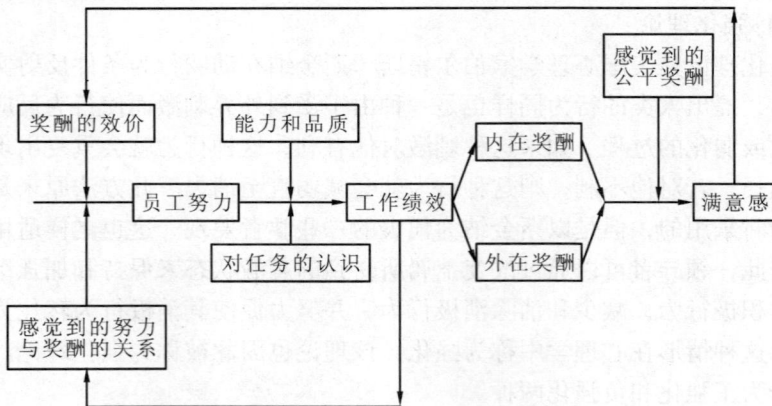

**图 10-3 伯特—劳勒模型**

伯特—劳勒模型表明，要使人们在工作上取得较好的成绩，首先要激发人们的努力程度。员工的努力程度会受到奖酬的效价和感觉到的努力与奖酬的关系两方面的影响。然而，人们工作的绩效和满意度，除了受动机和个人努力程度的影响外，还会受其他因素的影响，这些影响因素主要包括：对任务的认识，即人对自己所承担责权的认识，角色概念明确者会尽心竭力，在其位谋其政，有助于努力取得成绩；所具备的能力和品质，一般地说，在努力程度相同时，技术、能力水平越高，绩效越大。工作奖酬根据工作绩效的评价获得，包括内在奖酬和外在奖酬。内在奖酬主要是成就感或自我实现感等方面的内在感知；外在奖酬主要是工作条件、地位报酬等方面的内容。个人对这些报酬会进行评价，如认为报酬是公平的，将导致个人的满足。实际的绩效和得到的报酬又会影响以后个人对期望值的认识，同样个人以后对效价的认识也将受个人目标是否满足的影响。此模型表玥，要取得一个满意的结果，可能需要一系列相互联系的行动。模型表明，激励作用的发挥与以下几个方面息息相关：人的努力程度是由效价和期望值决定的；人经过努力能否带来一定的工作绩效受诸多因素影响；一定的工作绩效会带来一定的奖酬；奖酬能否带来满足与感受到的公平有一定影响；满足感反过来会影响效价；新的效价和期望值会重新调整人的努力程度。

通过对模型分析，可采用以下几个步骤来改进激励工作：尽可能判断或者诱导出每个员工最需要和组织有可能提供的报酬；向员工做出报酬许诺并设法获得员工的高度信任；确定实现组织目标所需要达到的工作标准；将员工想要的报酬和所做出的工作表现相联系；对工作中各种与计划冲突、矛盾的情形做全面的分析；确保在员工达到目标后兑现所许诺的优惠报酬；通过积极平衡员工心理来确保整个制度的公平性。

# 10.3 激励方法

结合前面的激励理论，可以看出仅靠一个方法、一个措施或一个理论是不能够确保激励有效实现的，真正有效的激励措施是一个完整的良性的系统工程，这个工程的实现依赖于基础性管理的制度化、体系化，还需要管理者的智慧和创新。个体的需要受到多种因素的影响，要充分调动人的积极性，对不同的人、不同的情况应用不同的方法。不存在对任何人都适用的激励模式。根据不同类型的激励理论的主要观点，实践中激励的基本方法有如下几种。

## 10.3.1 目标激励

组织通过建立明确的组织发展目标、员工个人的切实可行的工作目标来调动全体成员的积极性。目标激励一方面能够在理想和信念层次上激励员工，另一方面目标激励可以让员工知道自己的行动与这些目标是联系着的，可以激发大家的紧迫感和使命感。应用目标激励应注意把组织目标与个人目标结合起来，强调一致性，这样才能达到目标激励的效果。

## 10.3.2　制度激励

**（1）薪酬制度**

薪酬是组织对员工为组织所做的贡献付给的相应物质回报。主要包括固定工资、浮动工资（奖金）、津贴等。薪酬体系设计应遵循公平性、竞争性、经济性、合法性原则，需要注意的问题是薪酬要与工作绩效挂钩，激励员工的工作动机。

**（2）员工持股制度**

员工认购企业的部分股票，即每年根据员工相应的工资水平、为公司服务年限、劳动贡献大小或投入的技术、知识，将股票分配到每位员工的"员工持股计划账户"上，员工离开企业或退休后，可将股票卖给员工持股信托基金会。这种做法实质是将员工的收益与其对企业的股权投资相联系，将个人的利益同企业的效益和员工自身的努力等因素结合起来，带有明显的长期激励成分。实践证明，有员工持有企业内部股份的组织更有利于调动员工的积极性，增强员工的归属感，增强企业的凝聚力，吸引人才，降低人员的流动性，提高员工为公司长期服务的决心。

**（3）福利制度**

福利是为了吸引员工到企业工作或维持企业员工的稳定而支付的作为固定工资的补充的若干项目，主要包括三个方面：货币性福利，如额外收入、超时薪酬、住房性福利、交通性福利、饮食性服务、教育培训性福利、医疗保健性福利、带薪休假、体育文化性福利、金融性福利、其他生活性福利；保险福利，如员工意外伤害保险、失业保险、养老保险、医疗保险、个人财产保险等；非货币性福利，如咨询性福利、保护性服务、工作环境福利等。

很多企业往往把福利看成是人人有份、人人平等的大锅饭，这种福利制度的激励就会很差。因此，要想通过福利来有效激励员工，必须将员工所获福利与其工作业绩的优劣、为企业服务期限的长短等因素挂钩。如将企业福利分为奖励性福利和非奖励性福利两大类。在福利运用时注意将物质因素与精神因素有效结合起来。

**（4）培训制度**

研究表明，进修培训是许多员工看重的一个方面。培训既是提升员工知识能力的一种手段，也是员工个人发展的必然要求。通过对员工实施系统、专业、多样性的培训，既提高了员工的工作能力和效率，也是对工作积极的员工的一种肯定和鼓励，可以提高员工的满意度，激发出更大的工作热情，对组织来说是一个一举两得的方法。但是要想使培训成为一种有效的激励，就应该尽可能地让一些有吸引力的培训项目成为一种奖励，通过这些项目的实施来激励员工。

### 10.3.3　榜样激励

榜样激励是用表彰本组织的标兵模范来激发员工的荣誉感、光荣感、成就感、自豪感的一种激励形式。成为模范标兵的员工或团体组织，是大家的学习榜样，而这些员工会有成就感和自豪感，进一步严格要求自己，使这种榜样的形象能够继续维持下去；对没有成为标兵模范的员工或团体，可以激发他们去努力奋斗。这是一种内在的激励力量，其效果是强有力的。在实际运用这个方法时，表彰标兵模范一定要做到公正、公开、公平，要让表彰的标兵确实具有模范作用，因为榜样的力量是无穷的，榜样的破坏力也是不容忽视的。同样领导也是一种榜样，领导行为也能起到榜样激励作用。领导正，可以引导下属正；领导松，则下属乱。

### 10.3.4　其他形式

除了以上一些基本的激励形式以外，还有许多其他的激励方式，如企业文化激励、培训激励、信息和改善环境激励、竞赛激励、危机激励等。

①企业文化激励　文化是企业管理中不可忽视的重要因素，对企业的成功与否具有深刻的影响。重视企业文化建设有助于建立员工共同的价值观，树立团队意识。良好的企业文化注重培养全体职工共有的价值观念，注重强化职工对本企业的认可，注重企业中的人际关系，因此增加了员工对组织的凝聚力和自豪感，是组织必不可少的激励手段。

②改善环境激励　改善员工工作条件，创造一个信息交流无障碍的环境，改善办公条件，保障员工的知情权，让员工对组织发生的事情能够及时了解，使得员工认为组织关心自己，会让员工对组织产生更大的心理认同感。

③竞赛和危机激励　就是将人放到一个充满挑战的环境中，这种环境更能激发人的旺盛斗志，发挥比平时更多的潜能。在企业发展初期可以通过树立员工的危机意识来激发员工的斗志；在平稳发展阶段，可以采用劳动技能竞赛、专业知识大赛等竞争手段，创造一种你追我赶、互相推动、互相促进的氛围，让员工在互相竞争中实现激励的效果。

▲ 思考题

1. 什么是激励？它在企业管理中的功能是什么？

2. 激励的过程是怎样的？

3. 需要层次理论、双因素理论、成就激励理论各有什么异同？

4. 期望理论的基本内容是什么？

5. 公平理论给管理实践带来哪些启示？你认为在实际工作中如何做到公平？

6. 强化理论有哪些主要内容？请结合强化理论阐述领导者应该怎样激励和控制下属的行为？

7. 联系实际谈谈管理中存在哪些主要的激励问题及如何解决。

▲ 案例

## 如何让员工做你想让他们做的

某公司业务部门王经理，在这个岗位已经工作两年了，最近领导找王经理谈论部门员工士气不振的问题，尤其是该部门老张的抱怨很多。领导问王经理究竟是哪里出了问题，要王经理采取措施进行改善。

王经理不知道怎么对待员工才能让他们满意。当王经理将此事的看法直截了当地告诉部门员工时，很少有人用目光与王经理交流，而且每个人的表情看起来就像是一张"哭脸"的翻版，让人万分沮丧。一旦王经理指出他们某些工作的不足，他们就反过来说王经理无法控制局面，不是要求他们检讨就是无端指责。老实说，王经理发现给别人提意见真是一桩难事。

另外，王经理认为领了多少薪水就该做多少事，这是工作的基本态度。尤其是王经理是个刀子嘴豆腐心，在领导面前特别维护部门员工的利益，就以老张加薪为例吧，王经理可是费了九牛二虎之力，甚至在"一把手"那里立下军令状，才说服"一把手"和人力资源部，将老张的工资调整到王经理认为可以让他感到满意的水平。但是老张不但没有任何感谢，在工作上没有任何改进，相反还抱怨说王经理对他的要求越来越高。

最近，老张居然又跑到王经理办公室来抱怨说他要辞职，说犯点小错误就扣发他当月奖金，是鸡蛋里挑骨头。

看来王经理必须采取点措施了。他准备找老张谈谈，还准备召开部门全体员工会议说说这件事。可是能否解决问题呢？王经理心里一直没有底。

（引自 http：//www.sinopecnews.com.cn/shzz/2007 - 02/06/content_ 425009.htm）

**问题：**

（1）作为部门经理，自己竭尽全力，却不能使上司满意，使员工服气，请帮助王经理分析关键问题究竟出在哪里？员工为什么会不满意？

（2）运用激励理论和相关知识，对王经理的观念和做法及其部门的员工情况进行分析，王经理应该采取什么措施提高部门士气？

▲ **阅读指引**

1. 管理激励．刘正周．上海财经大学出版社，1998.
2. 员工激励与企业创富．李爱梅，肖胜．中国纺织出版社，2003.
3. 管理中的激励．孙健敏．企业管理出版社，2004.

# 第11章 沟 通

**本章提要**

　　本章主要介绍了沟通的含义、过程和方式，组织中的正式沟通和非正式沟通方式，以及沟通中的障碍及克服障碍的方法。

**学习目标**

　　了解沟通的含义和作用；理解沟通的过程与要素，不同沟通的方式和渠道的特点；掌握沟通障碍的产生原因及消除障碍的方法，管理沟通的技巧。

　　沟通是人类社会的基本活动。任何组织要实现共同的组织目标，必须了解外部环境条件，协调内部资源，这就需要通过沟通来实现，因此，沟通也是管理的重要工作。

## 11.1 沟通概述

### 11.1.1 沟通的含义与作用

　　沟通是信息的交流，交流的内容可以是一件事实，一种情感，一项命令，一种意见、看法，一个观点或思想，也可以是某一种情绪。管理沟通则是指人与人之间的信息交流，即人际沟通，借助一定手段把可理解的信息、思想和情感在两个或两个以上的个人或群体中传递或交换的过程。目的是通过相互间的理解和认同来使个人或群体间的认识以及行为相互适应。

　　对于组织来说，良好的沟通是组织正常运转的前提条件。如果组织内部缺乏良好的沟通，上级的决策不能有效下达，上级也得不到下级执行决策的信息反馈，则无法做出进一步决策；如果部门之间缺乏沟通，则各部门的行动难以协调；如果组织成员间的沟通不畅，组织内部就难以建立起良好的人际关系，组织必然缺乏凝聚力。沟通的作用主要表现在以下几个方面：

　　①信息的收集　沟通的过程实际上是信息交流的过程。通过沟通，管理者可以了解员工的意见和建议、员工的实际需要、各部门之间的人际关系、

管理效率等，从而为决策提供依据。

②改善人际关系　沟通的过程也是人际交往的过程，可以消除员工内心的紧张和怨恨，使员工感到精神舒畅，更重要的是员工在相互沟通中能产生共鸣和同情，增进彼此的理解和信任，改善相互之间的关系，从而减少人与人之间不必要的冲突。

③改变行为　在沟通过程中，信息接收者在接收并理解了发送者的意图后，在正常情况下会作出相应的反应，表现出合作的行为。

## 11.1.2　沟通过程

沟通是指信息从发送者到接收者的传递过程。一个完整的沟通过程应包括发送者、接收者、编码、解码、信息渠道反馈等要素。在沟通中发送者把某种意图通过一定形式转换成接收者所能理解的形式，然后通过一定的沟通渠道，传递给接收者，接收者对所接受的信息进行加工、处理、分析和理解，然后把所理解的信息反馈给信息发送者，以便确认其所接收的信息是否正确。当然，在沟通过程中，还可能存在着各种各样的"噪音"干扰(图11-1)。

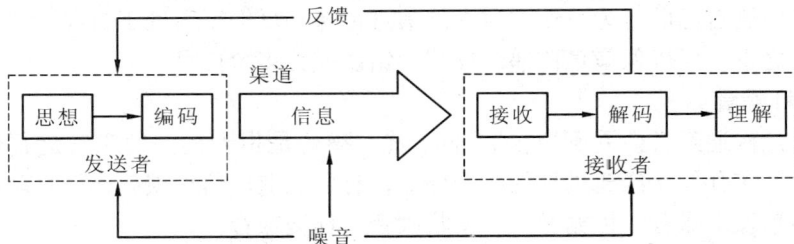

**图 11-1　沟通过程**

**(1) 编码与解码**

编码是用少量、简单的基本符号，选用一定的组合规则，表示大量复杂多样的信息，以便于信息的传递，是信息的符号化。解码则与之相反，是接收者在接受信息后，将符号化的信息还原，并理解其信息内容与含义的过程。

**(2) 沟通渠道**

沟通渠道是由发送者选择的、借由传递信息的媒介物。例如，口头沟通时，所采用的口头语言表达形式就是其沟通渠道；发电子邮件进行沟通时，电子邮件即是其沟通渠道。

很明显，由于各种沟通渠道都有各自的特点和利弊，因此，信息内容不同就有与之适应的不同渠道。在选择沟通渠道时要因时因地因人制宜，根据当时当地的具体环境来正确选择恰当的沟通渠道。在实际工作中，虽然有各种沟通渠道，但口头沟通渠道仍然是最有效、最常用的沟通渠道，即使是在通信技术高度发达的今天，口头沟通仍然不减其重要性。

**（3）反馈**

反馈是指接收者把收到并理解的信息返送给发送者，以便发送者对接收者是否正确理解了信息进行核实。在沟通过程中，这是一种信息的回流。传送者可以根据反馈检验沟通的效果，从而调整、充实和改进下一步的行动。

值得注意的是，反馈并非总是自觉发生的，不一定是一次就可以完成的，也不一定是有意的。如果发送者没有要求反馈，或接收者认为信息已经完全理解，没有必要反馈，或接收者由于各种原因不愿意进行反馈，反馈往往就不会发生。因此，如果发送者想要沟通成功，应该要求接收者及时进行反馈。有时发送者发现传达的信息没有被理解，他们就会被迫进行第二次甚至更多次地传送，同样的，如果接收者发现发送者收到自己的反馈后，再发送回来的信息表明自己的理解有误，则在调整了理解之后，有必要进行第二次或第三次反馈，直到确认自己对信息的理解正确无误为止。与信息的传递一样，反馈的发生有时是无意的，如不自觉流露出的表情等，会给发送者返回许多启示。因此，作为一个沟通主体，无论是发送者，还是接收者，都应该尽量控制自己的行为，使沟通中的信息传递和反馈行为处于自我意识的控制状态之下，以确保信息传递和反馈无错误或无多余信息。

**（4）噪音**

信息沟通经常会受到"噪音"的干扰。噪音是指干扰沟通正常进行的任何因素，它存在于沟通过程的各个环节，有可能造成信息损耗或失真。噪音主要包括发送噪音、传输噪音、接收噪音、环境噪音。

①发送噪音　是指信息发送环节的噪音，有时也称编码噪音。如编码错误或编码能力不佳，逻辑混乱，词不达意，或编码太艰深晦涩等。一旦出现这类错误或不足，会使沟通信息无法较好达到目标。这种噪音主要是由于信息发送者自身不具备相应的编码能力或发送能力欠佳而导致的。

②传输噪音　是指信息传递过程当中的噪音。如用手机沟通时，手机信号不好，使对方无法听清楚；或者用书面正式文件进行沟通，文件经过多次复印后，部分字迹不清晰，致使对方无法准确理解等，都是在沟通的信息传递通道或渠道中存在的妨碍沟通的因素，都属于传输噪音。

③接收噪音　是指接收者在接收信息的过程中产生的噪音，也称解码噪音。这种噪音的产生是由于接收者自己心理状况、受教育水平、社会角色、地位、人生阅历等因素不同，或者个人解码能力不足，导致接收者与发出者的信息理解不一致。

④环境噪音　是指影响沟通效果的客观环境中的干扰因素。如人们用语

言进行沟通时，周围环境中人声嘈杂，或者用旗语进行沟通时，天色太黑等，都会对沟通的预期效果产生不利影响，使沟通产生噪音。

### 11.1.3　沟通方式

沟通方式是指信息传递的形式，即用什么信息媒介把所要表达的信息内容传递出去并使接收者理解。

**(1)口头沟通**

口头沟通是指用口头表达方式所进行的一种信息传递和交流，是最常用的一种沟通方式，包括面谈、会议、演说、报告、讨论、讲课等。口头沟通是最常见的沟通方式，其优点是比较灵活、速度快、反馈快、双向、有亲切感。但是口头沟通对信息发送者的口头表达能力要求较高，同时，信息失真的可能性大，尤其是在沟通环节较多时，衰减和失真可能性较大，事后难以准确查证。另外，不同地区、不同国家和民族的风俗习惯不同，正确使用沟通语言特别重要，否则容易造成误解、歪曲，影响沟通的进行。

**(2)书面沟通**

书面沟通是指用文字作为信息媒介来传递信息的沟通方式，包括便条、通知、报刊、文件和信函等。书面沟通以文字的形式固化信息，可以长期保存并核实、查询。和口头沟通相比，书面沟通显得较为正式，"口说无凭，立字为据"更容易引起人们的注意，避免了信息传递过程中的随意性，从而减少了辗转传递、一再译解可能造成的错误。书面沟通的缺点主要是缺乏感情色彩、比较呆板、不易随客观情况的改变而及时修正；沟通效果受接收者文化水平的限制；在需要反馈时，沟通耗时较长。

**(3)非语言沟通**

在现实工作中，非语言沟通发挥着重要作用。非语言沟通主要有声调、音量、手势、体语、颜色、信号和实物等。一个眼神，一个细小的动作，一个简单的身体姿态，一件衣服，一个特别的位置，一件物体等众多非语言途径，都能构成沟通。非语言沟通能够支持或加强语言沟通。随着行为学研究的深入，人们已认识到非语言沟通是人际沟通中十分重要的内容。语言和非语言沟通的适当结合能帮助达到共同的理解。没有非语言沟通，语言沟通显然是不全面的。

**(4)电子媒介沟通**

电子媒介沟通是指运用各种电子设备进行信息的传递，它是随着通信和电子技术的发展而出现的，如幻灯片、投影、VCD、CD、电子邮件、电子会议等新的沟通途径。电子媒介沟通除了具备书面沟通的某些优点外，还具有传递快捷、信息容量大、成本低和效率高等优点。一份信函要从国内寄往国外，要数天才能到达收信者的手中，而通过电子邮件或传真，可即时收到。电子媒介沟通的缺点是对发送者身份的核实存在一定困难，在网络上的某些交流中，甚至搞不清对方的真实身份。

沟通方式有多种，各有优缺点，在进行沟通的过程中，要从实际出发，选择合适的沟通方式，否则容易造成沟通障碍。

## 11.2 组织中的沟通

组织中的沟通可分为正式沟通和非正式沟通两种。

### 11.2.1 正式沟通

正式沟通一般指在组织系统内，依据组织明文规定的原则进行的信息传递与交流，如组织与组织之间的公函来往、组织内部的文件传达、召开会议、上下级之间的定期情报交换等。正式沟通渠道传播的信息又称"官方消息"。

不同的沟通网络对活动效率有不同的影响，建立合适的信息沟通网络对于提高管理效率有重要的意义。正式沟通网络的基本形式有链型、轮型、Y型、环型和全通道型 5 种，如图 11-2 所示。

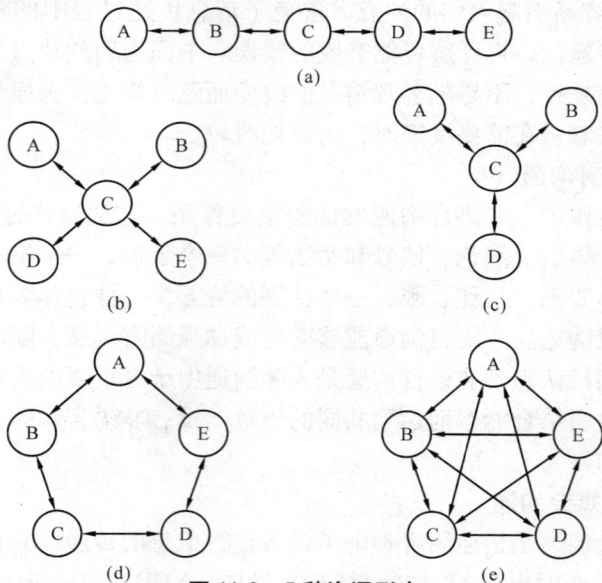

图 11-2　5 种沟通形态

（a）链型　（b）轮型　（c）Y 型　（d）环型　（e）全通道型

**(1)链型沟通**

链型沟通是指在组织系统中是一个纵向沟通网络，信息由上而下或由下而上进行传递，成员们按照原先设定的顺序互相沟通。链型网络一般出现在任务有先后顺序、相互依赖的流水线群体中。当群体工作必须按预先设定的顺序完成时，群体成员需要与前面的成员沟通，所以通常采用链型网络。其特点是只能向上或向下逐级传递信息。

**(2)轮型沟通**

只有一个成员（主管）是各种信息的汇集点与传递中心，所有的沟通都通过主管领导，下属之间没有沟通，信息不容易被过滤，处于网络中的主管要接受较大的信息载荷量。例如，一组向调度员报告的出租车司机，该调度员是他们的主管，每个司机需要与调度员进行沟通，但是司机之间不必相互沟通。这种沟通类型的集中化程度高，信息传递的速度较快，解决问题的速度也快。但下属的满意度不高，士气低落。这种网络是加强组织控制、争时间、抢速度的有效方法，如果组织接受紧急的攻关任务并要求进行严密控制，则可采用这种网络。

**(3)Y型沟通**

在逐级沟通中，两位领导通过一个下属或一个部门进行沟通。这种网络的集中化程度高，解决问题的速度快，组织中领导人员的预测程度高。但易导致信息曲解或失真，组织成员的平均满意程度较低。这种网络适用于主管人员的工作任务十分繁重，需要有人选择信息，为其提供决策依据，既要节省时间又要对组织实行有效控制的情况。

**(4)环型沟通**

在环型网络中，群体成员与和其具有同样经历、信仰、专门技术、背景、办公场所，甚至聚会时坐在一起的人进行沟通。例如，特别任务工作队和常务委员会的成员们习惯与具有同样经历或背景的成员沟通。同轮型及链型网络一样，环型网络常见于群体而非团队中。

环型网络只允许成员与相邻的成员交流，组织的集中化程度和领导人的预测程度都较低，畅通渠道不多。但组织中成员具有较高的满意度，士气高昂。如果一个组织需要创造一种高昂的士气来实现组织目标，这种沟通网络是一种行之有效的措施。

**(5)全通道型沟通**

全通道型网络出现在工作团队中，它体现了高水平沟通的要求，可使每一个团队成员与其他成员进行直接交流。这种沟通类型能给团队成员提供分享信息的有效途径，高层管理团队、跨职能管理团队、自我管理团队经常使用全通道型网络。

全通道型网络允许每一个成员自由地与其他成员交流，交流是平等的，并无明显的中心人物。这是一个开放式的网络系统，其中每个网络中组织的集中化程度及主管人员的预测程度均较低。但由于沟通渠道很多，组织成员的平均满意程度高且差异小，士气高昂，合作气氛浓厚，这对于需要解决复杂问题，增强组织合作精神，提高士气的组织来讲非常重要。但是，这种网络沟通如果采用不当，会由于渠道较多，造成沟通混乱，浪费时间，影响工作效率。

各种网络各有所长，对于不同的任务和目的，应使用不同的沟通网络。表 11-1 是正式沟通网络有效性指标。

**表 11-1　正式沟通网络有效性指标**

| 指　标 | 链　型 | 轮　型 | Y　型 | 环　型 | 全通道型 |
|---|---|---|---|---|---|
| 速　度 | 中 | 快 | 快 | 慢 | 快 |
| 精确性 | 高 | 高 | 中 | 低 | 中 |
| 领导者的权威 | 中 | 高 | 高 | 无 | 无 |
| 成员的满意度 | 中 | 低 | 低 | 高 | 高 |

## 11.2.2　非正式沟通

### （1）非正式沟通的含义

非正式沟通是指组织在正式沟通渠道之外进行的沟通活动，是通过组织成员各种各样的社会交往而产生的。

非正式沟通可以弥补正式沟通渠道的不足，传递正式沟通无法传递的信息，使组织领导了解在正式场合无法获得的重要情况，了解组织成员私下表达的真实看法，为决策提供参照；非正式沟通可以减轻正式沟通渠道的负荷量，促使正式沟通提高效率。在许多情况下，来自非正式沟通的信息，反而会获得接收者的重视。由于传递这种信息一般以口头方式，不留证据、不负责任，许多不愿通过正式沟通传递的信息，都可能在非正式沟通中透露。

从实际情况来看，任何组织中都或多或少地存在着非正式沟通，它的形式繁多且无定型，如同事之间任意交谈、传闻等。非正式沟通和个人间非正式关系平行存在。很多研究者认为，由于非正式沟通不必受到规定手续或形式的限制，往往比正式沟通还重要。在美国，这种途径常常称为"葡萄藤"，用以形容它枝茂叶盛、随处延伸。非正式沟通渠道传播的信息又称"小道消息"。

但是，过分依赖非正式沟通途径，也有很大危险，因为信息容易遭受歪曲或发生错误的可能性相当大，而且无从查证。尤其与员工个人关系较密切的问题，如晋升、待遇、改组之类，常常发生所谓"谣言"。这种不实消息的散布，往往给组织造成较大的困扰。

**（2）非正式沟通的产生**

人们通过非正式沟通来交换或传递信息，以满足个人的某些需求。例如，人们由于个人职位安全的需求，积极探听有关人事调动之类的消息；朋友之间交换消息，意味着相互的关心和友谊的增进，借此更可以获得社会需求的满足。这种消息对于组织成员来说，往往是他们最感兴趣可又最缺乏的消息。因此，组织成员对依靠非正式沟通可以获得这种信息的环境会感到满意。

**（3）非正式沟通的模式**

研究表明，非正式沟通有 4 种传播方式：单线式、流言式、偶然式和集束式（图 11-3）。

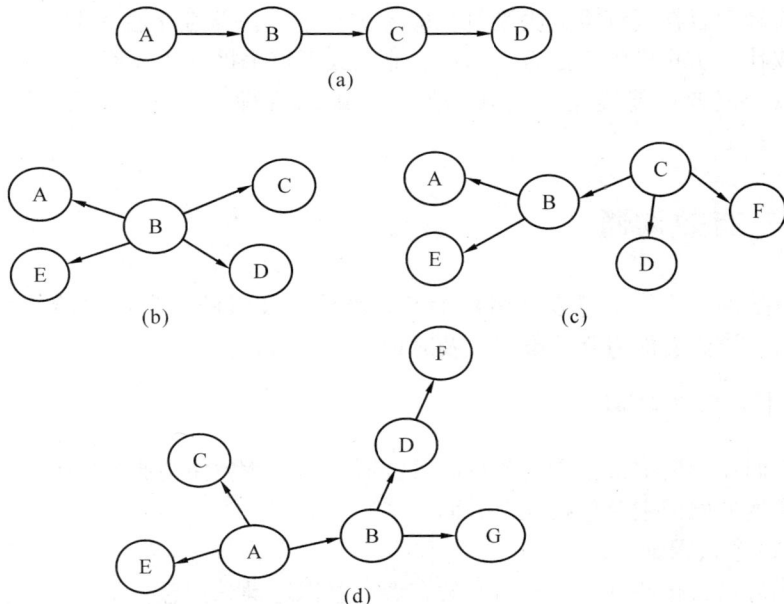

**图 11-3　4 种非正式沟通模式**

（a）单线式　（b）流言式　（c）偶然式　（d）集束式

单线式是在个人之间相互转告，一个人传递给另一个人，通过一长串的人际关系来传递信息，信息在非正式渠道中依次传递。

流言式是指信息发送者主动寻找机会，通过闲聊等方式向其他人散布信息。信息由 B 传递给其他人，B 是非正式渠道中的关键人物，他主动把信息传播给其他很多人。

偶然式是个人之间随机地相互转告，信息由 C 随机地传递给某些人，某些人再随机地传递给另一些人。道听途说就是其中的一种形式。

集束式是一些人有选择性转告他人，然后再由他们传递给一些特定的人，这种传播的效率最高。

**（4）避免非正式沟通渠道消极影响的对策**

①组织要采取开放式的沟通方式，以客观事实防止谣言的产生。

②管理者要善于发现非正式沟通中的关键人物，在必要时利用这关键人物来协助传递或澄清某些事实。

③组织要培养员工对组织管理当局的信任和好感，以及对组织的忠诚和热爱。

④管理者要高度重视传播面广、传播迅速的小道消息，一定要究其原因，因为它可能反映了管理中存在的问题，管理者不能置之不理。

⑤管理者在制订重大决策时，应考虑一下该决策会不会引起小道消息，应采取什么防止措施，是否可以利用非正式渠道来推进此政策。

⑥管理者不能滥用非正式沟通，在组织管理中，还应该以正式沟通为主。

# 11.3　有效沟通

有效沟通是指信息发布者将完整、准确、及时的信息传递给信息接收者，信息接收者能完整、准确、及时地理解了信息。

## 11.3.1　沟通障碍

人们在沟通中常会受到各种因素的影响和干扰，使沟通受到阻碍。沟通障碍产生的原因主要包括几个方面。

**（1）个人因素**

①沟通主体的过滤　指信息发布者有意识地操纵信息，从而使信息显得对接收者或者自己更有利。例如，一名下属向上级汇报工作时，信息的内容往往是上级想听到的，这名下属就是在过滤信息。

②有选择地接受　指在沟通过程中，接收者在信息交流过程中，有时会按照自己的主观意愿，对信息进行"过滤"和"添加"。现实生活中许多沟通失败的原因是接收者对信息做了过多的加工，从而导致信息的模糊或失真。

③个人沟通技巧　运用沟通技巧的能力也会影响有效沟通。例如，人的语言和表达能力的差异很大，加上有些信息发布者事先缺乏必要的准备和思索，会出现用词不当或词不达意甚至语无伦次、闪烁其词的情况，使听者不知所云。

④情绪　在接收信息时，接收者的感受会影响对信息的接收。接收者处于不同的情绪状态会造成对同一信息截然不同的理解。特别是当接收者处于极端情绪(如大悲大喜)状态时，会使其无法进行客观而理性的思维活动，从而做出情绪化的判断。

**(2)人际因素**

①沟通双方的关系　信息沟通不是单方面的，而是信息发布者与接收者双方的事情，沟通双方的相互关系至关重要。如果信息发布者在接收者心目中的形象不好，接收者对其所讲述的内容往往不愿意听，甚至不予理会、拒绝接受。

②信息发布者的可靠性　信息发布者的可靠性受多方面因素影响，如发布者的身份地位、专业知识、价值观甚至外表形象。但一般情况下信息发布者的可靠性多是由信息接收者主观决定的。

③沟通双方的相似性　沟通的有效性与沟通双方的相似性直接相关，如果双方在年龄、智力、文化水平、价值观等方面具有相似性，则容易形成有效沟通。反之，如果双方在认知水平、价值标准和思维方式等方面有较大差异，则易造成思想隔阂或误解，引发冲突，导致信息交流的中断以及人际关系的破裂。

**(3)结构因素**

①地位差别　沟通双方地位的高低对沟通有较大影响。沟通双方地位的差距越大，信息越趋向于从地位较高者流向地位较低者，地位高者往往占据沟通的中心地位。地位悬殊是沟通中的一个重要障碍。

②信息传递链　沟通渠道过长，中间环节多，信息就会在传递过程中有所改变，甚至颠倒。例如，传达和汇报是经常使用的沟通方式，但每经过一次传达就会造成信息丢失和错误。

③地理障碍　组织过于庞大、地理位置较分散或沟通对象相距较远都会影响沟通。虽然现代通信技术和手段有助于解决这一问题，但缺乏面对面的沟通，在很多重要问题上仍然容易产生沟通障碍。

**(4)技术因素**

①语言障碍　沟通的有效性依赖于沟通者的言语表达水平，文化、地区、民族等方面的不同，使不同人对字和词的理解与界定都不同。特别是面

对许多不同的接收者时，同样的词汇会产生完全不同的理解。

②非语言暗示　非语言文字进行的信息交流非常常见，身体动作、面部表情、语调、语速等经常会起到语言文字所无法替代的作用。例如，在面对面沟通时，双方的眼神交流，就会表明相互的喜爱、反感等情绪。研究表明，在面对面沟通中，仅有7%的内容是通过语言和文字本身来传递的，而更多的内容是通过语调（38%）和面部表情（55%）来传递的。因此，语言与非语言沟通同样重要。

③媒介的选择　不同沟通媒介各有利弊，选择不恰当的媒介会导致沟通障碍。例如，有些重要的事情用口头传达效果不佳，接收者可能不重视；而重要的病情如果不做详细记录，只简单口头描述，会造成病情延误。

④信息过载　现代社会是一个信息爆炸的时代，人们经常面对过载信息，过多的信息使管理者经常没有时间去进行信息的分类整理和传递，造成沟通障碍。

## 11.3.2　克服沟通障碍的方法

### (1)重视沟通，加强沟通技能培训

管理人员常常疏于沟通，习惯于正式组织中信息的上传下达，蔑视或压制非正式沟通，从而轻视沟通的作用，这种做法是错误的。作为管理者，要充分意识到沟通的重要意义，同时，还要认识到沟通是有其科学性的。企业中很多沟通障碍的产生，与人们的沟通技能不足有关。在理想情况下，组织要加强对领导者和下属的沟通意识和沟通技能方面的培养开发、训练，通过对人们进行信息传递、信息接收、信息反馈技能、选择沟通形式的技巧、沟通中注意问题的把握等方面的培训，帮助人们以积极主动的态度、良好的心理素质和表达能力，准确、及时地进行信息交流，从而提高沟通效果。

### (2)正确选择沟通方式

沟通方式多种多样，各有其特点和利弊，要根据沟通的目的、内容和要求加以选择。高绩效的领导者都很重视选择正确的沟通渠道和方式来提高沟通效果。例如，若沟通的信息比较重要且比较复杂，最好同时运用口头和书面沟通两种形式。在一般情况下，使用面对面的沟通效果较好，因为这种沟通方式比较亲切且反馈及时。但在下列情况下应采用书面形式：沟通的信息要使用较长一段时间，或上下级关系经常变动，或命令的执行涉及司法争端、法律责任及重大利害关系等。另外，选择沟通方式除了要考虑可靠性和有效性，还要考虑成本和效率。

**(3) 提供管理保障**

企业建立有利于人际沟通的管理机制和制度，是有效沟通的保障。例如，进行组织创新与变革，建立精简、高效、扁平、网络式组织机构，缩短信息传递链，拓宽沟通渠道，保证信息的畅通无阻和完整性。另外，加强平行沟通、促进横向交流也可以起到同样的作用，如定期举行由各部门负责人参加的工作会议，让他们相互汇报本部门的工作，对其他部门的协调要求等，从而强化横向合作，提高沟通效率。还可以设立领导接见日，设置合理化意见箱、意见问题反馈箱，这些应长期坚持不走形式，形成沟通的制度化。

**(4) 创造一个相互信任、有利沟通的环境**

要想消除沟通障碍，使沟通获得预期的效果，管理者要在组织内创造一种相互信任和宽松的组织气氛，以鼓励人们开诚布公地与人沟通。只有提升沟通双方的信任度，沟通的内容才可能被全盘地说出和接受，才不会因为需要自我保护而保持沉默，下属才有机会坦率、自由地表达真实情况。良好的沟通氛围有益于员工的身心健康，让下属在组织内感到愉快、有归属感，从而更进一步促进沟通的良性循环，建立起亲密融洽、协调一致的人际环境。

**(5) 学会聆听**

管理者必须是一个好的聆听者，聆听是理解信息的先决条件。有效沟通的关键是接收者能正确理解发布者的信息，而做到这一点的先决条件是要对发布者的信息付出时间、尊重、共鸣和全神贯注。如果管理者认真倾听下属，表现出诚意、信任和同情，创造出和谐的谈话气氛，则可以从听的过程中捕捉到聆听之外的其他信息，得到真实的信息反馈。表 11-2 列出的要点可提高聆听能力。

**表 11-2 "听"的艺术**

| 要 | 不要 |
|---|---|
| 表现出兴趣、赞许性地点头 | 争辩 |
| 全神贯注，使用目光接触 | 打断 |
| 该沉默时必须沉默 | 从事分心的举动或手势 |
| 选择安静的地方 | 过快或提前作出判断 |
| 留适当的时间用于辩论 | 草率地给出结论 |
| 注意非语言暗示 | 让别人的情绪直接影响你 |
| 当没有听清楚时，请以疑问的方式重复一遍 | |
| 当发现遗漏时，直截了当地提问 | |

**（6）要注意信息的反馈**

信息反馈是指接收者给发布者返回信息，表明对发布者信息的理解程度及自己的观点、态度。通过信息反馈，沟通双方才能知道沟通是否顺畅，对方对自己发出的信息理解是否正确，意思是否达成一致，据此做出相应调整，选择能够让对方理解接受的沟通形式、方法或作出继续沟通与否的判断。忽视信息反馈，会造成信息的遗漏和对信息的错误理解，后果不堪设想。这种反馈要求是双向的，即下级主管部门经常给上级领导提供信息，同时接受上级领导的信息查询；上级领导也要经常向下级提供信息，同时对下级提供的信息进行反馈，从而形成一种信息环流。一般来说，无论什么信息，在加工处理后，都需作出反馈，只是方式不同，可以重复原来的信息或者回答自己理解的信息，甚至可以用表情或身体语言来反馈。

**（7）利用现代计算机技术和通信技术来克服信息沟通障碍**

现代计算机技术和通信技术的飞速发展，给人们的沟通创造了更多的便利条件。开发和利用计算机管理信息系统、决策支持系统和专家决策系统等，利用计算机技术处理大量数据，并把有用的信息提供给有关决策者使用，管理者可以经济地、及时地得到必要的信息，用以决策，提高决策的质量。计算机系统还可以直观地显示公司的重要信息，为管理者提供决策帮助。另外，利用现代通信技术可以大大解决距离上的障碍，身处各地的决策者可以通过远程通信会议，"面对面"地进行沟通，及时作出决策，也可以通过电子通信及时了解各地情况。

**（8）控制非正式沟通**

非正式沟通不受时间、场地等条件的制约，具有很大的灵活性。它是建立在人与人之间共同志趣、爱好、习惯、专长等之上的，社交活动、友好往来、会议间隙、朋友聚会、外出调研等，都可以成为非正式沟通的平台。为了有效沟通，管理者要利用非正式沟通，发挥其应有的作用。管理者首先要充分认识非正式沟通的重要性和必要性，切实认识到没有沟通就没有协作，没有良好的沟通就没有正确的决策。其次，管理者对员工要多一些以人为本的关怀，少一点板起面孔的训斥，以真诚之心、坦诚之语示人。上下级交谈不一定非要在办公室里，茶余饭后、出差途中都可以成为非正式沟通的机会，有时，在这样的环境和氛围更能听到实话和真话。在非正式沟通中，要善于通过对方的语言、动作和表情判断其心理活动规律，从而使沟通得以顺利进行。总之，要合理运用非正式沟通，尽可能使之成为对层层传递和正式沟通渠道的补充，共同完成组织目标。

## ▲ 思考题

1. 什么是沟通？沟通有什么作用？
2. 沟通有哪些要素？
3. 正式沟通网络有哪些形式？各有何优缺点？
4. 非正式沟通网络有哪些形式？各有何优缺点？
5. 沟通障碍产生的主要原因是什么？
6. 在组织管理活动中，如何做到有效沟通？
7. 在某些组织中，小道消息很活跃。很多职工颇有兴趣地参与，但高层管理者却感到很头痛，因为他们认为这些传言很不真实，对组织和个人消极作用很大。你如何看待和评论这种现象？假如你是组织的高层领导，将如何处理这些问题？

## ▲ 案例

# 斯塔福德公司的信息沟通

斯塔福德公司是美国北部一个发展迅速的航空公司。然而，最近在其总部发生了一系列的传闻：公司总经理波利想出卖自己的股票，但又想保住自己总经理的职务，这是公开的秘密了。他为公司制订了两个战略方案：一个是把航空公司的附属单位卖掉；另一个是利用现有的基础重新振兴发展。他自己曾对这两个方案的利弊进行了认真的分析，并委托副总经理本杰明提出一个参考的意见。

本杰明曾为此起草了一份备忘录，随后叫秘书比利打印。比利打印完后即到职工咖啡厅去，在喝咖啡时比利碰到了另一位副总经理肯尼特，并把这一秘密告诉了他。比利对肯尼特悄悄地说："我得到了一个极为轰动的最新消息。他们正在准备成立另外一个航空公司。他们虽说不会裁减员工，但是，我们应该联合起来，有所准备啊！"这话又被办公室的通讯员听到了，他立即把这消息告诉他的上司巴巴拉。巴巴拉又为此事写了一个备忘录给负责人事的副总经理马西，马西也加入了他们的联合阵线，并认为公司应保证兑现其不裁减员工的诺言。

第二天，比利正在打印两份备忘录，又被路过办公室的探听消息的人摩罗看见了。摩罗随即跑到办公室说："我真不敢相信公司会做出这样的事来。我们要被卖给联合航空公司了，而且要大量削减员工呢！"

这消息传来传去，三天后又传回到总经理波利的耳朵时，波利也接到了许多极不友好，甚至敌意的电话和信件。人们纷纷指责他企图违背诺言而大批解雇工人，有的人也表示为与别的公司联合而感到高兴，而波利则迷惑不解。

（引自芮明杰，管理学现代的观点，1999）

**问题：**

(1) 该公司内存在非正式沟通渠道，是否有可能将之关闭，如何关闭？

(2) 你是否也经常充当一个小道消息的传递者，你认为这样好吗？

▲ 阅读指引

1. 管理沟通．康青．2 版．中国人民大学出版社，2006.

2. 管理沟通．许罗丹，林蓉蓉．机械工业出版社，2011.

3. 管理沟通——以案例分析为视角．奥罗克．4 版．中国人民大学出版社，2011.

# 第 12 章 控　制

**本章提要**

　　本章主要介绍了控制的含义和作用，前馈控制、现场控制、反馈控制 3 种控制的类型，控制的过程，以及预算控制、财务控制、质量控制、平衡计分卡 4 种控制技术与方法。

**学习目标**

　　了解控制的方法；理解控制的作用，控制与计划的关系；掌握控制的概念与内容，控制的过程。

　　控制是管理工作的重要职能。在管理过程中，如果说制订计划是管理工作的第一步，然后是组织和领导计划的实施，那么，接下来便是要考虑计划实施的结果如何，计划所确定的目标是否能得以顺利实现，甚至计划目标本身制订得是否科学合理。要清楚这些问题并采取妥善的处理措施，就必须开展卓有成效的控制工作。

## 12.1　控制概述

### 12.1.1　控制的含义

　　控制一词源于希腊语"掌舵术"、"驾船术"，意指领航者通过发号施令将偏离航线的船只拉回到正常的轨道上来。20 世纪初，法约尔在谈到管理的控制职能时指出，在每个企业中，控制就是核实所发生的每一件事是否符合所规定的计划、所发布的指示以及所确定的原则，其目的是要指出计划在实施过程中的缺点和错误。40 年代后期，控制论的产生与发展与管理理论融合，随着电子计算机和网络系统的快速发展，信息系统被应用到管理系统当中成为重要的控制系统，这对管理控制起到了巨大的推动作用。80 年代以后，与现代科技相结合的管理信息系统、决策支持系统、专家系统、人工智能等丰富了现代管理的控制职能与方法，使控制的及时性、准确性和全面性有了较大幅度的发展与提高。

总体来看，管理控制是监督组织各方面的活动，是保证组织实际运行状况与组织计划要求保持动态一致的过程。控制的定义有三个关键点：一是控制的目标性，即使控制对象沿着计划所制订的方向发展；二是控制的主要活动是"监视"和"纠偏"；三是控制是一个动态的循环过程，是一个系统。

控制的内容也就是控制的对象，美国管理学家斯蒂芬·罗宾斯将控制的内容归纳为对人员、财务、作业、信息和组织的总体绩效五个方面的控制。

**（1）对人员的控制**

组织的目标是要由人来实现的，员工应该按照管理者制订的计划去做，为了做到这一点，就必须对人员进行控制。对人员控制最常用的方法就是直接巡视，发现问题马上进行纠正；另一种方法是对员工进行系统化的评价。通过评价，对绩效好的予以奖励，使其维持或加强良好的表现；对绩效差的采取相应的措施，纠正出现的偏差。

**（2）对财务的控制**

为保证企业获取利润，维持企业正常的运作，必须进行财务控制。这主要包括审核各期的财务报表，以保证一定的现金存量，保证债务的负担不致过重，保证各项资产都得到有效的利用等。预算是最常用的财务控制标准，是一种有效的控制工具。

**（3）对作业的控制**

所谓作业，就是指从劳动力、原材料等物质资源到最终产品和服务的转换过程。组织中的作业质量在很大程度上决定了组织提供的产品和服务的质量，而作业控制就是通过对作业过程的控制，来评价并提高作业的效率和效果，从而提高组织提供的产品或服务的质量。组织中常用的作业控制有生产控制、质量控制、原材料购买控制、库存控制等。

**（4）对信息的控制**

随着人类步入信息社会，信息在组织运行中的地位越来越高，不精确的、不完整的、不及时的信息会大大降低组织的效率。因此，在现代组织中对信息的控制显得尤为重要。对信息的控制就是建立一个管理信息系统，使它能及时地为管理者提供充分、可靠的信息。

**（5）对组织绩效的控制**

组织绩效是组织上层管理者控制的对象，组织目标的达成与否都从这里反映出来。无论是组织内部的人员，还是组织外部的人员和组织，如证券分析人员、潜在的投资者、贷款银行、供应商以及政府部门都十分关注组织的绩效。要有效实施对组织绩效的控制，关键在于科学地评价、衡量组织绩效。一个组织的整体效果很难用一个指标来衡量，生产率、产量、市场占有率、员工福利、组织的成长性等都可能成为衡量的标准，关键看组织的目标取向，即要根据组织完成目标的实际情况，并按照目标所设定的标准来衡量组织的绩效。

## 12.1.2 控制在管理中的作用

组织的各项活动都离不开控制，控制职能是企业组织顺利开展活动，实现组织目标的基本保证。

**（1）环境与组织变化的需要**

组织是开放的社会系统，要从外界获取物质、信息与能量，同时将产品或服务输出到环境中而影响环境。计划制订与执行既受到外部环境的制约，又受到组织内部条件的影响。外界环境不是静止不动的，市场供求、资源条件、产业结构、技术水平、国家的方针政策以及人的思想意识都是在不断变化的。这一系列的变化，必然会导致已定的计划与执行计划的活动不完全一致，需要采取一系列的控制手段与措施，对活动进行及时调整，保证目标的实现。外部环境的变化、随机因素的存在以及组织的认识不断深入与发展，会导致组织内部资金、成本、产品质量、人员、物资等多方面生产经营要素的变化。由于系统中的各要素具有相关性，某一种或几种要素的变化必然会引起其他要素的改变，影响计划的执行与目标的实现。控制通过对绩效的衡量发现偏差，及时进行纠正，保证组织系统的平衡性与稳定性。

**（2）组织分权管理的需要**

管理被认为是通过他人并同他人一起实现既定目标的活动，因此在任何组织中，各层管理人员都会通过不同形式向下级授权，委托下级完成相应的工作。受到个人精力的限制，一个人的管理幅度是有限的，从而出现了组织的不同管理层次。组织的分权程度越高，控制就越重要。下级掌握着较多的管理与决策的权力，如果控制失效，管理人员无法完全准确或及时地了解下级的工作情况，可能会出现权利的滥用或活动不符合计划的现象，导致组织内部管理成本提高，严重的会危及组织的生存。因此，有些企业主管不愿意放权，任何事情都要亲自过问，除了个人性格与能力因素的影响之外，就是企业没有有效的控制系统。当控制系统非常完善时，授权与分权成为企业经营的最有效的方法。

**（3）组织成员素质与工作能力差异的需要**

即使计划制订得非常完善，环境非常稳定，由于组织成员的个人素质与工作能力的差异，计划执行过程中的偏差仍然会出现。组织成员由于个人背景、学识和经历的不同，对信息的接受能力和判断能力存在差异，对计划的理解就难以完全一致；个人工作能力的差异，完成工作的数量和质量不会完全相同。任何环节与计划的偏差若不加注意和调整都会影响到最终目标的实现，因此，对组织成员进行必要的控制是计划得以实现的保障。

### 12.1.3　控制与计划的关系

控制和计划是密不可分的，计划为控制提供衡量的标准，没有计划，控制就成了无本之木；没有控制，计划就等于是一纸空谈。计划和控制的效果相互依赖，相互影响，计划越明确、全面和完整，控制工作就容易进行，效果也越好；而控制越准确、全面和深入，就越能保证计划的顺利执行，并能更多地反馈信息以提高计划的质量。选择控制方法和设计控制系统时必须要考虑到计划本身的特点。计划本身也必须要有一定的控制，如对计划的程序、计划的质量等实施控制；控制本身也必须要有一定的计划，如对控制的程序、控制的内容等，都必须进行一定的计划。

## 12.2　控制的类型与过程

### 12.2.1　控制的类型

采取不同的分类方法，可以把控制划分为不同的类型。按控制活动的性质可以分为预防性控制和更正性控制；按控制所采用的手段可分为直接控制和间接控制；按控制的时点可分为前馈控制、现场控制和反馈控制；按控制的层次可分为集中控制、分层控制和分散控制。需要指出的是，上述各种分类方法并不是孤立的，有些会有交叉，有时一个控制可能同时属于几种控制类型。下面重点介绍前馈控制、现场控制和反馈控制。

**（1）前馈控制**

前馈控制又称预先控制、事先控制，是指通过情况观察、规律掌握、信息收集整理、趋势预测等活动，正确预测未来可能出现的问题，在其发生之前采取措施及时纠正，将可能发生的偏差消除在萌芽状态中。例如，企业根据对未来时期市场总体供求状况、行业发展态势、用户需求变化、竞争对手可能采取的措施、可能进入的潜在竞争者的实力等，合理预测企业未来发展过程中可能出现的各种情形，并预测了为了避免在未来不同发展阶段可能出现的问题而事先采取的措施。

前馈控制是控制的最高境界。一般来说，控制工作的实质是进行"信息反馈"。通常意义上的控制，都是指在管理活动中不断将各种信息收集、整理、分析，并根据信息处理结果提出解决问题的措施。由于信息的获得和处理、信息的有效措施的出台等，都有一个"时滞"，因此，在信息反馈和采取纠正措施中经常发生时间延迟，甚至出现严重的损失，或者说，错误的纠正是以付出一定的代价为基础的。显然，这样的控制存在着缺陷。为此，管理人员更需要一种控制，这种控制能够在事故发生之前就采取有效的预防措施，做到"防患于未然"。因此，前馈控制是一种努力促使整个管理过程不发生偏差的控制方法。

前馈控制的核心问题是防止企业所使用的资源在数量和质量上可能产生的偏差，其基本形式是合理配置资源。主要包括人员的挑选与配备，物资、技术设备等在数量、质量、时间、空间上要与未来工作需要相适应，资金数量、来源、经费开支的合理预算等。

为了有效地实施前馈控制，组织有必要建立前馈控制系统。有效的前馈控制系统需要具备必要的条件包括：

①高效的信息处理网络　对未来的及时准确预测依赖于各种相关信息的质量，组织必须首先建立一整套信息收集、筛选、整理、加工网络，为前馈控制奠定基础。

②适宜的前馈控制系统模型　全面分析计划和控制系统，区分内生变量和外生变量，建立符合本组织发展需要的前馈控制系统模型，以此作为分析研究的基石。

③及时的信息输入　信息的输入不是以问题的出现为始点，或者说不能等到偏差已经出现才收集和处理信息，而是随时将信息网络加工处理后的各种信息植入到前馈控制模型中，根据变化了的信息和确定的前馈控制模型对未来的态势做出合理预期。

④有效的措施　整个前馈控制系统的出发点和归宿都是采取有效措施避免偏差出现，因此，只有在前述工作的基础上采取了正确的措施，前馈控制系统才能真正发挥作用。

前馈控制可以通过动态的调整保持计划本身的正确性，从而使计划对其实施过程起到直接有效的控制作用。如此看来，前馈控制同计划存在着一定的相似性，都是在经济活动发生之前就做出必要的规划和预期。两者的区别在许多时候并不是非常明显。不过，一般来说，计划更强调经济活动整体的目标和发展方向，前馈控制则着重说明在事物未来发展过程中可能出现的各种具体问题及为避免问题的发生需要事先采取的一些有效措施。

**（2）现场控制**

现场控制又称即时控制、过程控制、事中控制等，是指在某项经济活动或者工作过程中，管理者在现场对正在进行的活动或者行为给予指导、监督，以保证活动和行为按照规定的程序和要求进行而实施的控制。现场控制是一种管理者与被管理者面对面进行的控制活动，其目的主要在于及时纠正工作过程中出现的各种偏差。现场控制的效果与领导者的工作作风、领导方式等密切相关。

现场控制主要集中在基层管理活动中，其内容主要包括：管理者直接向下属指示适当的工作方法和工作过程；在现场监督下属的工作，以确保计划目标的顺利实现；发现偏差，立即采取措施予以纠正；淘汰局部性和阶段性不合格成果；向计划部门输送计划修订所需的各种内容；发现以前未曾出现过的新问题，创造性地采取措施予以纠正，或者及时向其他部门或人员上报情况。

由于现场控制是一种即时的面对面的控制活动，一般认为现场控制需要具备如下条件：

①**一定素质的管理人员**　在现场控制中，管理者既没有足够的时间对问题进行深入仔细的思考，也很少有机会和他人一起讨论，常常依靠自身的知识、能力和经验，甚至是直觉，及时发现并解决问题。高素质的管理人员不仅对经常出现的问题能高效解决，而且面对棘手问题，也能及时做出准确的判断，并果断提出处理意见。相反，素质较差的管理人员面对不熟悉的问题可能就会束手无策。

②**下属人员的积极参与**　现场发生的问题常常是程序化的，而且多数问题的操作性较强，注重问题的细枝末节。管理者在按照计划要求对下属实施控制过程中，必须多听包括一线操作人员在内的下属人员的意见和建议。

③**适当的授权**　在现场控制过程中，管理人员必须及时发现问题、解决问题，不应当也不能事事都向上级请示，以免造成工作中断或贻误战机。当然，授权必须适当，防止造成权力滥用。

④**层层控制，各司其职**　一般而言，现场控制应当是上级管理人员对下属的直接控制。一个组织中，可能同时存在多个管理层级，有效的现场控制必然由最熟悉情况的管理人员实施，才能保证全面深入了解问题的实质并提出较为切实可行的方案，同时也可以避免多头控制和越级管理。因此，由熟悉第一手情况的直接管理者实施现场管理最为有效。

**（3）反馈控制**

反馈控制又称事后控制，是指把计划执行最终结果的考核分析作为纠正未来行为依据的一种控制方式。反馈控制是在计划执行后进行的，其目的不是对既成事实的纠正而是为即将开始的下一过程提供控制的依据。其控制的中心问题是防止下一个过程在资源配置等问题上出现偏差。控制的基本形式是通过对最终结果的分析，汲取经验教训，调整与改进下一阶段的资源配置与过程指导、监督。主要包括财务报告分析、成本费用分析、质量分析、绩效考评等。

反馈控制需要具备一定的前提条件，主要包括：明确的计划目标，包括进度目标、最终目标和各种单项目标；有效的检验手段和检验方法；科学的偏差分析技术；快捷的信息传递通道；有效的纠偏手段；善于对总的计划实施情况进行概括和总结。

上述三种控制之间存在着明显的区别：前馈控制是建立在能测量资源的属性与特征的信息基础上的，其纠正行动的核心是调整与配置即将投入的资源，以求影响未来的行动；现场控制的信息来源于执行计划的过程，其纠正的对象也正是这一活动过程；反馈控制是建立在表明计划执行最终结果的信息的基础上的，其所要纠正的不是测定出的各种结果，而是执行计划的下一个过程的资源配置与活动过程。

## 12.2.2 控制的过程

控制是一种管理实践活动的过程。在实践过程中，存在着针对不同控制对象进行的不同控制活动。控制的基本过程是根据计划的要求，设立衡量绩效的标准，然后把实际结果与预定标准相比较，以确定组织活动中出现的偏差及其严重程度，在此基础上、有针对性地采取必要的纠正措施，以确保组织资源的有效利用和组织目标的圆满实现。不论是生产组织的管理者，还是政府管理部门的管理者，所采取的控制程序的要点是一样的，控制的过程都包括三个基本环节：确立标准、衡量工作绩效和纠正偏差。

**(1) 确立标准**

要控制就要有标准，目标和计划是控制的总标准。离开可以比较的标准，就无法实施控制。因此，控制过程的首要步骤就是拟订控制标准。为了对各项业务活动实施控制，还必须以总标准为依据设置更加具体的标准。计划方案的每个目标，这些方案所包括的每项活动、每项政策、每项规程以及每项预算，都可以成为衡量实际业绩或预期业绩的标准。在实际工作中，不管采用哪种类型的标准，都需要按照控制对象的特点来决定。

①选择控制的标准 所谓标准，是人们检查和衡量工作及其结果的规范。它是实施控制的必要条件，是对计划工作进行检查的衡量尺度，对计划

工作和控制工作起着承上启下的作用。控制标准的选择，往往是为整个计划选出对工作成效进行评价的关键指标和适宜的指标数值作为评价的依据。控制标准的类型很多，可以是定量的，也可以是定性的，但标准应该是可以衡量的。

控制的标准一般分为以下几种：第一，空间标准，即指组织的使命、目标、经营范围、活动区域等；第二，时间标准，即完成一定工作所需的时间限度，如工时、交货日期等；第三，生产率标准，即在规定时间里应该完成的工作量，如产销量；第四，消耗标准，即完成工作所需要的有关消耗，如单位产品成本等；第五，质量标准，即工作应达到的要求，或者是产品或服务所应达到的品质，如标准品的合格率、等级等；第六，行为标准，即对员工规定的行为准则要求。控制的对象不同，制订的标准也不同，因此，确立标准时首先要确定控制对象。

一个好的标准一般应具有目的性、多元性、人性、合理性和整体性等特点，以便对所要求的行为结果加以衡量和测评。

②确定控制对象 由于控制标准的具体内容取决于控制对象，因此在建立标准之前，首先要分析对组织中的哪些事和物需要加以控制。确立控制对象，是决定控制标准的前提。要保证组织取得预期的成果，必须在成果最终形成以前进行控制，纠正与预期成果要求不相符的活动。为此，需要分析影响组织在一定时期经营成果的主要因素，并把它们列入需要控制的对象。通常影响组织经营成果的主要因素有以下方面：

第一，环境状况及其发展趋势的预测。组织在特定时期的经营活动是根据决策者对经营的内部环境和外部环境的认识和预测来计划和安排的。如果管理者所预测的内部和外部环境及条件没有出现，或者组织的内部和外部环境或条件发生了某种难以预料和不可抗拒的变化，那么，组织原来的计划将可能无法继续进行，从而无法实现预期的结果。因此，管理者在制订计划方案时，应将对经营外部环境和内部环境的认识作为控制对象，列出正常情况下的具体标志或标准。

第二，资源投入。组织经营成果是通过对一定资源的加工转换得到的，组织目标的实现在相当大的程度上依赖组织的各种资源是否充足和优质。没有或缺乏这些资源，组织经营就会成为无源之水、无本之木。组织的各种活动实质上是对人、财、物、信息、机会等资源综合利用的过程。这些资源不仅会在数量上影响组织的正常进行，而且在质量上影响组织活动的效率和效果，直接关系到组织的最终成果，而且其取得留用会影响生产成本，从而影响赢利程度。因此，必须对投入的资源进行控制，使之在数量、质量以及价格等方面符合预期经营成果的要求。对资源投入的控制应以前馈控制为主。

第三，组织的活动。组织活动中的人是最重要的资源，输入到生产经营中的各种资源只有通过全体员工在不同时间和空间上利用一定技术和设备对不同资源进行不同内容的加工劳动才最终得到。组织成员的数量和素质是决定组织活动成果的重要因素，是组织目标能否实现的关键。只有使员工的活动符合计划的要求，才能在较大程度上保证组织活动的最终成果。为此，应当把组织成员的活动作为控制对象，通过制订组织政策，建立员工的工作规范、各部门和各员工在各个时期的阶段成果的标准，对他们的活动进行控制。组织成员的控制应以现场控制和前馈控制为主。

③选择控制的重点　不论是从经济条件角度，还是从可行性角度考虑，组织要对所有成员的所有活动都进行控制是不现实的，管理者必须选择需要特别关注的地方，以确保整个工作按计划和要求执行。因此，要在影响组织成果的诸多因素中选择若干关键因素作为重点控制对象，即控制关键点。关键点一般是计划实施过程中起决定作用的因素，或者是容易产生偏差的因素，或者能够比其他因素更清楚地体现计划是否得以有效实施，是对全局有根本影响作用、决定组织活动成败的因素。如美国通用电器公司选择了对企业经营成败起决定作用的八个方面作为控制对象，并建立了相应的控制标准。这八个方面是获利能力、市场地位、生产率、产品领导地位、人员发展、员工态度、公共责任和短期目标与长期目标的平衡。

④制订标准的方法　标准是衡量实际工作绩效的依据和准绳。标准来源于组织目标，但不等于组织目标。标准的设立应具有权威性，是可以用来对实际行动进行度量的。一般来说，建立控制标准的方法主要有以下三种：

第一，统计标准，又称历史标准。它是以分析反映组织在历史上各个时期状况的数据为基础为未来活动建立的标准。这些数据可能来自本组织的历史统计，也可能来自其他组织的经验；该标准可能是历史数据的平均数，也可能是高于或低于中位数的某个数。这种方法常用于拟订与组织的经济效益有关的标准。

第二，工程标准。它是在对具体工作所作的客观定量分析的基础上制订出的标准。它不是利用现成的历史数据，也不是依靠管理者的经验，而是从实际活动中得到的符合实际的可靠标准。工程标准主要用于测量生产者个人或组织的产出定额标准。这种方法订立的标准一般是更科学、更可靠的，因为它以实际测量为基础。但是它也有一定的局限性，即有些实际工作测量的难度是很大的，而且现在的实际情况又难以反映未来的可能变化。

第三，经验标准。这种方法是利用各方面的管理人员的知识和经验，综合每个人的判断，给出一个相对先进合理的标准。这种方法比较重视新情况，有利于发挥管理人员的主管技能。经验标准通常是对统计标准和工程标准的一种补充。

**（2）衡量工作绩效**

确定了完备的控制标准后，控制的过程就要进入了第二步，即衡量实际工作绩效。要求管理者用预定标准对实际工作的成效和进度进行检查、衡量和比较，从而及时掌握反映偏差是否产生，并能判定其严重程度的信息。这项工作包括两个方面：一是衡量工作；二是分析衡量结果。这是控制过程的信息收集阶段，也是为纠正偏差进行切实准备的活动。

①衡量工作　指控制人员运用预定标准对实际工作绩效和进度进行检查、衡量和比较，为管理者及时准确地提供能够反映偏差的信息。为此，管理者要收集实际工作的数据，了解和掌握工作的实际情况。收集实际工作数据一般有以下几种常用的方法。

第一，个人观察。这是提供实际工作的最直接的资料，这些信息未经过他人而直接反映给管理者，避免了可能出现的遗漏和信息失真。特别是在对基层工作人员工作绩效的控制时，个人观察是一种非常有效，同时也是无法替代的衡量方法。但是这种方法的缺点首先是费时费力；其次，出于观察的时间有限而不能全面了解各个方面的工作情况；再次，工作在被观察时和未被观察时可能不一样，管理者看到的可能只是假象；最后，仅凭简单的观察往往难以考察更深层次的工作内容。因此，还要与其他方法结合运用，才能获得准确的结果。

第二，统计报告。这是将在实际工作中采集到的数据，以一定的统计方法进行加工处理后而得到的报告。在计算机应用技术越来越发达的今天，统计报告对衡量工作绩效有着重要的意义。尽管如此，统计报告的应用价值还是要受到两个因素的制约：一是真实性，即统计报告所采集的原始数据是否正确、使用的统计方法是否恰当，管理者往往难以判断；二是全面性，即统计报告中是否全部包括了涉及工作衡量的重要方面，是否遗漏或掩盖了其中的一些关键点，管理者也难以肯定。

第三，口头报告和书面报告。口头报告的优点是快捷方便，而且能够及时地得到反馈。其缺点是不便于存档查找和以后重复使用，而且报告内容也容易受报告人的主观影响。相比较而言，书面报告比口头报告精确些，比较容易分类存档和查找，报告的质量也更容易得到控制。

第四，抽样检查。管理者随机抽取一部分工作进行深入细致地检查，依此来推测全部工作的质量。这种方法一般是在工作量比较大而工作质量又比较平均的情况下使用，其最典型的应用是产品质量检验。在产品数量极大或产品检验具有破坏性时，这是唯一可以选择的衡量方法。此外，对于一些日常事务性工作的检查来说，这种方法也是有效的。

②分析衡量结果　就是将标准与实际工作的结果进行对照，并分析其结果，为进一步采取管理行动作好准备。比较的结果主要有两种可能：一种是存在偏差，另一种是不存在偏差。实际上并非与标准不符合的结果都被归结为偏差，往往有一个与标准稍有出入的允许浮动范围。如果实际工作结果不在允许范围之内，就可认为是发生了偏差。这种偏差有两种，一种是正偏差，即实际结果超出了标准的要求；另一种是负偏差，即结果没有达到标准的要求。如果出现负偏差，就要进一步分析其产生的原因，即使出现正偏差也要分析产生的原因。

由于工作的结果是由多方面因素决定的，所以偏差产生的原因也是多种多样的。一般来说，偏差产生的原因有三种：一是计划或标准本身就存在偏差；二是由于组织内部因素的变化，如营销工作组织不利，生产人员工作的懈怠等；三是由于组织外部环境的影响，如宏观经济的调整等。虽然各种原因可以归结为这三点，但对偏差还要做出具体分析，这不仅要求组织有一个完善的控制系统，还要求管理者具备细致的分析能力和丰富的控制经验。分析衡量结果是控制过程中最需要理智的环节，组织是否要采取管理行动，就取决于对结果的分析。

为了能及时、准确地提供能够反映偏差的信息，同时又符合控制工作在其他方面的要求，管理者在衡量工作绩效的过程中应注意以下几个问题：

第一，通过衡量成绩，检验标准的客观性和有效性。利用预先指定的标准检查各部门、各阶段和每个人工作的过程。衡量过程中的检验就是要辨别并提出不能为有效控制提供必须的信息、容易产生误导作用的不适宜标准，找出控制对象的本质特征，从而制订出科学的控制标准。

第二，确定适宜的衡量频度。有效的控制要求确定适宜的衡量频度，即衡量频度不仅要体现在控制对象的数量上，而且体现在对同一标准的测量次数或频度上。对影响某种结果的要素或活动过于频繁的衡量，不仅会增加控制的费用，而且可能引起有关人员的不满，从而影响他们的工作态度；而检查和衡量的次数过少，则可能使许多重大的偏差不能及时发现，从而不能及时采取措施。适宜的衡量频度取决于控制活动的性质、控制活动的要求。控制对象可能发生重大变化的时间间隔，是确定适宜的衡量频度所需要考虑的主要因素。对长期的较高水平的标准，适用年度控制；而对产量、出勤率等短期、基础性的标准，则需要比较频繁的控制。

③建立信息反馈系统　为了确定实际工作的绩效究竟如何，管理者需要收集必要的信息。负有控制责任的主管人员只有及时掌握反映实际工作与预期工作绩效的偏差信息，才能迅速采取有效的纠正措施，不精确、不完整、过多或延误的信息将会严重地阻碍他们的行动。为纠正偏差，应该建立有效的信息反馈网络，使反映实际工作情况的信息能迅速收集起来。

从控制职能的角度看，除了要求信息的准确性以外，还要符合三点基本要求：

第一，信息的及时性。及时性有两层含义：一是要对时过境迁就不能追忆和不能再现的重要信息及时记录；二是信息的加工、检索和传递要快。

第二，信息的可靠性。信息的可靠性除了与信息的精确程度有关外，还与信息的完整性相关。要提高信息的可靠性，最简单的办法是尽可能多地收集有关信息。

第三，信息的适用性。信息的适用性有两个基本要求：一是管理控制工作需要的是适用的信息；二是信息必须经过有效的加工、整理和分析，以保证在管理者需要的时候能够提供精练而又满足控制要求的全部信息。

**(3) 纠正偏差**

纠正偏差是控制的最后环节，将实际工作绩效与标准进行对比，从而确定两者之间的偏差。纠正偏差就是分析偏差产生的原因，制订并实施必要的纠正措施。为了保证纠偏措施的针对性和有效性，必须在制订和实施纠偏措施的过程中注意下列问题：

①找出偏差产生的原因。在衡量绩效的结果以及反映工作偏差的情况下，要对产生偏差的原因进行分析。实际上，并非所有的偏差都可能影响企业的最终成果。在某些活动中，偏差是在所难免的。有些偏差可能是出于计划本身和执行过程中的问题造成的，而另一些偏差则可能是由于偶然的、暂时的、局部因素引起的，不一定会对组织活动的最终结果产生重要影响。因此，在采取纠正措施以前，必须对反映偏差的信息进行评估和分析，只有先找出偏差的原因才能有针对性地采取纠正措施。

纠正措施的制订是以对偏差原因的分析为依据的，而同一偏差则可能由不同的原因造成。管理者必须把精力集中于查清问题的原因上，既要查清内部的因素，也要查清外部环境的影响，寻找问题的本质。评估和分析偏差信息时，首先，要判别偏差的严重程度，判断其是否会对组织活动的效率和效果产生影响，是否值得去分析原因，采取纠错；其次，透过表面现象找出造成偏差的深层原出，在众多的深层原因中找出最主要者，为纠偏措施的制订指导方向。

通常，产生偏差的原因有以下三个方面：一是计划或标准本身不合理；二是外部环境的重大变化；三是计划的执行及控制不当。

②采取措施纠正偏差。找到产生偏差的主要原因之后，就要开始采取行动，纠正偏差。偏差的纠正主要包括修正不切实际的标准、管理纠正和预防措施两方面。

第一，修正不切实际的标准。不切合实际的标准会给组织带来不利的影响。难以实现的过高标准会影响员工的工作士气，而过低的标准容易导致员工的懈怠情绪。管理者应从控制的目的出发，仔细分析，确认现有控制标准的确不符合控制的要求时，才能做出修正的决定。

第二，管理纠正和预防措施。是指当工作进度或者结果已经或即将与计划有严重偏差时，对需要采取的纠正或预防措施进行管理。如果分析衡量的结果表明，计划是可行的，标准也是切合实际的，问题出在工作本身，管理者就应该采取纠正行动。为此应当收集并且分析工作进行中可能存在的问题，并以此确定解决这些问题的纠正或预防措施；对己经确定的问题采取纠正和预防措施；监控要实施的纠正和预防措施，分析措施采取以后的结果，判断这些措施的有效性，确定和记录纠正与计划结果存在偏差的问题而采取的必要且合适的措施。这种纠正行动可以是组织中的任何管理行动，如管理方法的改进、组织结构的调整、附加的补救措施、人事方面的调整等。按照行动效果的不同，可以把改进工作绩效的行动分为两种：一种是立即纠正行动；另一种是彻底纠正行动。前者是指发现问题后马上采取行动，力求以最快的速度纠正偏差，避免造成更大的损失，纠正行动追求时效性；后者是指发现问题后，通过对问题本质的分析，挖掘问题的根源，然后再从产生偏差的地方入手，力求永久性地消除偏差。在控制过程中，管理者应灵活地综合运用这两种行动方式，特别注意不要满足于"救火式"的立即纠正行动，而忽视从事物的源头出发，采取彻底的纠正行动，以杜绝偏差的再度发生。

③纠偏措施的选择和实施过程中应注意以下问题：

第一，使纠偏方案双重优化。纠偏就是为了防止现行的标准造成企业的损失，为了实现企业制订的目标才执行的步骤。使纠偏方案双重优化的第一重优化，就是考虑纠偏工作的经济性问题。如果管理人员发现纠偏工作的成本大于偏差可能带来的损失，管理人员将放弃纠偏行动。若要纠偏，应使纠偏的成本小于偏差可能带来的损失。第二重优化是在此基础上，通过对各种纠偏方案的比较，找出其中追加投入最少、成本最小、解决偏差效果最好的方案来组织实施。

第二，充分考虑对原先计划实施的影响。在实行纠偏时，原先的计划已经执行了一段时间，但是存在一定的问题，原因在于伴随着对客观环境的认识能力提高，或者由于客观环境本身发生了变化，可能会导致对部分原先计划甚至全部计划的否定，从而要求对企业活动的方向和内容进行重大的调控。这种调整类似于"追踪决策"的性质。追踪决策是相对于初始决策而言的。在制订和选择追踪决策的方案时，要充分考虑到伴随着初始决策的实施已经消耗的资源，以及这种消耗对客观环境造成的种种影响和人员思想观念的转变。

第三，注意消除组织成员对纠偏措施的疑虑。控制人员要充分考虑到组织成员对纠偏措施的不同态度，特别要注意消除执行者的疑虑，争取更多人的理解、赞同和支持纠偏措施，以避免在纠偏方案实施过程中可能出现的人为障碍。

## 12.3　控制技术与方法

### 12.3.1　预算控制

预算是以财务术语（如收入、费用以及资金等），或者以非财务术语（如直接工时、材料、实物销售量和生产量等）来表明组织的预期成果，是用数字编制的反映组织在未来某一个时期的综合计划。预算可以称为是"数字化"或"货币化"的计划，通过财务形式把计划分解落实到组织的各层次和各部门中，使主管人员能清楚地了解哪些资金由谁来使用、计划将涉及哪些部门和人员、有多少费用、有多少收入，以及实物的投入量和产出量等。

企业在未来的几乎所有活动都可以利用预算进行控制。预算预估了企业在未来时期的经营收入或现金流量，同时也规定了各项活动在资金、劳动、材料、能源等方面的支出不能超过的额度。预算控制就是根据预算规定的收入与支出标准来检查和监督各项活动，以保证对企业各种资源的充分利用。

**(1) 预算的编制**

为了有效地从预期收入和费用两个方面对企业的经营进行全面控制，不仅需要对企业的各个部门、各项活动制订分预算，而且要对企业整体编制全面预算。分预算是按照部门或项目来编制的，详细说明了相应部门的收入目标或费用支出的水平，规定了他们在生产活动、销售活动、采购活动和研究开发等活动中筹集、利用劳力、资金等生产要素的标准；全面预算的编制需要对所有分预算进行综合平衡，反映了企业在未来时期的总体目标。只有编制出总体预算，才能进一步明确组织中各部门的任务、目标以及各部门在活动中的相互关系，从而为正确控制提供客观的依据。

任何预算都需用数字形式来表述，为了便于各部门进行相互比较，全面预算必须用统一的货币单位（如元、美元等）来表述，而分预算则不一定用货币单位来表述。例如，原材料预算可能用千克等质量单位来表述；劳动预算可能用职工数量或人工小时来表述。这是因为对一些具体的项目来说，用时间、长度或质量等单位来表达更容易理解。如果用货币金额来表述某些原材料预算，就只能知道原材料消耗的总费用标准，而不知道原材料使用的确切种类和数量，也难以判断价格变动会产生何种影响。当然，不论以何种方式来表述分预算，在将分预算进行综合平衡以编制企业的全面预算之前，必须将分预算转换成用统一的货币单位。

**（2）预算的种类**

预算的种类很多，概括起来可以分为收支预算、实物量预算、总预算、资本支出预算、现金预算和负债预算等。

①收支预算 是指组织在预算期内以货币单位表示的收入和经营费用支出的计划预算，收入预算必须尽可能准确地估计各项收入的数量和时间，并努力提高其实现的可靠性。

由于企业收入主要来源于产品销售，因此收入预算的主要内容是销售预算。销售预算是在销售预测的基础上编制的，即通过分析企业过去的销售情况、目前和未来的市场需求特点及其发展趋势，比较竞争对手和本企业的经营实力，确定企业在未来时期为了实现目标利润必须达到的销售水平。通常企业不只生产一种产品，这些产品也不仅在某一个区域市场上销售，因此，为了能为控制活动提供详细的依据，便于检查计划的执行情况，往往需要按产品、区域市场或消费群（市场层次）为各经营单位编制分项销售预算。同时，由于在一年中的不同季度和月度，销售量往往不稳定，所以通常还需要预计不同季度和月度的销售收入。这种预计对编制现金预算是很重要的。

企业销售的产品是在内部生产过程中加工制造出来的，在这个过程中，企业需要借助一定的劳动力，利用和消耗一定的物质材料，因此，与收入预算相对应，企业必须编制能够保证销售过程得以进行的生产活动的预算，关于生产活动的预算，不仅要确定为取得一定销售收入所需要的产品数量，更重要的是要预计为得到这些产品、实现销售收入需要付出的费用，即编制各种支出预算。

直接材料预算是根据实现销售收入所需的产品种类和数量，详细分析为了生产这些产品企业必须利用的原材料的种类和数量（通常以实物单位表示）。考虑到库存因素后，直接材料预算可以成为采购部门编制采购预算、组织采购活动的基础。

直接人工预算需要预计企业为了生产一定数量的产品，需要工人的种类，每种类型工人的数量，以及这些人员劳动的直接成本。

直接材料和直接人工只是企业全部经营费用的一部分。企业的行政管理、营销宣传、人员推销、销售服务、设备维修、借款利息以及税金等，也要耗费企业的资金，对这些费用也需要进行预算，即附加费用预算。

②实物量预算　这是一种以实物单位来表示的预算，是货币量收支预算的重要补充。常用的实物量预算单位包括直接工时数、台时数、原材料数量、面积、质量和体积等。

③现金预算　现金预算是对企业未来生产与销售活动中现金的流入与流出进行预测，通常由财务部门编制。现金预算只能包括实际包含在现金流程中的项目。例如，今后需要逐年分摊的投资费用需要当年实际支出现金；赊销所得的应收款在款未到以前不能列作现金收入；赊购所得的原材料在未向供应商支付货款以前也不能列入现金支出。因此，现金预算并不需要反映企业的资产负债情况，而是要反映企业在未来活动中的实际现金流量。企业的销售收入、利润即使相当可观，但大部分尚未收回，或收回后被大量的库存材料或在制品所占用，也不可能给企业带来现金上的方便。通过现金预算，可以帮助企业发现资金的闲置或不足，从而指导企业及时利用暂时过剩的现金，或及早筹措维持营运所短缺的资金。

④资本支出预算　资本支出预算概括了专门用于厂房、机器、设备、库存和其他一些类目的资本支出。由于资本通常是企业最有限制性的因素之一，而且这类预算数额大、回收周期长，因此需要慎重考虑，单独列账，并将它与组织的长期计划工作密切结合起来。

资本支出预算可能涉及好几个阶段，是长期预算。如果企业的收支预算被很好地执行，企业有效地组织了资源的利用，那么利用这些资源生产得到的产品销售以后所得的收入就会超出资源消耗的支出，从而给企业带来盈余，企业可以利用赢利来进行生产能力的恢复和扩大。由于这些支出具有投资的性质，因此其计划安排通常被称为投资预算。资本支出预算的项目包括：用于更新改造或扩充包括厂房、设备在内的生产设施的支出；用于增加品种、完善产品性能或改进工艺的研究与开发支出；用于提高职工和管理队伍素质的人事培训与发展支出；用于广告宣传、寻找顾客的市场发展支出等。

⑤负债预算　是对企业会计年度末期的财务状况进行预测。它通过将各部门和各项目的分预算汇总在一起，表明如果企业的各种业务活动达到预先规定的标准，在财务期末企业的资产与负债会出现何种状况。作为各分预算

的汇总，管理人员在编制负债预算时虽然不需做出新的计划或决策，但通过对预算表的分析，可以发现某些分预算的问题，从而有助于及时采取调整措施。例如，通过分析流动资产与流动债务的比率，可能发现企业未来的财务安全性不高，偿债能力不强，可能要求企业在资金的筹措方式、来源及其使用计划上作相应的调整。另外，通过将本地预算与上期实际发生的负债情况进行对比，还可发现企业财务状况可能会发生哪些不利变化，从而指导事前控制。

⑥总预算　预算汇总表可以用于公司的全面业绩控制。总预算把各部门的预算集中起来，反映了公司的各项计划，从中可以看到销售额、成本、利润、资本的运用、投资利润率及其相互关系。

**(3) 预算的方法**

①弹性预算　其基本思想是按照固定费用和变动费用分别编制固定预算和变动预算，以确保预算的灵活性。在编制可变预算时，应当根据具体情况研究各种费用变动的程度，以确定各种可变预算系数，这样更有利于预算的合理性和准确性。

②零基预算　由美国的皮特提出，其基本思想是对任何一个预期，任何一种费用项目的开支，都不考虑各项目基期的费用开支情况，一切都以零为基础，从零开始考虑各种费用项目的必要性及预算的规模。这种预算方法在西方政府及企业中已广泛应用。

③可选择的和补充的预算　为可能发生的各种不测情况制订可供选择的预算。一个企业常常分别按高、中、低三种不同的营业量来编制预算，并且把这三种预算都提前半年或一年批准为部门和整个企业的预算，然后，根据实际情况的变动，在某一个预算不符合时，启动备选的预算方案，减少时间的浪费和仓促应战情况下的损失。

## 12.3.2　财务控制

财务控制就是管理人员根据财务、会计制度来规范和控制组织活动的各项财务收支，防止资金滥用和成本、费用的增加。常用的工具是财务报表分析，财务控制是指对组织过去的财务状况和经营成果进行评价，并对组织未来前景进行预测。管理者通过对现在的财务报表与过去的报表的比较，与竞争对手相比较，用以商量组织在一定时期内的业绩状况和进展情况，找出偏差并采取措施纠正。对财务报表的分析主要包括三个方面：流动性分析、盈利能力分析、资产负债结构分析。流动性分析主要分析组织的流动负债与流动性资产支付能力是否相适应、资金的周转状况和收支状况是否良好等；盈利能力分析是对组织目前获利水平的评价和对组织潜在的、未来的获利水平的估计；资产负债结构分析是对组织的资产与负债是否在安全的范围以内，是否会出现短期或长期的支付危机进行分析。

财务报表分析的方法主要有比率分析法、趋势分析法、结构分析法。

①**比率分析法** 最常用的比率分析法有财务比率法和经营比率法两种。前者常用来了解组织的偿债能力和盈利能力等财务状况，如流动比率、负债比率、销售利润率、资产收益率等；后者主要用来衡量存货周转率、固定资产周转率、销售收入与费用比率等。

②**趋势分析法** 是指根据组织连续数期财务报表，以某一年为基期计算以后每一期间各项目对基期同一项目的趋势变动方向及幅度，使之成为一系列具有比较性的百分比或指数，以揭示组织各期间财务状况和经营成果的变动趋势。

③**结构分析法** 又称构成分析法，是指在组织编制的财务报表中选择一项共同基数，一般以某一类项目的合计数为准，计算各组成项目占共同基数的百分比，以显示该财务报表中各项目间相互关系以及内部整体结构分配的百分比。

### 12.3.3 质量控制

**(1) QC 小组**

QC 小组是指在生产或工作岗位上从事各种劳动的员工，围绕企业的经营战略、方针目标和现场存在的问题，以改进质量、降低消耗、提高人的素质和经济效益为目的组织起来，运用质量管理的理论和方法开展活动的小组。QC 小组是企业中群众性质量管理活动的一种有效组织形式，是员工参加企业民主管理的经验同现代科学管理方法相结合的产物。

QC 小组组建以后，从选择课题开始开展活动。活动的具体过程如下：

①**选题** QC 小组活动的课题一般应根据企业方针目标和中心工作、现场存在的薄弱环节、用户(包括下道工序)的需要进行选择。从广义的质量概念出发，QC 小组的选题范围涉及企业各个方面工作。因此，选题的范围是广泛的，概括有十大方面：提高质量；降低成本；设备管理；提高出勤率、工时利用率和劳动生产率，加强定额管理；开发新品，开设新的服务项目；安全生产；治理"三废"，改善环境；提高顾客(用户)满意率；加强企业内部管理；加强思想政治工作，提高员工素质。

②**确定目标值** 课题选定以后，应确定合理的目标值。目标值的确定要注重目标值的定量化，使小组成员有一个明确的努力方向，便于检查，活动

成果便于评价；注重实现目标值的可能性，既要防止目标值定得太低，小组活动缺乏意义，又要防止目标值定得太高，久攻不克，使小组成员失去信心。

③调查现状　为了解课题的目前状况，必须认真做好现状调查。在进行现状调查时，应根据实际情况，应用不同的 QC 工具（如调查表、排列图、折线图、柱状图、直方图、管理图、饼分图等），进行数据的收集整理。

④分析原因　对调查后掌握到的现状，要发动全体组员动脑筋，想办法，依靠掌握的数据，集思广益，选用适当的 QC 工具（如因果图、关联图、系统图、相关图、排列图等）进行分析，找出问题的原因。

⑤找出主要原因　经过原因分析以后，根据关键、少数和次要多数的原理，将多种原因进行排列，从中找出主要原因。在寻找主要原因时，可根据实际需要应用排列图、关联图、相关图、矩阵分析法、分层法等不同分析方法。

⑥制订措施　主要原因确定后，制订相应的措施计划，明确各项问题的具体措施、要达到的目的、执行人、完成时间以及检查人。

⑦实施措施　按措施计划分工实施。小组长要组织成员，定期或不定期地研究实施情况，随时了解课题的进展，发现新问题要及时研究，调查措施计划，以达到活动的目标。

⑧检查效果　措施实施后，应进行效果检查。效果检查是把措施实施前后的情况进行对比，看其实施后的效果是否达到了预定的目标。如果达到了预定的目标，小组就可以进入下一步工作；如果没有达到预定目标，就应对计划的执行情况及其可行性进行分析，找出原因，在第二次循环中加以改进。

⑨制订巩固措施　达到了预定的目标值，说明该课题已经完成。但为了保证成果得到巩固，小组必须将一些行之有效的措施或方法纳入工作标准、工艺规程或管理标准，经有关部门审定后纳入企业的有关标准或文件。如果课题的内容只涉及本班组，可以通过班组守则、岗位责任制等形式加以巩固。

⑩分析遗留问题　小组通过活动取得了一定的成果，也就是经过了一个 PDCA（计划—执行—检查—行动）循环。这时，应对遗留问题进行分析，并将其作为下一次活动的课题，进入新的 PDCA 循环。

⑪总结成果资料　小组将活动的成果进行总结，是自我提高的重要环节，也是成果发表的必要准备，还是总结经验、找出问题，进行下一个循环的开始。

以上步骤是 QC 小组活动的全过程，体现了一个完整的 PDCA 循环。由于 QC 小组每次取得成果后，能够将遗留问题作为小组下个循环的课题（如没有遗留问题，则提出新的打算），因此能使 QC 小组活动持久、深入地开展，推动 PDCA 循环不断前进。

**（2）标杆管理**

标杆管理起源于 20 世纪 70 年代末 80 年代初，在美国学习日本的活动中，首先开辟标杆管理先河的是施乐公司，后经美国生产力与质量中心系统化和规范化。

标杆管理的概念可概括为：不断寻找和研究同行一流公司的最佳实践，并以此为基准与本企业进行比较、分析、判断，从而使自己企业得到不断改进，进入或赶超一流公司，创造业绩优秀的良性循环过程。其核心是向业内或业外的最优秀的企业学习。通过学习，企业重新思考和改进经营实践，创造自己的最佳实践，这实际上是模仿创新的过程。

标杆管理本质是一种面向实践、面向过程的以方法为主的管理方式，它与流程重组、企业再造一样，基本思想是系统优化，不断完善和持续改进。

具体说来，一个完整的内外部综合标杆管理的程序通常分为五步：

①计划　主要工作有：组建项目小组，担当发起和管理整个标杆管理流程的责任；明确标杆管理的目标；通过对组织的衡量评估，确定标杆项目；选择标杆伙伴；制订数据收集计划，如设置调查问卷，安排参观访问，充分了解标杆伙伴并及时沟通；开发测评方案，为标杆管理项目赋值，以便于衡量比较。

②内部数据收集与分析　主要工作有：收集并分析内部公开发表的信息；遴选内部标杆管理合作伙伴；通过内部访谈和调查，收集内部一手研究资料；通过内部标杆管理，为进一步实施外部标杆管理提供资料和基础。

③外部数据收集与分析　主要工作有：收集外部公开发表的信息；通过调查和实地访问收集外部一手研究资料；分析收集的有关最佳实践的数据，与自身绩效计量相比较，提出最终标杆管理报告。标杆管理报告揭示标杆管理过程的关键收获，以及对最佳实践调整、转换、创新的见解和建议。

④实施与调整　这一步是前几步的归宿和目标之所在。根据标杆管理报告，确认正确的纠正性行动方案，制订详细实施计划，在组织内部实施最佳实践，并不断对实施结果进行监控和评估，及时作出调整，以最终达到增强企业竞争优势的目的。

⑤持续改进　标杆管理是持续的管理过程，不是一次性行为，因此，为便于以后继续实施标杆管理，企业应维护好标杆管理数据库，制订和实施持

续的绩效改进计划，以不断学习和提高。

**(3)6σ 管理**

6σ 管理包含两个方面的含义：一是对不合格的一种测量评价指标；二是驱动经营绩效改进的一种方法论和管理模式。

6σ 管理的具体实施程序如下：

①辨别核心流程和关键顾客 随着企业规模的扩大，顾客细分日益加剧，产品和服务呈现出多标准化，人们对实际工作流程的了解越来越模糊。获得对现有流程的清晰认识，是实施 6σ 管理的第一步。

②定义顾客需求 首先，收集顾客数据，制订顾客反馈战略。其次，制订绩效指标及需求说明。再次，分析顾客各种不同的需求并对其进行排序。

③针对顾客需求评估当前行为绩效 评估步骤为：第一，选择评估指标；第二，对评估指标进行可操作性的界定，以避免产生误解；第三，确定评估指标的资料来源；第四，准备收集资料；第五，实施绩效评估，并监测评估结果的准确性，确认其是否有价值；第六，通过评估结果反映出来的误差，进行数量和原因方面的分析，识别可能的改进机会。

④辨别优先次序，实施改进流程 业务流程改进遵循五步循环改进法：一是定义，主要是明确问题、目标和流程；二是评估，主要是分析问题的焦点，借助关键数据缩小问题的范围，找到导致问题产生的关键原因，明确问题的核心所在；三是分析，通过采用逻辑分析法、观察法、访谈法等，对已评估出来的导致问题产生的原因进行进一步分析，确认它们之间是否存在因果关系；四是改进，拟订几个可供选择的改进方案，通过讨论并多方面征求意见，从中挑选出最理想的改进方案付诸实施；五是控制，根据改进方案中预先确定的控制标准，在改进过程中，及时解决出现的各种问题，使改进过程不至于偏离预先确定的轨道，发生较大的失误。

⑤扩展、整合 6σ 管理系统 当某一 6σ 管理改进方案实现了减少缺陷的目标之后，如何巩固并扩大这一胜利成果就变得至关重要了。应做到：一是提供连续的评估以支持改进；二是定义流程负责人及其相应的管理责任；三是实施闭环管理，不断向 6σ 绩效水平推进。

6σ 管理的特点包括对顾客需求的高度关注、高度依赖统计数据、重视改善业务流程、积极开展主动改进型管理和倡导无界限合作 5 个方面。6σ 管理的优势体现在提升企业管理的能力、节约企业运营成本、增加顾客价值、改进服务水平和形成积极向上的企业文化五个方面。6σ 管理的基本理念体现在真正关注顾客、数据(事实)驱动管理、针对过程采取措施、主动(预防性)管理和追求完美但容忍失败 5 个方面。

## 12.3.4 平衡计分卡

平衡计分卡(balanced score card)由美国管理学家罗伯特·卡普兰教授和戴维·诺顿于1992年提出，他们研究强调传统的财务会计模式只能衡量过去发生的事项(落后的结果因素)，但无法评估企业前瞻性的投资(领先的驱动因素)，因此，必须改用一个将组织的远景转变为一组由四项观点组成的绩效指标架构来评价组织的绩效。这4个维度分别是：财务、客户、企业内部流程、学习与成长。

**(1)平衡计分卡的4个维度**

①*财务层面*　可以显示企业的战略及其实施和执行是否对改善企业赢利做出贡献。财务目标通常与获利能力有关，其衡量指标有营业收入、资本报酬率、经济增加值等，也可能是销售额的迅速提高或创造现金流量。

②*客户层面*　管理者确立了其业务单位将要竞争的客户和市场，以及业务单位在这些目标客户和市场中的衡量指标。客户层面指标通常包括客户满意度、客户保持率、客户获得率、客户盈利率，以及在目标市场中所占的份额。客户层面使业务单位的管理者能够阐明客户和市场战略，从而创造出出色的财务回报。

③*内部经营流程层面*　管理者要确认组织必须擅长的关键的内部流程，这些流程帮助业务单位提供价值主张，以吸引和留住目标细分市场的客户，并满足股东对卓越财务回报的期望。

④*学习与成长层面*　确立了企业要创造长期成长和改善就必须建立的基础框架，确立了目前和未来成功的关键因素。平衡记分卡的前三个层面一般会揭示企业的实际能力与实现突破性业绩所必需的能力之间的差距，为了弥补这个差距，企业必须投资于员工技术的再造、组织程序和日常工作的理顺，这些都是平衡记分卡学习与成长层面追求的目标。如员工满意度、员工保持率、员工培训和技能等，以及这些指标的驱动因素。

**(2)平衡计分卡方法的评价**

①*平衡计分卡方法的优点*　借着这四项指标的衡量，组织得以以明确和严谨的手法来诠释其策略，它一方面保留传统上衡量过去绩效的财务指标，并且兼顾了促成财务目标的绩效因素的衡量；在支持组织追求业绩之余，也监督组织的行为并兼顾学习与成长的层向，并且透过一连串的互动因果关系，把产出和绩效驱动因素串联起来，以衡量指标与其量度作为语言，把组织的使命和策略转变为一套前后连贯的系统绩效评核量度，把复杂而笼统的概念转化为精确的目标，借以寻求财务与非财务的衡量之间、短期与长期的

目标之间、落后与领先的指标之间，以及外部与内部的绩效之间的平衡。

②平衡计分卡方法的缺点  平衡计分卡方法的缺点之一是它很难去执行。一份典型的平衡计分卡需要 5～6 个月去执行，另外还需几个月去调整结构，使其规则化。从而总的开发时间经常需要一年或者更长的时间。衡量指标有可能很难量化，而衡量方法又会产生太多的绩效衡量指标。运用平衡计分卡的难点在于试图使其"自动化"。平衡计分卡中有一些条目是很难解释清楚或者是衡量出来的。财务指标当然不是问题，而非财务指标往往很难建立起来。

确定绩效的衡量指标往往比想象的更难。企业管理者应当专注于战略中的因果关系，从而将战略与其衡量指标有机结合起来。尽管管理者通常明白客户满意度、员工满意度与财务表现之间的联系，平衡计分卡却不能指导管理者如何提高绩效，从而达到预期的战略目标。

当组织战略或结构变更时，平衡计分卡也应当随之重新调整。而负面影响也随之而来，因为保持平衡计分卡的随时更新与有效需要耗费大量的时间和资源。

▲ 思考题

1. 管理控制的含义是什么?
2. 控制的作用是什么? 控制的基础与前提有哪些?
3. 控制与计划的关系是什么?
4. 控制的基本过程是什么? 各过程之间有什么联系?
5. 在你的个人生活中如何使用控制的概念? 请具体说明(在你生活中考虑应用的前馈、现场和反馈控制及不同方面的控制的概念)。

▲ 案例

## 汤姆的工作

汤姆担任这家工厂的厂长已经一年多了。他刚看了工厂有关今年实现目标情况的统计资料，厂里各方面工作的进展出乎意料，他为此气得说不出一句话来。他记得就任厂长后的第一件事情就是亲自制订了工厂一系列计划目标。具体地说，他要解决工厂的浪费问题，要解决职工超时工作的问题，要减少废料的运输问题。他具体规定：在一年内要把购买原材料的费用降低 10%～15%；把用于支付工人超时工作的费用从原来的 11 万美元减少到 6 万美元；要把废料运输费用降低 3%。他把这些具体目标告诉了下属有关方面的负责人。

　　然而，他刚看过的年终统计资料却大大出乎他的意料。原材料的浪费比去年更为严重，竟占总额的 16%；职工超时费用也只降低到 9 万美元，远没有达到原定的目标；运输费用也根本没有降低。

　　他把这些情况告诉了负责生产的副厂长，并严肃批评了这位副厂长。但副厂长争辩说："我曾对工人强调过要注意减少浪费的问题，我原以为工人会按我的要求去做的。"人事部门的负责人也附和着说："我已经为削减超时的费用作了最大的努力，只支付必须支付的款项。"而负责运输方面的负责人则说："我对未能把运输费用减下来并不感到意外，我已经想尽了一切办法。我预测，明年的运输费用可能要上升 3%~4%。"

　　在分别和有关方面的负责人交谈之后，汤姆又把他们召集起来布置新的要求，他说："生产部门一定要把原材料的费用降低 10%，人事部门一定要把超时费用降到 7 万美元；即使是运输费用要提高，但也决不能超过今年的标准，这就是我们明年的目标。"

（引自 http：//seam. ustb. edu. cn/UploadFile/20070525005410875. doc）

**问题：**

（1）汤姆就任后所制订的计划属于什么计划？

（2）你认为导致汤姆控制失败的原因是什么？

（3）汤姆的控制标准属于什么标准？

（4）汤姆所制订的明年的目标能完成吗？为什么？

### ▲ 阅读指引

1. 管理控制系统．罗伯特·N·安东尼，维杰伊·戈文达拉扬．11 版．机械工业出版社，2004.

2. 管理控制系统：绩效报酬与合伙文化．胡弈明．中国财政经济出版社，2007.

3. 企业控制系统．汤兵勇，梁晓蓓．机械工业出版社，2007.

# 第 13 章 中国管理智慧

**本章提要**

本章主要介绍了以《易经》《道德经》《论语》为代表的中国管理智慧，并以新东方科技教育集团和新希望集团为例说明了中国管理智慧在实践中的应用。

**学习目标**

了解中国古代诸子百家的管理思想；理解中国古代典型代表人物的思想精髓，以及与西方管理思想的异同点；掌握中国特色的管理智慧对于现代中国企业管理的启发及其在企业管理中的应用。

从科学管理理论的形成与发展来看，似乎看不出中国古代诸子百家对于管理学的贡献。如《论语》所提到的"为政以德，譬如北辰居其所而众星共之，"说明领导人要有追随者，而且对领导人提出了要求，就是能够将下属团结在自己周围，用一个"德"字抽象概括了团结的方式方法。以荀子为代表的"性恶论"，以及以孟子为代表的"性善论"，对于人性问题的研究，给出了更加具体的解释。因此，对于管理理论发展的研究，一方面要学习西方管理精神，掌握具体的工具和方法；更重要的是要用"君子不器"的精神去把握管理的规律，以不变应万变。

## 13.1 《易经》的管理思想

### 13.1.1 《易经》

在《礼记》的《五经解》中提到《易经》这门学问时说："洁静精微，易之教也"，历史上汉朝的王凤、唐代的虞世南推崇《易经》说："不读《易》不可为将相。"可见，《易经》在历史发展中起到很大的作用，得到了广泛的共识。

对于《易经》的认识，其实很简单，就是三个基本的原则，即变易、简易和不易。变易强调世界唯一不变的是变化，万事万物都在运动和变化当中。简易强调在错综复杂的变化当中，出现的是五彩缤纷的现象，而现象的背后一定有一种规律，如果能够把握这种规律，实际上对于变化的认识就非常简单。不易强调在变化当中，把握规律的过程当中，有一种永恒不变的东西在里面，这种不变的现象就是不易。举一个简单的例子，物理中的能量守恒定律，动能和势能的变化看起来很复杂，可用转换的基本公式来分析，但最终不变的是总能量。在《易经》正文当中，有三个基本的构成原则，就是理、象、数。在理的部分，强调这种变化的基本道理和内涵，也就是回答为什么的部分；象表述的是现象，也就是事物的外在表现，是回答是什么的问题；数就是强调变化的数量，变化的大小，也就是解释现象变化的具体过程、变化的分寸，是回答如何变化的问题。

在《易经》的历史传承过程中，有"连山、归藏、周易"三易之说。汉、魏以后，认为"连山、归藏"这两个系统已经失传，现在所说的《易经》主要是以"周易"为范本，其核心思想体现在人们熟知的 64 卦。卦者挂也，通俗的解释就是挂在墙上的一种符号语言，是我国早期社会历史发展过程中，运用人类的主观能动性去认识自然、认识世界的一种反映。例如，它提出了阳爻和阴爻，这比后来西方哲学提出的正反两面看待问题不知进步了多少年。这个阴爻和阳爻，是易经思想的出发点，由此两种简单的符号通过变化开始表示，太阳、月亮、天、地，以及天上的风、雷，地上的泽和山。在有了这八种影响人类生存最重要的卦象之后，开始演绎由于自然的交错变化，人类如何适应自然和改造自然，其中是否有规律可循的思考。在这个过程中，《周易》提到内卦和外卦，也就是按照阴爻和阳爻，或者事物的正反和对立来看，外在的八($2^3$)种现象与之对应的应该有内在的八种现象，在内外交互作用下，产生了 64 卦($2^6$)。与之配套的文字说明这种现象，用理、象、数来说明每种变化的就是易经的正文了。

## 13.1.2 《易经》中对人性的分析

对于人性的问题，《易经》从坤卦开始，君子当厚德载物，就是强调品德的重要性。而且在后文当中多次说明，如果注重品德修养，给你带来的好处，也就是逢凶化吉、遇难呈祥。例如，《履》，"履虎尾，不人，亨"，循礼行事，即便踩到了老虎的尾巴，也不会被咬，安然通行；《避》九四，"好遥。君子吉祥，小人否"，当退让之时，君子主动退让而吉祥，小人则心系眷恋而否塞不通；《谦》初六，"谦谦君子，用涉大川，吉"，谦虚的君子，即使去冒涉水之险，也会遇难呈祥；《临》上六，"敦临吉无咎"，敦厚宽仁地施政，臣民悦服，必然吉祥无灾；《良》六五，"良其辅，言有序，悔亡"，说话谨慎，条理清晰，可能发生的灾悔也会消失。

同时，《易经》强调，如果不注意修养德性，就难免会有灾祸临头。例如，《履》六三，"眇能视，跛能履，履虎尾，咥人，凶"，行为不合礼仪规范，后果必然凶险；《履》九五，"夬履，贞厉"，刚愎自用，必有危险；《旅》上九，"鸟焚其巢，旅人先笑后号眺，丧牛于易，凶"，商人财大气粗，待人据傲，以致被人唾弃，十分凶险；《中孚》上九，"翰音登于"，脱离民众，孤傲自赏，必致凶险。

## 13.1.3 《易经》中对环境的认识

按照《易经》的基本思路来看待外部环境，其出发点是环境条件主要是人与人之间关系的优劣，往往对一个人的命运、一件事情的成败起着重要的作用。例如，《泰》初九，"拔茅茹，以其汇，征吉"，就像茅草茂盛的原因在于它们的根系紧紧缠连在一起，如果人与人之间也能紧密团结在一起，事业一定会发达，前途一定很美好；《泰》九二，"包荒，用冯河，不遐遗朋，勿亡，得尚于中行"，一个商人渡河时跌落水中，不仅巧获大瓢幸免于难，还救助同伴死里逃生；《泰》六四，"翩翩，不富以其邻，不戒以孚"，一个人巧言欺人，家财荡尽，原因是他的邻居也是这类人物，从不以诚实做人的道理告诫于他；《同人》九五，"同人先号眺而后笑，大师克相遇"，从悲哀绝望转化为欣喜，是因为经过一番殊死的拼搏，同时也因为后援大军的及时赶到。

另外强调，经过自身的努力，即使有不利的环境，也能转危为安，化不利为有利。例如，《乾》九三，"君子终日乾乾夕惕，若厉，无咎"，时刻保持清醒的头脑，抖擞精神，努力不懈，即使遇到什么灾难也能化险为夷，转危为安；《大畜》九三，"良马逐，利艰贞，日闲舆卫，利有牧往"，良马竞逐，只有利于那些艰辛的正规训练者，舆卫的军卒，平时练习驾车的本领，才能无往而不利；《临》六三，"甘临无牧利；既忧之，无咎"，靠甜言蜜语哄骗百姓，不会有好处，如果对此忧惧警醒而改正过失，则不会有咎害。

同时，《易经》强调如果主观不努力，不去积极改变不利环境，就会有不祥的事情出现。例如，《蒙》六四，"困蒙，吝"，资质低劣，又主观不努力，疏远师长不愿受教，就难免耻辱之境；《颐》六二，"颠颐，拂经；于丘颐，征凶"，违反自力更生求食常理，或依赖于下属的奉养，或寄希望于权势者的提携施舍，其前景一定不妙。

### 13.1.4 《易经》中的领导哲学

《易经》中的《临》卦阐释了作为领导的基本原则。正文临卦说，临：元、亨、利、贞；至于八月有凶。《象》曰：临，刚浸而长。说而顺，刚中而应。大亨以正，天之道也。"至于八，月有凶"，消不久也。《象》曰：泽上有地，临；君子以教，思无穷；容，保民无疆。初九，咸临，贞吉。九二，咸临，吉。无不利。六三，甘临，无攸利。既忧之，无咎。六四，至临，无咎。六五，知临，大君之宜，吉。上六，敦临，吉，无咎。

对于象释，可以理解为，君子临阵，有宽容、豁达、利人、中正的美德，则可长治久安，同时注意八月阳刚最盛而衰，物极必反的启发。君子要正思推行教化，关心民众之心至于无穷，而且用宽厚容人的德行保护民众至于无限。依次用咸临、甘临、至临、知临、敦临五个概念，系统阐释了领导的原则。首先要有选择，用诚信的品德感召他人，以刚毅中正的方法领导他人，不可以用诱骗作为统治他人的手段，以亲身的实际行动与民众共呼吸，同时注意培养和选用贤能人士，奉行以仁为本的施政方针。按照《临》卦的初九到上六，可以看到，一个领导的基本要求和发展顺序。基本的要求就是要有良好的品德，发展顺序就是靠德来影响追随者，靠自己的能力发展自我，到了一定的地位要考虑培养、利用贤能人士，到了最高位，就是维护和创造一个管理环境的问题。

### 13.1.5 《易经》中的决策哲学

决策的简单理解就是做决定，而做哪种决定和决策者有关，也和决策者对每种选择的未来发展有关。理性的决策者会考虑在几种可能的备选方案中作比较，选择一个比较满意的方案。但未来的发展是不确定的，这种不确定性影响方案的执行和实施，因此对于选择的方案，要考虑各种可能出现之后，如何控制方案按照决策者的选择发展。因此对于未来的判断和如何看待问题或者机会的发展方向是决策者进行决策时要考虑的关键因素，也是影响决策成败的主要因素。而《易经》在看待事物发展规律上，有几种体现：第一，提出正反两方面来看待问题。如《乾》《坤》两卦，《否》卦和《泰》卦等。第二，要错综来看待问题。错综卦强调看待问题的角度变换。例如，《姤》卦，每一爻阴阳会变之后，就变成了《复》卦，也就是《姤》卦的错卦，倒过来或者反着看就是《夬》卦，也就是《姤》卦的综卦。也就是作为决策者要站在执行者角度，执行者要站在决策者角度看问题。第三，要交互看待问题。《易经》中看待交互卦，就是把原卦的第二、三、四爻组合成互卦，与第三、

四、五爻组合成交卦，再把交卦和互卦重叠起来，便是原卦的交互卦。如《噬嗑》卦的交互卦就是《蹇》卦。第四，要预测问题，如《坤》卦，"初六，履霜，坚冰至"的字面意思，就是当脚踩到秋霜时，冰冻的寒冬也将来临。按照义理，就是事物有其发展规律，要"见微知著"，也就是看到一些变化，能够预测到未来可能的趋势，提前加以预防。第五，把握所有的变化，使一切尽在决策者的把握之中。《系辞》第五章，"一阴一阳之谓道。继之者善也，成之者性也。仁者见之谓之仁，知者见之谓之知，百姓日用而不知，故君子之道鲜矣。显诸仁，藏诸用，鼓万物而不与圣人同忧，盛德大业至矣哉。富有之谓大业，日新之谓盛德，生生之谓《易》，成象之谓乾，效法之谓坤，极数知来之谓占，通变之谓事，阴阳不测之谓神"充分说明，对于事物的变化，站在不同的角度，每个人有不同的理解，但无论如何理解，事物的发展规律是不变的，现象是外在的，规律是内在，而决策者能从复杂的变化当中，做出理性的判断和选择，不用思考无关的因素，不会受这些现象所迷惑，正所谓"善于易者不卜"。

# 13.2 《道德经》中的管理智慧

## 13.2.1 老子与《道德经》

《老子》，即《道德经》。对于老子其人与《道德经》，自古至今，有很多争论，注释的也很多。按照司马迁《史记》记载："老子者，楚苦县厉乡曲仁里人也，姓李氏，名耳，字伯阳，周守藏室之史也。"

《史记·老庄韩申列传》中最早记载了《老子》的成书过程："老子修道德，其学以自隐无名为务，居周久之，见周德衰，乃遂去，至关，关令尹喜曰：子将隐矣，强为我著书。于是，老子乃著书上下卷，言道德之意五千余言而去。"依据《史记》的内容，《老子》古本原貌应该是分上下卷的，但并没有提到 81 章之分。可是从完整流传下来的早期著名注本，如西汉河上公的《老子章句》和魏王弼的《老子注》看，《老子》已分为 81 章，其中前 37 章为"道经"，后 44 章为"德经"。而汉严遵的《老子指归》分《老子》为上下篇 72 章，且"德经"在前"道经"在后，并在《君平说二经目》中明确指示了这样区分的理由，"上经配天，下经配地。阴道八，阳道九，以阴行阳，故七十有二首；以阳行阴，故分为上下；以五行八，故上经四十而更始；以四行八，故下经三十有二而终矣。"王德有先生指出，按照《老子指归》的解释，"《老子》的章次是按阴阳交替的原则编订的，以阴八为竖行、以阳九为横列，交错而成七十二个部分"，"九行不能中分，只可以五四相分，别为上下而成两篇"。

从竹简《老子》到今本《老子》已经经历两千多年的时间,《老子》肯定经历了一个演变过程,然而其《道德经》对后人的启示和借鉴意义却非常深远。许多熟知的话语,如"上善若水","小国寡民","大音希声"等容易理解,另外还有一些需要深入探讨的智慧值得研究。

### 13.2.2 《道德经》中曲则全的沟通艺术

对于管理中的沟通,其基本定义就是人们通过语言和非语言方式传递并理解信息、知识的过程,是人们了解他人思想、情感、见解和价值观的一种双向过程。这个定义本身是非常容易理解的,但就沟通过程中是否能够达到预期的目的,往往需要一定的艺术性。对于沟通的艺术性,一种技巧和方式就是转换。过于直接就会出现问题,《道德经》中第二十二章写到"曲则全,枉则直,洼则盈,敝则新,少则得,多则惑。"

如何做到曲则全,历史上的两个故事,可以给以启发。春秋时代的齐景公,拥有当时一流的宰相晏子。一次,有个人得罪了齐景公。齐景公大怒,将他绑在殿下,下令要把他"肢解"。同时,齐景公还下令,谁都不可谏阻,否则要同样"肢解"。晏子听了以后,立即上前,左手揪住那人的头发,右手持刀在鞋底磨刀,做出一付要亲自动手杀了此人的样子。然后,突然仰起头来问齐景公:"我看了半天,很难下手,好像历史上尧、舜、禹、汤、文王等这些明王圣主要肢解人时,没有说明应先从哪一部分砍起。请问,对这个人应从何处砍起,才能做得和明王圣主一样?"齐景公听罢晏子的话,立即醒悟,感到自己既想当一个明主,又怎么可以用如此残酷的方法杀人呢?于是下令:"放了他,这是我的过错!"如果换成如下的方式来处理:晏子一听齐景公"肢解"的命令,立即上前劝阻说:"这个人只是犯了一点小罪,不该杀他;你想当明主,又怎能用肢解的酷刑?"如果晏子这样说,是完全有理的,站得住脚的。但齐景公正怒气冲天,这样直来直去的批评能听得进去吗?其结果必然是火上浇油,此人非死不可,自己弄不好也要倒霉。

昔日,武帝刘彻的乳母犯法,武帝打算依法惩办,乳母走后门求救于东方朔。东方朔说道:"皇帝残忍而执拗,别人求情,你反而死的更快。皇帝要处决你的话,你记得回头看我,我当想办法激将皇帝。"奶妈按照东方朔说的做,东方朔在武帝旁对奶妈说:"你最好赶快走吧,皇帝现在都已经长大了,怎么会惦记着你小时候喂奶的恩情呢?"皇帝感到很悲伤,就不再提杀乳母的事了。如果说,当时东方朔上前直接求武帝赦免其乳母,不但救不了乳母,弄不好也要惹祸上身,这样"曲则全"反而救了人。因此,在沟通中,巧妙地运用曲则全的原则,有时候反而能够取得更好的效果。

## 13.2.3 老子的领导行为论

在八十一章的《道德经》中,共有 25 章节提到圣人,占到 31%。按照管理角度理解,圣人可以理解为领导者。这 25 处从不同角度,说明了领导的行为(表 13-1)。

**表 13-1 道德经中的管理**

| 章节 | 《道德经》原文摘选 |
| --- | --- |
| 二 | 是以圣人处无为之事,行不言之教 |
| 三 | 是以圣人之治,虚其心,实其腹,弱其志,强其骨 |
| 五 | 天地不仁,以万物为刍狗,圣人不仁,以百姓为刍狗 |
| 七 | 是以圣人后其身而身先,外其身而身存。非以其无私邪?故能成其私 |
| 十二 | 是以圣人为腹不为目,故去彼取此 |
| 二十二 | 是以圣人抱一为天下式。不自见故明,不自是故彰,不自伐故有功,不自矜故长 |
| 二十六 | 是以圣人终日行而不离辎重,虽有荣观,燕处超然 |
| 二十七 | 是以圣人常善救人,故无弃人;常善救物,故无弃物 |
| 二十八 | 朴散则为器,圣人用之,则为官长 |
| 二十九 | 是以圣人去甚,去奢,去泰 |
| 四十七 | 是以圣人不行而知,不见而明,不为而成 |
| 四十九 | 圣人常无心,以百姓心为心 |
| 五十七 | 故圣人云,我无为,而民自化,我好静,而民自正,我无事,而民自富,我无欲,而民自朴 |
| 五十八 | 是以圣人方而不割,廉而不刿,直而不肆,光而不耀 |
| 六十 | 非其神不伤人,圣人亦不伤人 |
| 六十三 | 是以圣人终不为大,故能成其大。夫轻诺必寡信,多易必多难。是以圣人犹难之,故终无难矣 |
| 六十四 | 是以圣人无为,故无败;无持,故无失。民之从事,常于几成而败之。慎终如始,则无败事。是以圣人欲不欲,不贵难得之货,学不学,复众人之所过。以辅万物自然而不敢为 |
| 六十六 | 是以圣人欲上民,必以言下之;欲先民,必以身后之。是以圣人居上而民不重,居前而民不害 |
| 七十 | 是以圣人被褐而怀玉 |
| 七十一 | 圣人不病,以其病病,是以不病 |
| 七十二 | 是以圣人自知不自见,自爱不自贵。故去彼取此 |
| 七十三 | 是以圣人犹难之 |
| 七十七 | 是以圣人为而不恃,功成而不处,其不欲见贤 |
| 七十八 | 是以圣人云,受国之垢,是谓社稷主,受国不祥,是为天下王。正言若反 |
| 七十九 | 和大怨,必有馀怨,安可以为善?是以圣人执左契而不责于人 |
| 八十一 | 圣人不积,既以为人,己愈有,既以与人,己愈多。天之道,利而不害;圣人之道,为而不争 |

按照管理学的角度分析，依据老子的观点，领导行为主要集中在三个方面：第一是对己，第二是对下属，第三就是对事。对己强调修身，也就是说领导者，要以身作则，行不言之教。应"后其身而身先，被褐而怀玉，不自见，不自是，不自伐，不自矜，去甚，去奢，去泰"等，集中的焦点是"虽有荣观，燕处超然"。对下属强调务实，"是以圣人之治，虚其心，实其腹，弱其志，强其骨。是以圣人为腹不为目，故去彼取此。是以圣人方而不割，廉而不刿，直而不肆，光而不耀。"其核心是"圣人常无心，以百姓心为心"，就是"老吾老以及人之老，幼吾幼以及人之幼"。对事强调前瞻，"为之于未有，治之于未乱。是以圣人常善救人，故无弃人；常善救物，故无弃物。是以圣人终不为大，故能成其大。"集中的重点是"是以圣人不行而知，不见而明，不为而成。"因此，总结老子的论述，可以将领导行为集中在五个具体行为之上，如图 13-1 所示。

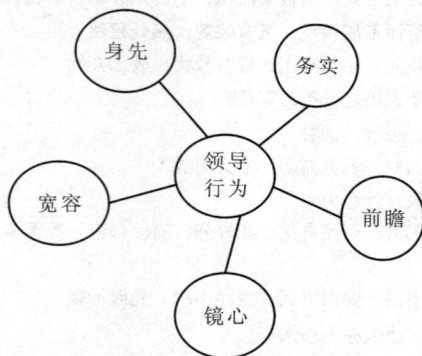

**图 13-1　老子的领导行为论**

## 13.3　《论语》中的管理思想

### 13.3.1　《论语》

《论语》主要记载孔子及其弟子的一些言行，成书大约在公元前 400 年，全书 11 000 多字，分为 20 篇。战国时代，影响力极大，后来秦代焚书之时，遭到厄运。汉代初年，《论语》重新流传，主要有《鲁论语》、《齐论语》和《古文论语》三家，内容大同小异。西汉末年，安昌侯张禹将齐、鲁二本融合为《张侯论》，东汉末年郑玄将《张侯论》，参照齐论、古论，做《论语注》，从此论语有了定本。

成书在春秋后期和战国时代的《论语》，受时代变迁的影响，其思想意义深远，极富理性和人文精神，管理意义重大。宋《鹤林玉露》卷七记载，宋初宰相赵普，人言所读仅只《论语》而已。太宗赵匡义因此问他。他说："臣平生所知，诚不出此，昔以其半辅太祖（赵匡胤）定天下，今欲以其半辅陛下致太平。"1988 年 1 月，世界诺贝尔奖巴黎会议，瑞典人汉内斯阿尔文博士（1970 年诺贝尔奖获得者）说："人类要生存下去，就必须回到 25 个世纪以前，以汲取孔子的智慧。"

## 13.3.2 《论语》中的选人思想

在现代组织管理当中，很重要的一个内容就是人力资源管理。在人力资源管理过程中，首要的就是人力资源规划。规划中的一个职能就是人员的招聘与甄选。招聘和甄选要解决的一个问题就是将组织需要的人才吸纳到组织中，然而要做到这一点，却不是容易的事情。首先，组织决定录用的人员在组织中未来的表现是很难预测的。自古讲，十年树木，百年树人；路遥知马力，日久见人心。说明需要很长的过程和时间才能判断一个人的工作表现。其次，在决定不录用求职者的过程中，会出现将优秀人才拒之门外的错误。与人才失之交臂，造成"此情可待成追忆，只是当时已惘然"的遗憾。如何避免这两种错误，需要提高招聘中的甄选技术。从管理角度看《论语》，在全文中有多处选人思想值得借鉴。

### （1）孔子选人

子曰：巧言令色鲜矣仁。什么是"巧言"？现在的话是会吹、会盖。孔子说有些人很会盖，讲仁讲义比任何人讲得头头是道，但是却不脚踏实地。"令色"是态度上好像很仁义，但是假的，这些与学问都不相干。"鲜矣仁"——很少真能做到"仁"这个学问的境界，因为那是假的。而且在《公冶长篇》再次强调这个观点，子曰："巧言、令色、足恭，左丘明耻之，丘亦耻之。匿怨而友其人，左丘明耻之，丘亦耻之。"也就是花言巧语、伪装和善的人，未来表现不会很好，组织应该排斥。

什么样的人才是组织应该吸纳的呢？子夏曰：贤贤易色，事父母能竭其力，事君能致其身，与朋友交言而有信，虽曰未学，吾必谓之学矣。"贤贤易色"，两个贤字，第一个贤字作动词用，第二个贤字是名词，指贤人——学问修养好的人。"易色"，这个"色"字，就是态度、形色，"贤贤易色"意思是：我们看到一个人，学问好，修养好，本事很大，的确很行，看到他就肃然起敬，态度也自然随之而转。"事父母能竭其力"是讲孝道。"事君能致其身"这个"君"字，从文字的字形上看，"君"字古写，头上"尹"字，"尹"字的古写是"乩"。我们的文字，是由图案演变而来的，手里拿一根拐杖，下面一个口，代表一个人，这个人年龄大了，学问道德很高，拿根拐杖，也等于指挥杖，所以凡是拿拐杖、指挥杖的，都是君。意思是：不论朋友或同事，他跟你感情好，他了解、认识你，认为非你帮忙不可，而你答应了，那他就是君，你既已答应帮忙朋友完成一件事，就规规矩矩一定尽心，答应了就言而有信。"能致其身"指竭尽自己身、心的力量。所以"贤贤易色，事父母能竭其力，事君能致其身"，白话解释就是看到好的人能肃然起敬，在家能竭心尽力地爱家庭，爱父母，在社会上做事，对人、对国家，放弃自我的私心，即所谓许身为国，还有就是"与朋友交言而有信"。因此组织应该吸纳做人好、做事对的人加入。

**（2）孔子察人**

子曰：视其所以，观其所由，察其所安，人焉廋哉？人焉廋哉？孔子以"视其所以，观其所由，察其所安"这三个要点来观察人，就没什么可逃避的了。看任何一个人做人处世，他的目的何在？他的做法怎样？另外，再看他平常的涵养，他安于什么？有的安于逸乐，有的安于贫困，有的安于平淡。因此对于一个人的考查，要看结果，也要看出发点，综合分析。向做某些事情，如创新性研究，没有太多先例可以借鉴，难免犯错误，如果没有成功，但出发点是好的，过程是努力的，就不应该给予责备。

**（3）孔子识别君子**

在选人的过程中，如何区别君子和小人呢？《论语》中《里仁篇》给出详细的说明。子曰：君子喻于义，小人喻于利。与君子谈事情，他只问道德上该不该做；与小人谈事情，他只想到是否有利可图。对于这句的理解，有的误解为君子不需要利。从人力资源管理角度看，薪酬和福利是一个人的生活保障。因此"利"是每个人都需要的。那么君子和小人的分水岭在哪里？《里仁篇》给出了解释，子曰：君子之于天下也，无适也，无莫也，义之与比。也就是说，君子对于天下的事情，没有规定一定要这样做或者不做，做什么，不做什么，与"义"相比，首要考虑的是"仁"，是否做到"君子欲讷于言而敏于行"。换句话解释，子曰：君子怀德，小人怀土；君子怀刑，小人怀惠。即君子与小人的区别是君子注重道德，小人关心财富；君子怀畏刑法，小人只怀思福惠。

## 13.3.3 《论语》中的"仁"境界企业文化

在《论语》中很重要的一部分内容就是讲仁义。对比孔子提出的"仁"的境界与企业文化的核心理念，可以发现二者的相同之处。什么是"仁"？《论语》没有统一的解释，却针对不同的情况，给出不同的说明。例如，在《里仁篇第四》，子曰：里仁为美。择不处仁，焉得知？子曰：唯仁者能好人，能恶人。子曰：苟志于仁矣，无恶也。而在《子路篇第十三》，用另外一种说法表达，子曰：刚、毅、木、讷近仁。

在企业管理中，很重要的一部分内容，就是关于企业文化，而企业文化的核心就是价值观。在《基业长青》中，提出了高瞻远瞩公司的基本规律。其中重要的观点是公司对于利润之外的追求，也就是对于核心理念的坚守。例如，"我们的基本原则，从创办人构思出来后一直维持不变。我们把核心价值和实务分得清清楚楚，核心价值不改变，但是实务做法可以改变。我们也清楚地表明：利润虽然重要，却不是惠普存在的原因。公司是为了更基本的原因而存在。"（约翰·杨）"我们做的是保存和改善生命的事业，所有的行动，都必须以能否圆满实现这个目标为衡量标准。"（《内部管理方针》，1989）"把利润放在人和产品之后是福特公司造就的奇迹。"（福特公司前任默克公司，CEO 唐·皮特森）

孔子"仁"的境界对于企业文化建设有很大的启示。首先，建立美好的愿景。子曰：里仁为美。择不处仁，焉得知？企业在发展过程中，要建立一种文化，确立一种共享的价值观。有了价值观就有了统一的方向。其次，强调"仁"的重要意义。子曰：不仁者不可以久处约，不可以长处乐。仁者安仁，智者利仁。在组织中，员工的追求分为两个方面，一方面是物质追求，另一方面是精神追求。离开精神追求物质，是纯粹的利益集团；离开物质追求精神，是空想社会主义。但组织发展过程中，有时候为了精神追求，可能会牺牲部分物质。追求精神世界的过程需要长期努力。子曰：如有王者，必世而后仁。第三，传播价值观。在企业文化当中，需要通过故事、仪式、英雄人物等对员工进行培训，传递公司的价值观。而论语当中对于"仁"的境界传播，却非常有针对性，不同层次、不同背景的人，都能理解"仁"的精神。例如，《颜渊篇第十二》，颜渊问仁。子曰：克己复礼为仁……仲弓问仁。子曰：出门如见大宾，使民如承大祭。己所不欲，勿施于人。在邦无怨，在家无怨。司马牛问仁。子曰：仁者，其言也讱。《子路篇第十三》，樊迟问仁。子曰：居处恭，执事敬，与人忠。虽之夷狄，不可弃也。

### 13.3.4 《论语》中的领导论

《论语》对于管理中的领导理论体现在孔子对于为政的论述。

对于领导者，首先强调德，子曰："为政以德，譬如北辰居其所而众星共之。"对于这句话，南怀瑾先生的分析比较有道理，解释如下：我们中国文化发达得最早的是天文。过去我们把天体分成二十八宿和三垣——紫微、少微、太微，类似于我们现在讲天文的经纬度。如格林威治时间是英国人划的，与我们不相干。我们过去是划分过的，天体的分度为三垣、二十八宿，就是把天体星座的范围，划分二十八个部分。为什么叫"宿"呢？这是指每天太阳从西方落下去的时候，东方天上是哪一个星座出来，这星座就是"宿"。这出来的星座，每个月不同，每半个月不同，每七天不同，所以分作二十八宿，又分为十二辰，作为时间与天体的关系。过去发现了北斗七星，就是现在西方人所指大小熊星座之际。在夏天我们可以看到一条银河，在银河的北面，那七颗最亮的星就是北斗星，这七颗星连起来，像舀水的瓢，古时叫"斗"。整个天体那许多星星，都是以北极星作为中枢，众星拱卫着它，每到晚上，北斗七星的斗柄前方，一定有两颗最亮的星，名招摇二星，它的光最为闪烁，很容易看见。春天北斗星一定指着东方的寅宫。一年四季，天体星座的移动，好像听北斗星的指挥，跟着它，绕着它转动。不但一年四季，每个月北斗星所指的方向都不同，整个天体随时在运转。每天十二个时辰，北斗星的方向也在变动，而且这是几千万亿年固定的一种变动，不能错乱，事实上它也绝不会错乱。对于"北辰"了解了，那么孔子这句话是什么意思呢？就是说"为政以德"，内心有道，表现在外的行为就无懈可击。譬如北辰，有中心的思想，中心的作风，以道德的感化，你在那里本身不要动，只要发号施令，下面的人就像满天无数的星座，都会跟着你的方向动。

其次，领导要以信立天下。子贡问政。子曰：足食、足兵，民信之矣。子贡曰：必不得已而去，于斯三者何先？曰：去兵。子贡曰：必不得已而去，于斯二者何先？曰：去食，自古皆有死，民无信不立。也就是说，孔子的观点是宁可牺牲经济建设，大家穷，乃至没有饭吃都可以，唯有一个政治大原则中的"信"，必须坚守。人民对政府的信心坚定，然后才能产生力量。企业领导也一样，价值观确定了，如果违反就要追究；企业制度确定了，如果有违反制度的行为，就要处罚。这样才能树立威信，才能让下属知道，努力做事就会得到奖赏，违背制度，会受到惩罚。这样员工才能一条心，才能相信公司决策。

第三，领导要有管理层级。齐景公问政于孔子。孔子对曰：君君、臣臣、父父、子子。公曰：善哉！信如君不君、臣不臣、父不父、子不子，虽有粟，吾得而食诸？在管理上，对于组织结构问题，就是横向结构和纵向结构问题，纵向信息通过层级来实现，纵向结构的目的主要是为了控制的需要。因此，领导和员工，领导和下属是有区别的，也就是孔子所说，作为领导要向领导的样子，为臣的要向为臣的样子，领导就是领导，否则就会君不君、臣不臣了，组织就会失控，就会偏离目标。

# 13.4 探讨中国管理智慧

成思危曾说过，照搬外国的管理模式难以搞好中国企业。彼得·德鲁克说过，21 世纪中国将与世界分享管理奥秘。为什么中国管理模式值得探讨，可以从三方面来分析：第一，世界经济从英国制造发展到美国制造，再发展到日本制造到中国制造，每次转移，由于经济形态和环境的变化面临新的形态，相应地会出现新的管理模式。例如，美国模式强调的效率和结果，而日本模式则以团队精神见长。第二，彼得·德鲁克认为，管理是以文化为转移的，并且受社会的价值、传统与习惯的支持。纵观全球，每个国家由于文化、历史的不同，在管理上的确具有鲜明的个性色彩。中国是四大文明古国之一，具有悠久的历史和文化，深厚的文化沉淀必然有特色的管理模式出现。第三，经济全球化发展的趋势表明，中国已经成为全球财富增长中的领导者，被称为"金砖四国"和"新钻石十一国"。英国谢菲尔德大学社会与空间不均衡研究所制作的"全球财富流动曲线"，给出了明确的时间点——2015 年，中国拥有的财富将占据全球的 1/4，上一次，是 2000 余年前的公元 1 年。在全球化背景下，中国儒家的中庸文化，中华民族的包容精神，将为中国管理模式变成世界的成为可能。

## 13.4.1 新东方——"仁"境界企业文化

《解码中国管理模式》一书第二章以新东方教育科技集团和俞敏洪为例探讨了新东方的特色企业文化。新东方的文化层次和表现形式如图 13-2 所示。

通过这个企业文化层次图，新东方集团用儒家的思想展现了企业文化智慧和精髓。

**图 13-2　新东方集团的文化层次和表现形式**

第一，俞敏洪的"学而时习之"。创始人俞敏洪通过自身学习，开发了一系列的学习词汇、语法等的技巧课程和教材。体现了学习和实践的结合。另外通过自身和教师队伍亲身经历的苦难、坎坷追求而取得成功的真实感受感染学员努力奋斗。第二，将学员追求置于首位，置于金字塔的塔尖。这体现了儒家"夫仁者，已欲立而立人，已欲达而达人"的境界。也就是学员追求实现了，企业自然会成功。第三，激发学员挑战极限的奋斗精神。子曰：仁者先难而后获，可

谓仁矣。仁者由己，而由人乎哉？教育学员发挥自身的斗志，挑战生命的极限，通过努力而成功。子曰：仁远乎哉？我欲仁，斯仁至矣。

### 13.4.2　新希望——"道"境界领导

坊间流传一个笑话：在新希望集团，下属公司的总经理们到集团开会，董事长刘永好根本认不过来他们。如果刘永好每天去一个下属公司开会，一年都轮不完。

拥有近400家下属公司，罕见保持26年的持续快速增长的新希望集团秘诀在哪里？中国管理模式杰出奖理事会对新希望集团的案例进行研究，给出的结论是"三否定"的战略决策模式。所谓"三否定"模式，是将战略决策模式分为三个层次：金字塔顶端是企业战略家；中间层是战略管理委员会，由董事会、经营团队和顾问机构组成；决策体系的底层是由投资发展部、经营管理部、审计监察部、财务部、行政人事部负责战略的落实和风险的控制。而一般民营企业中"一言堂"模式很普遍，在发展中"家族化"也是发展的障碍。而刘永好的"三否定"模式，却打破"一言堂"模式，他对于决策委员会有一票否决权，但没有一票赞成权。

这正体现了老子的"道"境界领导，"是以圣人处无为之事，行不言之教。万物做焉而不辞，生而不有，为而不恃，功成而弗居。夫唯弗居，是以不去"。体现了"功遂身退，天之道"的自然法则。事实上，中国一些民营企业，大多脱身于一位奇才创立的家族企业，创始人在发展中发挥着"超人"的作用。但"持而盈之，不如其已；揣而锐之，不可常保"，当"超人"失去神通，"超人"判断错误，可能会造成企业巨大的损失，可能由于没有接班人而造成只能兴旺一时。新希望集团却能够充分授权下级，发挥群决策的力量，既避免一人决策的失误，又锻炼了经理人队伍。体现了"是以圣人终不为大，故能成其大"的精髓。

### ▌思考题

1. 如何理解《易经》中的简易、变易和不易？
2. 如何理解《道德经》中的管理哲学思想？
3. 《论语》的"仁"对于管理的启示是什么？
4. 你是否了解还有哪些企业在实践中国式管理？它们有什么共同之处？

▲ **阅读指引**

1. 孙子兵法新注．中国人民解放军军事科学院战争理论研究部．2 版．中华书局，2005.

2. 西方管理思想史．姜杰等．北京大学出版社，2007.

3. 论语别裁．南怀瑾．复旦大学出版社，2003.

# 参考文献

1. 暴奉贤，陈宏立.2001.经济预测与决策方法[M].广州：暨南大学出版社.

2. 查尔斯·W·L·希尔，史蒂文 L·麦克沙恩.2009.管理学[M].李维安，周建，译.北京：机械工业出版社.

3. 陈龙海，韩庭卫.2004.企业培训故事全书[M].深圳：海天出版社.

4. 戴维·J·弗里切.1999.商业伦理学[M].杨斌，等译.北京：机械工业出版社，

5. 丹尼尔·A·雷恩.2009.管理思想史[M].5版.孙健敏，等译.北京：中国人民大学出版社.

6. 董晓航.2005.美日企业文化比较与借鉴[J].合作经济与科技(24)：16－17.

7. 傅国华.2006.管理学原理[M].北京：中国农业出版社.

8. 傅国华.2006.管理学原理[M].北京：中国农业出版社.

9. 顾锋.2006.管理学[M].上海：世纪出版集团，上海人民出版社.

10. 海因茨·韦里克，哈罗德·孔茨.2004.管理学[M].11版.马春光，译.北京：经济科学出版社.

11. 韩晓虎等.2005.新编管理概论[M].北京：清华大学出版社.

12. 何海燕，等.2007.现代管理学：理论与方法[M].北京：北京理工大学出版社.

13. 李录堂，丁森林.2009.管理学原理[M].北京：中国农业出版社.

14. 李胜，郑小丽.2008.管理学[M].北京：化学工业出版社.

15. 李燕琼，张霜.2007.管理学原理[M].成都：电子科技大学出版社.

16. 理查德·L·达夫特，多萝西·马克克.2005.管理学原理[M].4版.高增安，马永红，译.北京：机械工业出版社.

17. 刘冬蕾.2008.人力资源管理概论[M].成都：西南财经大学出版社.

18. 刘善仕.2006.人力资源管理[M].广州：华南理工大学出版社.

19. 刘文瑞.2009.简析西蒙的决策理论片段[J].中国企业管理世界 http：//www.wccep.com/html/2009210144434－1.html.

20. 刘燕娜，刘秀琴.2007.管理学[M].北京：中国农业出版社.

21. 刘志坚.2006.管理学原理与案例[M].2版.广州：华南理工大学出版社.

22. 卢建昌.2007.电力企业管理[M].北京：中国电力出版社.

23. 马恒君.2006.老子正宗[M].北京：华夏出版社.

24. 南怀瑾，徐芹庭.2009.周易今注今释[M].重庆：重庆出版社.

25. 南怀瑾.2003.论语别裁[M].上海：复旦大学出版社.

26. 潘开灵，邓旭东.2005.管理学[M].北京：科学出版社.

27. 芮明杰.2005.管理学[M].2版.北京：高等教育出版社.

28. 水谷雅一.1999.经营伦理理论与实践[M].李长明，连奇方，译.北京：经济管理出版社.

29. 斯蒂芬·P·罗宾斯，玛丽·库尔特．2004．管理学[M]．7版．孙健敏，等译．北京：中国人民大学出版社．

30. 斯图尔特·克雷纳．2003．管理百年[M]．邱琼，等译．海口：海南出版社．

31. 宋晶，郭凤侠．2004．管理学原理[M]．大连：东北财经大学出版社．

32. 孙永正．2007．管理学[M]．北京：清华大学出版社．

33. 汪洁．2009．管理学基础[M]．北京：清华大学出版社．

34. 王爱民，张素罗．2008．管理学原理[M]．成都：西南财经大学出版社．35. 王凤彬，李东．2003．管理学[M]．北京：中国人民大学出版社．

36. 王晶晶．2009．组织行为学[M]．北京：机械工业出版社．

37. 王利平．2009．管理学原理[M]．3版．北京：中国人民大学出版社．

38. 魏新．2007．人力资源管理概论[M]．广州：华南理工大学出版社．

39. 吴彬，李敬银，徐彬．2010．管理学教程[M]．北京：中国经济出版社．

40. 谢勇，邹江．2008．管理学[M]．武汉：华中科技大学出版社．

41. 邢以群．2007．管理学[M]．北京：高等教育出版社．

42. 徐文明．2008．六组坛经[M]．郑州：中州古籍出版社．

43. 杨河清．2006．人力资源管理[M]．大连：东北财经大学出版社．

44. 杨恺钧．2005．《周易》管理思想研究．[D]．上海：复旦大学．

45. 杨文士，焦叔斌，张雁，等．2004．管理学原理[M]．2版．北京：中国人民大学出版社．

46. 张葆全．2005．论语通译[M]．桂林：漓江出版社．

47. 张军，陈昌龙．2009．现代管理学[M]．北京：清华大学出版社．

48. 张立中．2005．管理学原理[M]．呼和浩特：内蒙古大学出版社．

49. 张明玉．2005．管理学[M]．北京：科学出版社．

50. 张义珍．2003．管理学[M]．石家庄：河北人民出版社．

51. 张议元，赵卫东．2008．现代管理学[M]．北京：中国水利水电出版社．

52. 张正河，陆娟．2007．管理学原理[M]．北京：中国农业大学出版社．

53. 中国管理模式杰出奖理事会．2009．解码中国管理模式[M]．北京：机械工业出版社．

54. 周健临．2007．管理学教程[M]．上海：上海财经大学出版社

55. 周三多．2010．管理学[M]．3版．北京：高等教育出版社．